Work

Ho... A ... story of
... pend Our Tim...

Work

Work

Work

A History ...
ow We S...

Work

A History of
How We Spend Our Time

Work

Work

Work

A History
ow We S

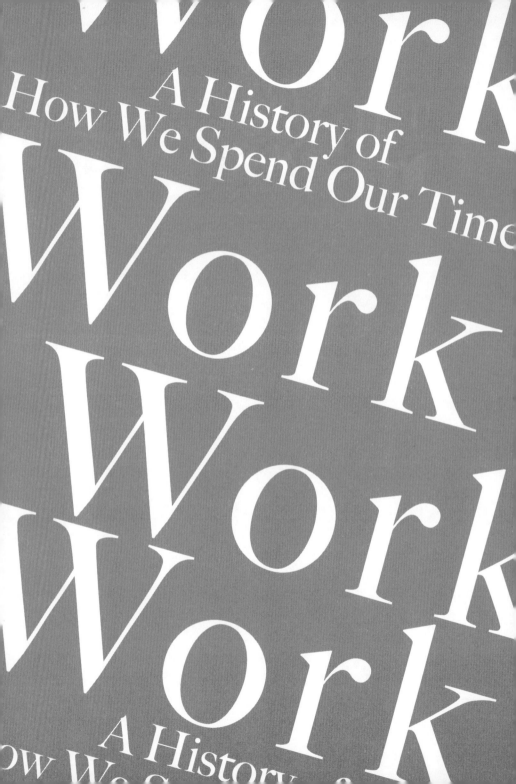

為工作而活

生存、勞動、追求幸福感，一部人類的工作大歷史

詹姆斯·舒茲曼
James Suzman ——著

葉品岑——譯

Work
A History of How We Spend Our Time

我為什麼要讓蟾蜍的工作
蹲踞在我的日子上？
難道我不能把機智當做長柄叉
驅走獸類？

——菲力普·拉金（Philip Larkin），〈蟾蜍〉（Toads）

目次

第四部　城市生物

工作在人生的意義——我讀《為工作而活》

詹宏志（作家、PChome Online網路家庭董事長）

「為什麼要工作？」

並不是哲學家才有這個大哉問。我第一次面對這個問題，其實是來自一位未滿五歲的小孩。那時候我還年輕，一個短暫的過渡時間，我的姐姐帶著小外甥與我同住。有一次，早上我與小孩玩得開心，然後我不得不打斷我們的嬉戲，必須整裝出發去上班了，小外甥感到失望，忍不住哭了起來，他的母親勸慰他：「你不能這樣，舅舅要上班工作呀！」小孩忍住了眼淚，但還是不禁要問：「舅舅為什麼要一直、一直、一直上班？」

這不是最後一次這樣的問題，後來就變成我自己的小孩，或者有時候就是我看到的別的小孩，他們也直指核心：「爸爸為什麼要一直、一直、一直上班？」大人們的回答，經常是功利性的：「他要工作賺錢呀，這樣我們才有錢生活，有錢給你買玩具呀！」

這句話當然說對了某部分的事實，人的確要為生存與生活而工作，你必須從事某種勞動來取得生存之資。即使是漁獵時代，你必須打獵才有食物，而農業時代，你必須汗滴禾下土才有飯吃；如今在工商時代，食物和工作的關係沒有這麼直接，你做了一段時間的某種工作（這工作內容可多得無法細數了），你的「薪轉戶」裡會出現一筆金錢數字稱為「薪水」，你再用它來買食物，以及那位哭泣的小孩的玩具。

但這似乎不是「全部的故事」，譬如說，當我的儲蓄足夠讓我生存一段時間，我並沒有辭掉我的工作去悠閒生活（我認識許多身家幾輩子用不完的企業家，他們每天也還工作不休）；倒過來說，我有好幾次在職場上憤而辭職，捍衛尊嚴的激情之際，有時候也顧不得下個月房租是否繳得出來。這兩例子至少說明了，我們與工作的關係顯然比「生存之資」來得複雜。

我剛才說為了捍衛尊嚴（意思是在職場上我被上司羞辱了），我曾憤而辭去我的工作，可是「失業在家」常常更沒有尊嚴，鄰居看你每天在家帶小孩，有時也帶著異樣眼光，而任何填表的時刻遇到職業一欄你也總要掙扎一番，最後勉強填上「自由」字樣，以免引來更進一步的羞辱性的詢問……。

「為什麼要工作？」如果重新再問這個問題，也許我們的答案就要跟著複雜了，第一層，是「生存與生活」，第二層，可能就是「尊嚴」了（不管失業或就業）。請等一等，工作帶給我生存與生活，也帶給我不依賴別人的尊嚴；但「樂在工作」又是怎麼一回事？

如果「活著就得工作」，我既明白也不得不服從，有時候「爆肝相隨」好像也必須配合，有的人甚至配合得心甘情願；我年輕時候曾遇見一位小印刷廠老闆，騎著摩托車來接印件，隨傳隨到，不分晴雨，不管假日上班日，永遠笑臉迎人，他是我們編輯人的最愛，每次我們問他為什麼這麼辛勤工作，他總是自嘲地說：「愛錢，死好呀！」他雖然嘲笑自己辛勤是為了賺更多的錢，但我們卻感受到一種「歡喜做，甘願受」的責任心，對他欽佩有加。

但這是來自責任感的驅策，他們是真心喜愛這樣的工作和情境嗎？

我搜索內心歷史，在我漫長的職業生涯裡，雖然大部分的「超時工作」都是因為責任感而起，但我也曾經歷若干「快樂工作」的時刻。一九八〇年代中葉，我在遠流出版公司工作，意外地出現了《胡適作品集》的編輯工作，這似乎是我夢寐以求的機會，我的老闆知道我是「胡適迷」（現在要說「胡粉」了），不但採用了我的「作品集」構想，也就是把《胡適文存》還原並重新分冊（《文存》原在上海出版，在台灣重版時因為政治情境做了許多刪節），再匯集當時可得的所有胡適作品，成為一個「全集式」的編輯案子。編輯工作有幾位同事一起做，我自告奮勇為每一冊配圖。出版社有一個隱密的閣樓，老闆把它給我使用；每天辦公室同事下班之後，我就躲到閣樓去，搜羅來的各類圖書就擺在案頭，我常常一個人在那裡工作到半夜，每次考據有得，內心狂喜，回家時幾乎是吹著口哨回去。多麼有意思的經驗，加班到半夜，沒有分毫加班費，卻是我人生最美好最難忘的時光。

台灣知名的「簡單生活節」曾經創造一個口號，說：「做喜歡的事，讓喜歡的事有價值。」也許這句話解釋了我的美好經驗，當然，世界上無數皓首窮經的學者、孜孜不倦的科學家，他們都不是為了加班費或基本工資而來的。這樣，我們明白工作意義的第三層，那是「自我實現」。有點像是馬斯洛的「人類需求層次論」，我們與工作的關係確實是一層又一層，層層交疊，也層層提昇，把工作解釋為「為了生存」似乎是不夠完全的。

但擺在我面前的這本有意思的書《為工作而活》，卻又把我對工作的理解帶到一個全新的地平線。作者舒茲曼幾乎用了好幾種知識身分為我們描述「工作」這件事，他用了人類學家的田野知識，讓我們了解不同族群與文化對工作的不同理解與態度，他花了不少力氣追蹤喀拉哈里沙漠中的芎瓦西族的工作情境（這個族群就是《上帝也瘋狂》電影裡的那個狩獵採集部落）；他又用了歷史學家的考掘，告訴我們「各種工作」如何在歷史上被消滅又被創造出來；他也有生物學家的視野，讓我們對照其他動物是如何勞動與生存；他還動用了資訊科學家的知識，預言資訊科學與人工智慧將會與我們的工作如何糾纏。這是讓我讀來興味盎然的知識之書。

但我們又為什麼要了解工作的意義？我想這是生存的義務之一。即使你一天只工作八小時，它仍然占據我們醒著的一半時間，如果工作沒有意義，人生幾乎就是不值得活的。中文書名幾乎暗示了，你以前只知道我們工作才能活著，事實上，我們活著是為了能夠工作……。

序言

經濟問題是人類最大的難題嗎？

燃煤蒸汽機上被燻黑的煙囪咳出的濃煙，象徵了第一次工業革命的開始。第二次工業革命從牆壁上的電插座躍進，到了第三次則以電子微處理器之姿登場。如今，我們正處於由各種新興數位科技、生物科技和物理科技聯手打造的第四次工業革命。即便如此，沒有人能確定這次革命會創造出怎樣的未來，只知道未來有越來越多在各大工廠、各行各業和私人住家的差事，將由被機器學習演算法賦予生命的自動化網宇實體系統（Cyber-Physical System）①接手。

對某些人而言，自動化社會的前景宣告了一個機器帶來諸多便利的新紀元。對另一些人而言，這是世界向被機器人控制的未來世界更靠近一步的災難性進展。不過，對多數人而言，自動化社會的前景只是產生了一個迫在眉睫的問題：要是有個機器人搶走我的工作該怎麼辦？

儘管機器人的崛起搶走了某些人的飯碗，但有些行業到目前為止尚未受到衝擊。對於這些暫且安全無憂的人而言，機器人的影響體現在日常俗事中：譬如超級市場裡呆板地問候與訓斥顧客的自動結帳櫃檯大軍，或者是同時指引與阻饒我們在數位宇宙冒險的笨拙演算法。

但在發展中國家，經濟成長的動力益發仰賴尖端技術與資本的結合，因而鮮少創造新的就業機會。如此一來，對於在城市邊緣地帶的鐵皮屋下掙扎謀生的數億失業人口而言，自動化技術引發更為迫切的擔憂。工業化經濟的半技術工人階層也感受到燃眉之急，而他們唯一的選項是發動罷工，試圖拯救工作不被以絕不罷工為最大優點的自動機搶走。此外，即便從事高技術職業的人士目前還沒有很明顯的感覺，他們之中的部分人士也即將厄運臨頭。如今，當人工智慧漸漸設計出比人類設計得更好的人工智慧，人類似乎是聰明反被聰明誤，才會把工廠、辦公室和工作場所變成魔鬼的溫床，讓我們淪為遊手好閒、漫無目的之人②。

倘若如此，那麼我們的擔憂是有道理的。畢竟我們工作是為了生活，而活著是為了工作；從單調乏味地拖地，到大玩逃漏稅遊戲，幾乎從事任何工作都有辦法讓人從中得到意義、滿足和自豪感。我們從事的工作也界定我們的身分、我們的未來展望、我們多數時間會在哪裡及與誰相處，也會影響我們的自我價值感、塑造我們在諸多方面的價值觀，以及我們傾向的政治立場。正因為工作對我們如此重要，我們才高唱社畜的讚美歌，譴責職場不沾鍋的擺爛，而全民就業的目標始終是所有政治人物不分派系皆念念有詞的神咒。

這一切背後的信念是，基因使我們本能地想要工作，而且人類物種的命運受到目標性

---

① 譯注：網宇實體系統，簡稱CPS，為結合通訊網路、電腦計算與控制器於物理設備的整合控制系統。該系統又稱為「人機物融合系統」，希望藉由計算、通訊、物理系統的一體化設計，擴展人在時間與空間方面的控制，例如實現大型工程系統的即時感知、動態控制和資訊服務。

② 譯注：舊約聖經《箴言》說「Idle hands are the devil's workshop」，意思是人若無所事事，就容易作奸犯科，宛如受魔鬼驅使。

（purposefulness）、智慧和勤奮三者獨特交匯的影響，使我們能建立起一加一大於二的社會。

我們對自動化未來的種種焦慮，和許多思想家及夢想家的樂觀截然不同。打從十八世紀工業革命掀起第一道波瀾起，這些人就相信自動化將是打開經濟烏托邦門鎖的關鍵。像是經濟學之父亞當斯密（Adam Smith），他在一七七六年對「漂亮極了的機器」大為稱頌，認為它們假以時日將「加速並減少人類的勞動」；[1] 一個世紀後，奧斯卡．王爾德（Oscar Wilde）幻想在未來，「所有必要而討人厭的工作都會由機器來做」。[2] 但其中最斬釘截鐵的人，莫過於二十世紀最具影響力的經濟學家約翰．梅納德．凱因斯（John Maynard Keynes）。他在一九三〇年預言，到了二十一世紀初，資本的成長、提高的生產力和科技的進步，應當會帶領人類社會來到經濟「應許地」的山腳；屆時，每個人的基本需求都能輕易被滿足，因此每人每週不會工作超過十五個小時。

數十年前，我們的生產力和資本成長，已超越凱因斯當初估算邁向經濟應許地必須達到的門檻了。然而，我們絕大多數人依然和祖輩、曾祖輩一樣努力地工作，而各國政府仍然和近代史上所有時期一樣執著於追求經濟成長和創造就業機會。不僅如此，由於人口高齡化日趨嚴重，私人和國家退休基金均面臨沉重壓力，我們許多人預計要比半世紀前的勞工多工作將近十年，才能退休。此外，儘管諸如日本和南韓等世上最先進的經濟體，在科技與生產力方面有空前的進步，官方仍宣布每年有數百人因為超時工作導致過勞死，這令人感到鼻酸，尤其這些死亡原本都是可以避免的。

看來，人類還沒準備領取他們的集體退休金。要瞭解箇中緣由，需要先意識到我們和工作的關係遠比傳統經濟學家告訴我們的還要有趣，而且牽涉層面也更複雜。

——

凱因斯相信，實現經濟應許地將是人類物種最意義非凡的成就，因為此舉形同解決了他口中「人類從最原始的生命誕生之初……所面臨的最緊迫的問題」。

凱因斯認為的「最緊迫的問題」，就是古典經濟學家所謂的「經濟問題」，有時也被稱作「稀缺性問題」（problem of scarcity）。這個概念主張人類是受永不滿足的欲望折磨的理性動物，而且這更是因為世界擺明了沒有足夠的資源滿足所有人的需求，一切資源都是稀缺的。人的需要無限而一切資源皆有限的觀念，盤踞在經濟學定義之核心，經濟學於是成為關於人類如何分配稀缺資源以滿足其需要與欲望的研究。這一觀念也支撐了我們的市場、金融、就業和貨幣體系。因此，對經濟學家而言，稀缺性是驅使我們工作的動力，因為唯有透過工作——透過製造、生產、交換稀缺資源——吾人方能消除人類無窮欲望和有限收入之間的鴻溝。

但稀缺性問題讓我們對人類物種做出的評估似乎過於悲觀。它讓我們堅稱，演化把人類塑造成自私的生物，永遠受絕不可能滿足的欲望折磨。對生活在工業化世界的許多人而言，這個關於人性的假設多麼顯而易見又不言而喻，但對居住在其他地區的許多人，像是非洲南部喀拉哈里沙漠（Kalahari）的「布希曼人」芎瓦西族（Ju/’hoansi ‘Bushmen’）來說，這個假設似乎站不住腳。

我自一九九〇年代初開始，持續記錄芎瓦西族和不停擴張的全球經濟的接觸，而這些遭遇十之八九讓他們傷痕累累。這些故事經常相當殘酷，發生在兩種判若天壤的生活方式鄰接的邊疆，雙方基於對稀缺性本質截然不同的假設，抱持非常不一樣的社會和經濟哲學。市場經濟及其對人性的假設，令芎瓦西人既困惑又沮喪。但不只他們這樣覺得。從東非的哈德札族（Hadzabe）到北極圈的因紐特人（Inuit），以及其他在二十世紀依然過著狩獵採集生活的社會，也難以理解與適應一個以永恆稀缺性為基礎的經濟體系規範。

凱因斯最初描述他的經濟烏托邦時，對狩獵採集社會的研究充其量是社會人類學這門新興學科裡的一項餘興節目。即便想多認識狩獵採集者，他也不可能找到太多挑戰當時盛行觀點的看法，亦即原始社會的生活，就是不停與飢餓對抗的生活。但他也不會找到任何證據足以說服他相信，儘管偶爾遇到挫折，人類旅程是一個進步的故事，而推動進步的是我們想要工作、生產、建設和交易的渴望，受到人類想解決經濟問題的內在衝動所激發。

但我們現在知道，像芎瓦西人這樣的狩獵採集民族，並沒有時時刻刻處於飢餓邊緣。相反地，他們通常營養充足，壽命比多數農業社會的人更長，而且每週鮮少工作超過十五個小時，能把大部分時間都花在休息和休閒活動。我們還知道，他們之所以能夠這樣，是因為他們不會例行性地儲存糧食，也對累積財富或地位毫無興趣，而且幾乎只為滿足短期物質需求而工作。儘管那些認為經濟問題是人類面臨的首要問題的人堅稱，我們所有人都被迫在無窮欲望和有限財富之間的煉獄受折磨，但狩獵採集者卻沒有太多物質欲望，只要付出幾個小時努力就可以滿足。他們組織所有經濟活動的前提，是相信物質的富足，而不是以稀缺性為首要考量。正因如此，我們有充分理由相信，由於人類祖先在智人三十萬年的歷史長河中，高達九成五的時間是行狩獵採集，關於稀缺性問題中的人性假設，以及我們面對工作的態度，其根源來自農業。

在歷史上絕大多數時候，人類的祖先並不像現代的我們一樣專注於稀缺性。這提醒了我們，除了解決經濟問題之外，生活中還有很多事要做。每個人都知道，除了職業以外，我

們習慣性地將各式各樣帶有目的性的活動描述為工作。舉例來說，我們會為人際關係「努力」、在我們的身體上「下功夫」，甚至「利用」閒暇的時間。

當經濟學家把工作定義為，人類為滿足「需要」與「想要」而付出時間和努力，他們就迴避了兩個顯而易見的問題。第一個問題是，很多時候，工作和休閒的唯一區別在於脈絡的不同，還有看我們是領錢做某件事，還是自掏腰包去做那件事。對古代的採集者而言，狩獵麋鹿是工作，可是對很多第一世界的獵人而言，那是一項緊張刺激而且通常非常昂貴的休閒活動；對商業藝術家而言，畫畫是工作，可是畫畫對數百萬業餘藝術家是令人身心放鬆的享受；對遊說者而言，和輿論領袖培養關係是工作，可是交朋友對我們一般人是一大樂事。再來，第二個問題是，除了我們為滿足食物、水、空氣、溫飽、友誼和安全等基本需求所付出的精力之外，究竟什麼是必需品也是眾說紛紜。不僅如此，我們的需求經常難以察覺地和欲望融合在一起，幾乎不可能將它們明確分開。因此，有些人會堅稱，早餐吃可頌麵包配一杯好咖啡是必要的，可是對其他人而言，這樣的早餐卻是一種奢侈。

「工作」最普世的定義應該是，工作涉及有目的性地為某個任務耗費精力或付出努力，以期實現某個目標或達到某個目的。這樣的看法，無論是狩獵採集者、西裝筆挺的衍生性金融商品交易員、手足重繭的自給農民或任何人都會同意。自從古人類首次劃分周遭世界，並以概念、文字和想法組織他們在世界上的經驗，他們幾乎無疑已經擁有某種工作的概念。就像愛、親職、音樂和哀悼，工作是人類學家和旅人漂泊到陌生國度都有辦法掌握的少數概念之一。當口語語言或參不透的習俗成為阻礙時，幫助別人完成一項任務這樣簡單的舉動，經常能比任何笨拙的話語更能迅速地打破人際藩籬。因為這樣的舉動能展現善意，而且就像一支舞或一首歌，能創造交融的目的和融洽的感受。

當我們不再認為經濟問題是人類面臨的最大難題，我們除了能把工作的定義從謀生問題往外延伸，甚至還能找到新的觀點，認識自有生命以降至忙碌的今日，人類和工作之間剪不斷、理還亂的歷史淵源。與此同時，一系列的新問題也應運而生：為什麼我們今天賦予工作的重要性，比我們的狩獵採集祖先多那麼多？為什麼在一個空前富裕的年代，我們滿腦子想的仍舊是匱乏？

回答這些問題需要跨出傳統經濟學的範疇，冒險涉足物理學、演化生物學和動物學的世界。但最為重要的一點是，我們或許需要把社會人類學的觀點套用在它們之上。唯有透過社會人類學家對那些在二十世紀仍繼續行狩獵採集的社會的研究，我們才能賦予原始石器、岩石藝術和破碎骸骨生命，為揭示我們四處搜尋食物的祖先如何生活和工作，提供豐富的線索。也唯有透過採取社會人類學的取徑，我們才能開始理解各式各樣的工作如何形塑我們的生活經驗。此外，採用這個較為廣泛的取徑，也提供我們一些出乎意料的洞察：原來經常被認為是現代人獨有的許多挑戰，其實都有古老的根源。舉例來說，社會人類學揭露並且讓我們了解，我們與機器之間的關係，和早期農夫與幫他們工作的役馬、公牛及其他駝獸之間的關係遙相呼應，而且我們對自動化的焦慮，其實非常類似讓生活於奴役社會的百姓在夜裡輾轉難眠的焦慮。

在描繪人類與工作的糾葛時，我們可以看到兩條彼此交叉的明顯路徑。

第一條路徑娓娓道出我們和能量之間的關係。歸根究底，工作向來是一種能量交換的過程，而活著的有機體和死亡的無生命物質之間的差別，就在於是否具備做工的能力。因為只有活物會積極地為了生存、生長、繁殖而尋找並獲取能量。踏上這條路徑會發現，人類並非會例行性揮霍能量的唯一物種，也不是缺乏目的且無事可做時會變得無精打采、鬱鬱寡歡、意志消沉的唯一物種。這又引發一連串關於工作本質及人與工作之關係的其他問題。譬如，像是細菌、植物和役馬等有機體也工作嗎？如果是的話，牠們做的工作，和人類及人類所發明的機器做的工作，有什麼不同？而關於我們的工作，這些差異又道出了什麼？

這個路徑的起點是太初伊始，有個能量源莫名地把許多擁有不同分子的混沌，結合為一體，構成了有生命的有機體。隨著生命在地球表面逐漸擴張，而且經演化而懂得如何捕獲新能源，其中包括陽光、氧氣、血肉、火，然後是用來做工的化石燃料，這個能量交換的小徑也穩定拓展，而且越來越迅速。

第二條路徑追尋人類的演化與文明的旅程。從物質方面來看，粗糙石器、古代爐床和碎珠子的出現，代表文明發展早期的里程碑。強而有力的引擎、巨大城市、證券交易所、工業化農耕、民族國家，以及各種亟需能量的機器共同運作形成的龐大系統，這些都代表了不同發展階段的里程碑。但這條路徑上也散布許多無形的里程碑，像是思想、概念、野心、希望、習慣、儀式、常規、制度和故事——它們是構築文化與歷史的基石。踏上這條路徑會發現，隨著人類祖先發展出精通許多新技能的能力，人類磨練出與眾不同的目標性，甚至讓我們能夠從蓋金字塔、挖洞和塗鴉之類的活動裡，找到意義、快樂和深層的滿足。這條演化與文明的路徑，也展示人們從事的工作和獲取的技能如何漸漸形塑人們對周遭世界的感受，以及和周遭世界的互動。

不過，就理解現代人與工作的關係來看，最重要的部分是這兩條路徑的許多交叉點。第一個交叉點發生在大概一百萬年前，當人類學會用火。自從學會如何把部分熱量需求外包給熊熊烈焰，他們省去許多追尋食物的時間，能在寒冷時保持溫暖，而且能大幅擴張飲食範圍，進而刺激大腦成長，變得越來越渴求熱量、越來越勤奮。

第二個關鍵的交叉點發生的時間相當晚近，而且可以說帶來了遠比第一個交叉點更大的變革。它始於大概一萬兩千年前；當時，我們的祖先開始例行性地儲存糧食，並開始嘗試耕種。在這樣的情況下，他們和自然環境、和彼此、和匱乏，以及和工作的關係都開始有所轉化。探索這個交叉點也揭露，現代人賴以開展工作的經濟結構在多大程度上源自農耕，也說明了我們對平等與地位的想法，和我們對工作的態度存在多麼緊密的關係。

第三個交叉點則發生在人群開始聚集到大城小鎮的時候。這大概是八千年前的事，當時有些農業社會生產出足以餵飽大量都市人口的剩餘糧食。這在工作的歷史上也代表一個重大篇章——從此時開始，工作不是由在田間工作獲取能量的需求所定義，而是由消耗這些能量的需求所定義。最早一批城市的誕生孕育了各式各樣全新技能、專業、工作和行業，這在自給自足的農耕或採集社會中是無法想像的。

大型村莊出現，以及小鎮和城市接連誕生，也在重塑經濟問題和稀缺性的動態關係方面扮演關鍵角色。由於多數都市人口的物質需求由在鄉村生產糧食的農夫來滿足，因此城市居民把躁動的精力投注到追求地位、財富、享受、休閒和權力。城市很快地出現了嚴峻的不平等問題。而且，因為城市中的人們不受小農社會特有的緊密親族關係與社會連結束縛，不平等問題可說是加速惡化。在這樣的狀況下，住在城市的人漸漸開始將社會地位和他們從事的工作，益發緊密地綁在一起，並且和其他同行形成了共同體。

最後，當西歐社會學會釋放化石燃料裡蘊藏的能量，並把化石燃料轉化為此前無法想像的物質榮景，導致吐黑煙的工廠大煙囪林立，第四個交叉點就出現了。在這個始於十八世紀早期的交叉點上，我們先前提到的兩條路徑同時急劇擴張。世界變得更為擁擠，因為城市的數量和規模皆迅速成長，而且激增的不僅有人類，還有我們老祖先馴化的諸多動植物。此外，人類開始擔憂資源匱乏、關注工作的重要性，也讓世界變得非常忙碌——矛盾的是，這種集體性的擔憂源自我們擁有比過去更多的東西。儘管現在下定論還太早，我們很難不去懷疑，未來的史家在研究人類與工作的關係時，不會特別區分第一、第二、第三和第四次工業革命，而是會把這個跨距悠長的歷史關頭，看得和其他帶來關鍵影響的時期同等重要。

第一部

工作的起源

In the Beginning

第一章

活著就是要做工

「功」如今被用來描述所有的能量轉移，大至發生在星系與恆星生成的天體規模，小至發生在次原子大小的規模。如今，科學家也承認我們所處宇宙的誕生，涉及了巨大的功（能量轉移），而且正是生物所從事的與眾不同的工作，使生命如此特別，使生物有別於非生物。

一九九四年春天的某個下午，天氣熱得要命，赤腳孩童齜牙咧嘴地拔腿狂奔，穿越沙地到下一塊陰影處。傳教士駕駛豐田的越野休旅車疾馳過凹凸不平的沙土路，前往納米比亞喀拉哈里沙漠的「斯昆海德安置營」（Skoonheid Resettlement Camp），凝滯的空氣使沙塵在車行停止後仍懸掛空中、久久不散。

對近兩百名正在躲太陽的布希曼茓瓦西人而言，他們十分歡迎傳教士偶爾來訪，讓他們得以擺脫鎮日等待政府糧食發放的單調乏味。傳教士來訪也遠比在沙漠中跋涉，挨家挨戶地拜訪一座座偌大牧場，冀望有白人農夫會給他們工作賺錢的機會，來得有趣。過去半個世紀，茓瓦西族生活在搶走他們土地的牧場主的皮鞭下，漸漸地，就連族裡（地球上最經得起時間考驗的狩獵採集社會僅存的遺民）最多疑的那些成員都開始相信，聽農民之神的特使的話是常識，有些族人甚至從他們的話語中獲得安慰。

太陽緩緩朝西方地平線落下，傳教士從越野車裡走出來，在樹幹底部設置了一個臨時布道壇，然後召集會眾。此時的氣溫依然高得教人融化，他們沒精打彩地集中到斑駁的樹蔭下。這安排唯一的缺點就是，隨著太陽越沉越低，會眾得不時重新整隊，反覆起身、坐下、摩肩擦踵、你推我擠，以保持在樹蔭的庇蔭範圍內。樹蔭的形狀隨著講道進行不斷延長，群眾會漸漸挪動到離布道壇越來越遠的地方，迫使傳教士部不得不以持續大吼的方式，宣講絕大部分的布道內容。

這場景為傳教活動增添了某種莊嚴神聖的氛圍。太陽不僅讓會眾忍不住瞇著眼睛看自帶光暈的傳教士，而且就像即將從東邊升起的月亮，以及會眾聚集在其下的樹木，在傳教士講述《創世紀》（Genesis）和人類墮落的的故事中，太陽也扮演了重要的角色。

傳教士首先提醒他的會眾，人之所以在每個禮拜日聚集起來一同禮拜，是因為上帝不眠不休地工作了六天，創造天、地、海洋、日月、飛鳥、走獸、游魚等等，直到所有工作都完成的第七天才休息。他提醒大家，因為上帝是依照自己的形象造人，所以人們也被期待辛勤工作六天，然後在第七天休息，並感謝主賜予他們萬福。

傳教士的開場白讓部分會眾認同地點頭，比較投入的一些人還發出了一兩聲「阿門」。不過，多數人不懂他們到底蒙了什麼福而該感謝主。他們了解努力工作是什麼意思，也懂得撥出時間休息的重要性——即便他們完全不知道分享勞動帶來的物質報酬是什麼滋味。過去五十年，是他們用雙手做粗活，讓這個半乾燥氣候的環境得以改頭換面，成為有利可圖的牛隻牧場，而這段期間，農夫總是讓他們在禮拜日休工一天，可是其他時候，農夫對於揮鞭「治癒」芎瓦西工人的懶散，可是毫不留情。

傳教士接著告訴會眾，在上帝吩咐亞當和夏娃看管伊甸園後，他們受到蛇的誘惑犯下大罪，因此全能的上帝「詛咒大地」，並放逐亞當與夏娃的子女到田裡，一輩子辛苦勞動。

相較於傳教士告訴他們的其他故事，這段聖經故事對芎瓦西人而言比較說得過去，而且不只是因為他們都很清楚，被誘惑和明知不該有所接觸的人共度春宵是什麼意思。他們覺得這段故事就像自身近代發展的寓言。斯昆海德安置營裡老一輩的芎瓦西人都記得，他們曾經是這片大地唯一的主人，而且他們曾經只靠狩獵野生動物，以及採集野生水果、根莖類和蔬菜過活。他們記得在過去，他們的沙漠環境就像伊甸園，永遠取之不盡（即便數量多寡不定），往往只要隨興自發地付出區區幾個小時的努力，幾乎一定能換得足以溫飽的食物。有些族人如今猜想，他們肯定是犯下了某種類似聖經《創世紀》裡提到的大罪，所以喀拉哈里沙漠才會自一九二〇年代起，先是迎來一小批、然後是大量的白人農夫與殖民警察，而且還帶著馬匹、槍砲、幫浦、鐵刺網、牛隻和奇怪的律法，直接把這裡的土地全據為己有。

白人農夫很快發現，在喀拉哈里沙漠這麼不適合發展大規模農業的環境從事耕種，需要投入大量勞力。於是，他們成立突擊隊抓捕布希曼「野」人，強迫他們工作。他們挾持布希曼人的小孩當人質，確保他們的父母會乖乖聽話，並頻繁地鞭笞他們作為教訓，教導他們「埋頭苦幹的美德」。在傳統領域遭到剝奪後，芎瓦西人學到，若他們想生存，就得像亞當和夏娃一樣在農場辛勤工作。

他們過了將近三十年這樣的日子。但當納米比亞在一九九〇年脫離南非獨立後，科技進步讓農場變得比過去更有生產力，對勞動力的依賴也隨之降低。此外，由於新政府要求牧場主把芎瓦西人當正式雇員對待，並且提供他們合理薪資與住宿，許多農民乾脆將芎瓦西人趕出他們的土地。他們爭辯說，投資在對的機器上，用盡可能精簡的人力經營農場，不僅更經濟實惠，而且可以省去很多麻煩。結果是，很多苎瓦西人幾乎沒得選擇，淪落到在路邊露宿餐風的命運，或者到位於北邊的赫雷羅人（Herero）村莊邊緣侵占空屋，又或是搬到除了坐等糧食援助，什麼都不能做的兩座小規模安置營區之一。

當事態發展到如此地步，苎瓦西人才逐漸覺得人類墮落的故事不再能解釋現況了。因為若他們真的像亞當和夏娃被上帝放逐到田裡做牛做馬一輩子，為什麼現在農民卻嫌棄他們不再有利用價值，而將他們趕出田裡了呢？

佛洛伊德（Sigmund Freud）相信，世界各地的神話，包括《聖經》中亞當和夏娃的故事在內，都藏著破解我們「性心理發展」謎團的祕密。相比之下，他的同事和競爭對手榮格（Carl Gustav Jung）則認為，神話堪稱是人類「集體無意識」經過提煉而成的精華。而在幾乎等同於整個二十世紀社會人類學智慧基石的李維史陀（Claude Lévi-Strauss）眼裡看來，世上所有神話共同構成了一個錯綜複雜的巨大解謎盒，若完美解開，就能揭露人類心智的「深層結構」。

五花八門的世界神話可能成為我們觀看「集體無意識」的窗口，解釋我們在性方面的困擾，或者讓我們凝視人類心智的深層結構。這些當然也可能不會發生，但神話無疑揭露了人類的一些普世經驗。譬如，有一種觀點認為，不論人類世界在創造之初多麼完美，都會受到混沌力量的影響，而我們務必努力控制這些影響。

在那個炎熱午後前來禮拜的斯昆海德安置營會眾中，有少數經歷過舊時代的「老人家」。他們是這裡最後幾名過了大半輩子狩獵採集生活的芎瓦西人。他們以傳統狩獵採集生活培養出的獨特堅忍，承受著硬是被剝奪昔日生活的心理創傷，而在等待迎接生命尾聲之際，他們透過對彼此重述孩提時代學到的「起源故事」（創世神話）尋得慰藉。

在傳教士帶著基督教版本的創世故事到來以前，芎瓦西族相信世界的創造分成兩個不同的階段。在第一階段，他們的造物主創造了祂自己、祂的妻子、一個名為葛亞娃（G//aua）的詭計之神、世界、雨水、閃電、雨水匯集的地面坑洞、植物、動物，最後才造了人。但在完成工作之前，祂去做了其他事情，使未完成的世界處於混亂不明狀態。沒有社會規範，沒有風俗習慣，而且人和動物的形狀都在改變，以各種方式彼此通婚，彼此殘殺相食，而且做出各種稀奇古怪的行為。幸好，造物主沒有徹底拋棄祂的創造物，最終還是回來完成當初起了頭的工作。他以替世界施加規則與秩序來收尾，首先把不同的物種分類，然後加以命名，並賦予每個物種自己的習慣、規則和特性。

斯昆海德安置營老人家最鍾愛的「起源故事」，都發生在造物主留下未完成的創作、休起宇宙年假的期間——也許誠如某位男子所推測的，因為祂也和基督教的上帝一樣需要休息一下。這些故事大多是在講，詭計之神葛亞娃在造物主不在時恣意為非作歹，在所到之處每每掀起騷動與混亂。譬如在某個故事中，葛亞娃切下自己的肛門，煮熟給祂的家人吃，然後在他們稱讚菜餚的美味時，為自己的惡搞成功歇斯底里大笑。在其他故事中，葛亞娃還把自己的太太煮來吃，姦淫自己的母親，把別人的小孩從父母身邊偷走，然後冷血地謀殺他們。

但葛亞娃並沒有在造物主回來為創作收尾時罷歇，而且自此之後便頑皮地持續試圖破壞世界的秩序。因此，芎瓦西人想起造物主就想到秩序、可預測性、規則、禮貌和連續性，同時把葛亞娃和隨機性、混亂、不明確、不和諧與失調劃上等號。而且芎瓦西人在各種事物中，都能發現葛亞娃邪惡魔掌的干預。舉例來說，像是獅子表現出反常行為、有人神祕地病倒、當弓弦磨損或長矛斷裂，又或是他們明明很清楚與他人配偶通姦，會造成人與人之間的矛盾，但還是被內心的謎之聲說服去做了這樣的事之時，凡此種種，都是葛亞娃在作亂。

老人家毫不懷疑，傳教士故事中誘惑亞當與夏娃的蛇，就是身分千變萬化的詭計之神葛亞娃。散播謊言、說服人們擁抱禁忌的欲望，然後興高采烈地目睹那些毀人一生的後果上演，這些恰恰就是葛亞娃喜歡做的事。

許多民族都發現伊甸園那隻口若懸河的蛇的蛇皮底下，住著他們自己的宇宙麻煩製造者，芎瓦西族不過是這些民族的其中一例。自古以來，詭計之神、麻煩製造者和破壞者不斷為人類創造工作，像是北歐神話中奧丁任性的兒子洛基、許多北美原住民文化中的郊狼和渡鴉，或者許多西非和加勒比海神話中脾氣暴躁的變形蜘蛛阿南西（Anansi）。

世界各地的神話都以混亂與秩序的對立為主題，絕非純屬偶然。畢竟，科學也堅稱混亂與工作（disorder and work）之間存在一種普世關係，這個關係最初在西歐令人陶醉的啟蒙運動期間被發現。

—

賈斯帕—古斯塔夫・柯里奧利（Gaspard-Gustave Coriolis）喜歡打撞球。他在為這個嗜好做實際「研究」時，度過了許多快樂時光，後來將成果以《撞球運動中的數學理論》（*Théorie mathématique des effets du jeu de billiard*）的形式公諸於世。後來，撞球演變出了許多不同形式，譬如斯諾克及花式撞球，但柯里奧利的這本書在廣大的愛好者之間，仍擁有宛如聖經般的莊嚴地位。柯里奧利生於一七九二年的革命之夏，法國國民公會（Citizens' Assembly）在那年廢黜國王路易十六與王后瑪麗・安東妮（Marie Antoinette），並將他們從凡爾賽宮拖出來，等待送上斷頭臺。但柯里奧利是另一種不一樣的革命人士。他和一群前衛男女氣味相投，率先拒絕神學教義，轉而擁抱理性、以數學原理解釋現實，還有以科學方法理解世界的嚴謹——這促使他們釋放化石燃料蘊藏的顛覆能量，從而揭開了工業時代的序幕。

柯里奧利因為提出「科氏效應」（Coriolis Effect）而為現代人所知，若不是有這項發現，氣象學家將無法實際模擬天氣系統的運作形式和變幻莫測的洋流。對我們而言，更重要的是，他也是現代科學辭典裡「功」（work）這個術語的發明者。

柯里奧利之所以對撞球感興趣，不僅在於他從象牙球撞擊彼此發出的可預測聲響獲得滿足，也不在於當他用球杆將某顆象牙球推落袋時感受到的興奮。對他而言，撞球揭露了數學的無限解釋力，而撞球桌就是像他這樣的人能觀察、修補與應用部分支配物理宇宙之基本定律的地方。這些象牙球不僅召喚伽利略描述的天體運動，而且每當他將球杆放在手上，他能讓歐幾里得（Euclid）、畢達哥拉斯（Pythagoras）、阿基米德（Archimedes）提出的幾何學基本原理顯靈。此外，當他推杆的手臂驅動母球撞上其他子球，這些球總是毫無意外地遵照牛頓爵士（Sir Isaac Newton）在將近一世紀前提出的質量、運動和力的定律運行。這些球也令人想起關於摩擦、彈性和能量轉移的各種問題。

不出所料，柯里奧利對科學和數學最重要的貢獻，集中在球體旋轉運動的效應：譬如撞球等物質因為運動而具備的動能，以及能量從手臂透過球杆轉移到球體，導致整桌球在球臺上散開的過程。

柯里奧利在一八二八年描述類似前述的能量轉移過程的現象時，率先提出了「功」這個用語，藉以形容讓某個物體移動一定距離時所需的力量。[1]

當柯里奧利把打撞球的過程稱呼為做「功」時，他心裡想的當然不單單是撞球而已。第一批有經濟效益的蒸汽機已在幾年前問世，顯示火能做的遠不止於炭烤肉類和在鐵匠的鍛造爐裡熔化鐵礦。但是，儘管蒸汽機驅動了歐洲的工業革命，科學界對於蒸汽機的性能卻沒有令人滿意的評估方式。柯里奧利想要精確地描述、測量和比較諸如水車、役馬、蒸汽機和人類的性能。

當時，許多數學家和工程師已經擁有和柯里奧利所謂的「功」大致相當的概念。可是沒有人找到足夠到位的詞彙來描述這概念。有些人稱之為「動力效應」（dynamical effect），有人稱為「勞動力」（labouring force），還有些人稱為「原動力」（motive force）。

柯里奧利的方程式很快就被他的科學同行推定成立，但他們印象最深刻的是他的術語。就彷彿他搔到了他們的癢處，為懸在眾人心頭多年的概念找到完美單字。「work（功）」不僅分毫不差地描述了蒸汽機的功能，work的法文*travail*還具有許多其他語言所缺乏的詩性。它不單單有付出的含義，還有受苦的含義，讓人想起法國第三階級（Third Estate，下層階級）一直以來受戴假髮的貴族和好大喜功的君主奴役的苦難。柯里奧利把機器的潛力和解放農民擺脫勞苦生活的想法連結起來，召喚出一個還在萌芽階段的美夢，後來由凱因斯接手提倡：有朝一日，科技將帶領人類踏上應許地。

「功」如今被用來描述所有的能量轉移，大至發生在星系與恆星生成的天體規模，小至發生在次原子大小的規模。如今，科學家也承認我們所處宇宙的誕生，涉及了巨大的功（能量轉移），而且正是生物所從事的與眾不同的工作，使生命如此特別，使生物有別於非生物。

———

生物具有許多非生物沒有的獨特特性。其中最明顯也最重要的特性是，生物積極地蒐集和利用能量，將其原子和分子組織成細胞，將細胞組織成器官，將器官組織成身體。生物藉由這個過程不斷生長和繁殖。當生物停止生長與繁殖時，他們就會死亡，並且在沒有能量支撐的情況下開始分解。換句話說，活著就要做工。

宇宙存在令人眼花撩亂的各種複雜、動態的系統，從各大星系到各大行星，我們有時也稱這些為「活著的」系統。但除了細胞有機體外，這些系統當中沒有一個會有目的地從其他來源蒐集能量，然後利用這些能量做工，以維持生命並繁衍後代。譬如，「活」恆星不會積極地從周圍環境補充能量，也不追求繁衍假以時日會變成像自己一樣的後代。相反地，它透過物質質量的耗損轉化能量來做功，一旦質量耗盡便隨之「死去」。

生命為了生存、成長和繁殖而積極工作，這或許可以歸因於熱力學第二定律——也稱為熵定律，有些物理學家認為它是「宇宙最高定律」。熱力學第二定律描述所有能量在整個宇宙中均勻分布的趨勢。熵就像世界神話裡熱中於惡作劇的許多詭計之神，持續破壞宇宙創造的任何秩序。熱力學第二定律堅稱，假以時日，熵將帶來世界末日，就像北歐神話中惡毒的詭計之神洛基一樣——但不是因為它將摧毀宇宙，而是因為當它將所有能量均勻分配到整個宇宙時，宇宙將不存在可供取用的自由能（free energy），可以去做任何物理學意義上的功了。

如果我們對熵的某些面向有直觀了解，那是因為這賊頭賊腦的騙子從各個暗處向我們眨眼。我們在建築物的坍塌和身體的衰敗之中，從帝國的崩落之中，從將牛奶加入咖啡裡的方式之中，以及維持任何生活、社會與世界秩序必須不斷付出的努力之中，都看到了熵。

對於工業革命的先驅而言，熵透過阻撓他們打造具有百分百效率的蒸汽機，證明自己的

存在。

在所有實驗中，他們觀察到熱能會不可避免地均勻分布在鍋爐內，然後透過鍋爐的金屬外殼逸散到鍋爐外的世界。他們還注意到，熱能總是從較高溫的物體流向較低溫的物體，而且一旦熱度均勻分布之後，就不可能在不添加更多能量的情況下逆轉該現象。這就是為什麼當一杯熱茶降到室溫後，就沒有機會從房間汲取一些能量把自己再次變熱。他們還指出，為了逆轉熵的影響，必須使用系統外部能量做更多的功。也就是說，將你的冷茶恢復到可接受的溫度，需要額外能量。

有段時間，熵定律被認為是令人困惑的存在。後來，奧地利物理學家路德維希・波茲曼（Ludwig Boltzmann）在一八七二至七五年間做了點計算，證明熱能運作的方式可透過概率算術來完美描述。[2]他表示，一勺水裡的數兆個分子間傳遞熱能的方式，遠比要熱能始終儲存在那少數幾個粒子中來得更多。這意味著當粒子到處移動並相互影響時，能量被均勻分配的機率，其勝算如此之大，應該被視為一種必然。以此類推，他的數學模型顯示宇宙作為世上最大的容器，它盛裝的所有能量也會做出一樣的事。

波茲曼提出解釋熵的數學模型時，等於將熵從相對狹窄的工程學領域釋放，讓我們看到，為什麼我們會直觀地從坍塌的建築物、風化的山、爆炸的恆星、潑出去的水、死去的生物、冷掉的茶乃至民主中看到熵。

低熵狀態是「高度有秩序」的，就像小孩被逼著整理房間，然後把玩具、小東西、衣服、書和黏土桶物歸原位，放進各種抽屜和櫃子之後的樣子。相較之下，高熵狀態類似收拾好之後幾個小時的房間，彷彿小孩再次把自己擁有的全部物品通通拿出來，胡亂丟滿地。根據波茲曼的計算，倘若小孩是隨機整理房間裡的物品（事實上確實如此），則物品的所有可能擺放方式，其發生的概率都是相同的。當然還有一個非常微小的機會是，身為隨機的物品整理者，小孩有可能不小心把所有東西放回應該放的位置，令人覺得房間相當整潔。問題是，讓房間亂成一團的方式，比起讓房間顯得整潔的方式實在多太多了，因此在父母要求小孩把房間恢復成低熵狀態之前，他們房間亂糟糟的機會絕對比較大。

即便簡單了好幾十倍，備受現代人推崇的俄羅斯方塊能讓我們約略掌握小孩房間涉及的數學規模。這個解謎遊戲有六面不同的顏色，每面分別由九個方塊組成，並且安裝在一個固定的中心軸上，讓每面都能被獨立旋轉。將有顏色的方塊混在一起，它未被破解的可能狀態高達43,252,003,274,489,856,000種，但被破解的狀態只有區區一種。[3]

一八八六年，也就是達爾文在西敏寺入土為安的四年後，波茲曼受邀到維也納的帝國科

學院（Imperial Academy of Sciences）發表公開演講。

「若你要我捫心自問，我們這個世紀會被稱為鐵的世紀，還是蒸汽機、電力的世紀，」波茲曼對在座聽眾說，「我會毫不猶豫地回答：我們的世紀將被稱為機械自然觀的世紀，或者說達爾文的世紀。」[4]

小達爾文一輩的波茲曼，其研究挑戰上帝權威的程度，不下於達爾文提出生物多樣性來自演化而非上帝的演化論。在受熱力學定律支配的宇宙裡，沒有上帝戒律存在的空間，而且萬事萬物的終極命運，早已被預先決定。

波茲曼對達爾文的仰慕，不單單是基於他們重擊宗教基本教義的共同經驗，也是因為他看見熵忙碌地形塑演化。這個想法直到一個世代後，才由諾貝爾獎得主厄爾文．薛丁格（Erwin Schrödinger）完全闡述——他就是那位將想像的貓裝進想像的箱子裡而出名的量子物理學家。

薛丁格深信生命和熵之間的關係至關重要。包括波茲曼在內的前人，已經提出論點說明活著的生物體全都是熱力引擎，因為生物體就像蒸汽機，需要食物、空氣、水等「燃料」才能做功，而工作時，他們也將部分燃料轉換成隨後將逸散到宇宙間的熱能。但直到一九四三年，薛丁格在都柏林三一學院（Trinity College Dublin）向聽眾發表一系列演講之前，從來沒有人由這個觀點去推出它必然的結果。

薛丁格的父親是業餘的園藝愛好者，而園藝最令他著迷的地方在於，人類可以透過審慎挑選具有他想要的某些特徵的植物種子，進而左右演化。受到父親的園藝實驗啟發，薛丁格即使在投入理論物理學的專業領域之後，依舊保有對遺傳學與演化的長遠興趣。

在薛丁格於都柏林發表演講（一年後集結成一本小書出版，書名為《生命是什麼？》〔*What is Life?*〕）之前，生物學堪稱是自然科學領域裡的孤兒。[5]當時，多數科學家仍甘於接受，生命就是照著自己奇妙又獨特的規則運作。然而，薛丁格卻主張，生物學應被當作發展完全成熟的成員納入科學大家庭裡。那天晚上，他準備說服聽眾相信，儘管生命的科學（生物學）確實相當複雜，但歸根究底也是和物理學和化學一樣的分支。他對聽眾說，只因為物理學家和化學家目前還不能解釋生命，不代表我們有任何理由去懷疑他們有一天將能夠做到這件事。

在薛丁格的想像中，人類細胞內的分子去氧核醣核酸（DNA）和核醣核酸（RNA），具有非同尋常的資訊編碼和教學指示功能。他對此的描述啟發了整個世代的科學家，致力於闡明生物學的化學和物理基礎。這群分子生物學先鋒包括了劍橋大學的弗朗西斯・克里克（Francis Crick），還有他的夥伴詹姆斯・華生（James Watson），他們將在十年後發現DNA獨特的雙螺旋結構。

薛丁格對於構成基因體的「極小群原子」，[6]竟能將數兆個其他原子組織成頭髮、肝臟、手指、眼球感到嘖嘖稱奇，因為這些原子的行為，明顯違反了熱力學第二定律。宇宙中幾乎萬事萬物都傾向越來越混亂，生命卻不一樣，它傲慢地把物質聚集在一起，然後非常精確地將物質組織成出奇複雜的結構，蒐集自由能並繁殖。

儘管從表面上來看，活生物體成功且有系統地違反了熵定律，薛丁格認定生命絕不可能違反熱力學第二定律而存在。這意味著，生命需要對宇宙中熵的總量有所貢獻，於是他推論生命貢獻熵的方式，是透過尋找和捕獲自由能，利用該能量來做功、產生熱能，從而增加宇宙中的熵。他還指出，體積越大、結構越複雜的有機體，在維持生命、生長和繁殖方面需要做的工作就越多；基於這個原因，相較於岩石之類的物體，如生物體這樣複雜的結構，通常在宇宙中貢獻遠遠更多的熵。

如果生命可以被生物所做的工作加以定義，那麼無機的地球物質轉化為有生命的有機物質的過程，肯定是涉及了某種能量轉換——一次能量飽滿的推動力，發動了原始生命的引擎。這股能量究竟從何而來還說不準。它可能是來自上帝的一個彈指，但更可能是來自使早期地球沸騰冒泡的化學反應，或是古地球上的放射物質逐漸向熵定律屈服的衰變過程。

關於生命最初出現的過程，有一種理論叫做「自然發生論」（abiogenesis），認為生物可以由無生命的物質轉化而成。這個過程仍需要功，但這點大概是該理論中最不神祕的部分了。直到第三個千禧年①到來前，科學數據的天秤顯示生命出現的機會是如此渺茫，我們幾乎可以肯定自己是宇宙中孤單的存在。但在今天，至少對某些科學家而言，鐘擺已盪向另外一邊。他們比較傾向於認為，生命是注定要誕生的，而且宛如詭計之神的熵很可能也是造物者，不光是來搞破壞的。這個觀點賴以為依據的想法是，生物系統突然出現，可能是因為它們比許多無機物更有效率地消耗熱能，因而增加了宇宙中熵的總量。[7]

說服部分科學家的其中一個工具是數位模擬技術。使用這項技術的實驗顯示，原子和分子受高度定向能源（如太陽）影響，而且被一座能量池（像海）包圍，那麼粒子將隨興自發地排列成各種不同的結構，彷彿在試著尋找最有效耗散熱能的排列方式。[8]倘若這個模型顯示的是事實，那麼原子和分子隨機構成的無數排列方式之一，有很大的機會就是將死的無機物轉化為活的生物體的排列方式。

一直以來，生命從新來源獲取能量的能力（首先是地熱能量、陽光、氧氣，然後是其他

活生物體的血肉），以及益發複雜、更耗能且誕生在物理意義上更勤奮的生命形式的演化過程，書寫著地球悠遠的生命史。[9]

地球上最早出現的生物，幾乎可以肯定是簡單的單細胞生物，既沒有細胞核，也沒有粒線體，譬如細菌。他們可能是從水和岩石之間的化學反應汲取了能量，然後將此能量轉換，成為高度專門化的分子，將能量儲存在化學鍵之中，並於化學鍵斷裂時釋放能量，從而使有機體能夠做功。這個分子叫三磷酸腺苷，英文縮寫ATP，而從單細胞細菌到多細胞的人類學家的身體組織，一切細胞為維持內部平衡、為成長和繁殖而工作所使用的直接能源，就是三磷酸腺苷。

生命忙於蒐集自由能，將其儲存在ATP分子內，然後讓這些能量在我們的星球發揮作用，已經有很長的一段時間了。有大量的化石證據證明，細菌大概在三十五億年前出現在地球上。還有一些仍具爭議的化石證據顯示，或許生命的起源可追溯到四十二億年前，距離地球形成區區三十萬年之後。

從當今多數生命形式的角度來看，地球上像細菌一樣的生命拓荒者必須面對極度險惡的處境。在早期地球上，火山活動頻繁，而且近乎不間斷地受隕石撞擊狂轟，再加上當時大氣

① 譯注：第三個千禧年，指的是從二〇〇一年一月一日至三〇〇〇年十二月三十一日的這一千年。

層氧氣稀薄，也沒有臭氧層可保護脆弱的有機體被太陽輻射烤焦，因此地球最早的生命形式，在遠離太陽強光的地方辛勤勞動著。

不過，漸漸地，由於生命獨有的另一特性，也就是演化的能力，出現了能夠從其他來源汲取能量，並在不同條件下生存與繁殖的新物種。大約在二十七億年前的某個時刻，生命悄悄地走出陰影處，因為一系列偶然的基因突變，使某些生物體得以擁抱生命的宿敵——陽光，然後透過光合作用從中汲取能量。這些生物體就是至今仍生生不息的藍綠藻。池塘和湖泊中冒泡的細菌群落就有藍綠藻。

隨著藍綠藻旺盛繁殖，它們開始工作，將地球轉變成能支持能量需求更高的複雜生命形式的巨型棲地。首先，它們將大氣中的氮轉化為植物生長所需的有機化合物，像是硝酸鹽和氨。它們也把二氧化碳轉化為氧氣，在催生約略始於二十四億五千萬年前的「大氧化事件」（the great oxidation event）扮演關鍵角色，而大氧化事件的結果，就是逐漸形成了今天我們賴以生存、富含氧氣的大氣層。

大氧化事件不僅提供生命可利用的全新能源，而且大幅增加了生命能用來工作的總能量。和氧氣有關的化學反應，其釋放的能量遠多於其他元素的化學反應，這意味著比起厭氧生物，每個好氧生物都有潛力長得更大、更快，並做更多實際的活兒。

構造更精密的新興有機體「真核生物」經演化誕生，利用起這個飽含能量的環境。真核生物比它們的原核生物祖先更複雜且耗能，它們有細胞核，透過有性生殖繁殖，而且可以產生各種複雜的蛋白質。隨著時間流逝，有些真核生物被認為發生了突變，使它們得以「綁架」其他路過它們面前的生命體，透過可滲透的外細胞膜將其吞噬，從而掠奪它們的能量。被綁架的細胞別無選擇，只能與囚禁它們的細胞分享自己捕獲的能量，這一過程漸漸被認為促成了多細胞生命的出現。那些綁架藍綠藻的真和生物的後代，可能就是原始的藻類，它們日後演化成最早的植物，為地球貧瘠的陸塊帶來了綠意。

第一批具有細胞組織和神經系統的生物，據信是從約七億年前的海洋中演化而來。但直到約五億四千萬年前的寒武紀大爆炸（Cambrian explosion）期間，動物才真正開始蓬勃發展。從這個時期的化石紀錄，可以看到代表今日世界生命樹上幾乎所有主要門類都已形成。

大氣和海洋中氧氣增加所帶來的額外能量，無疑是推動寒武紀大爆炸的關鍵。但很可能比氧氣增加更重要的是，演化開始朝有利於某些生命形式的方向汰擇，這些生命形式從比氧氣更豐富的全新自由能來源獲取能量：它們直接吞噬其他生物，而後者早已不厭其煩地將能量和重要的營養素濃縮並儲存在自己的血肉、器官、外殼和骨骼裡。

到了約六億五千萬年前，平流層已積累足夠的大氣氧，形成一層有厚度的臭氧層，充分阻隔了有害的紫外線輻射，從而使某些生物能在海洋的邊緣生活而不至烤焦。經過了大概兩億年，生物圈占領了地球絕大多數的陸塊，並慢慢形成一系列環環相扣、非常複雜的海洋和陸地生態系統。這些生態系充斥著各式各樣的有機體，它們辛勤地捕捉自由能，利用該能量維持生命，然後再取得更多的能量來繁殖。

這些新生命形式使用能量的很多方式，和那些會讓人類聯想到工作的行為十分相似。儘管細菌在生物圈的占比仍然很可觀，體型較大的陸生動物的存在，改變了生物所做工作的性質。較大的動物需要大量食物，但比起移動力相對低落的微生物，前者能做更多的體力勞動。動物會鑽地洞、打獵、逃跑、休息、挖、飛、吃、打鬥、排便、移動東西，有些還會蓋些建物。

從物理學家的角度來看，所有活的生物體都會做功，而地球生物圈是各種生物的演化始祖做了數百萬個世代的工作所構成的，這兩個事實，讓人不禁想問一個問題：樹木、烏賊或斑馬所做的工作，和促使人類創造出人工智慧的工作，有何不同？

第二章

遊手好閒的人和忙碌的鳥

人類總是能在自然界的其他生物身上找到與自身類似的行為舉止。而當談到勞動的美德時，真社會性的昆蟲顯然是豐富的隱喻來源。譬如，《新約》聖經指示「懶惰的」基督徒「察看螞蟻」，向「牠們學習」，而援引白蟻的勤勞和蜜蜂的忙碌，在今天都已成為陳腔濫調的說法了。

不同於一般的加州名人，可可（Koko）對她的外表不是十分在意。她在二〇一六年離世，許多加州名人政要表示，這位加州之女的成就令他們與有榮焉。在過世的約兩年前，可可曾到聯合國氣候變遷大會發表特別談話，警告人類愚行可能導致人類這個物種徹底滅絕。

可可是一隻不曾在野外生活、由人工撫養的低地大猩猩，因為非比尋常的溝通技能而聲名大噪。她比的大猩猩手語流利又富有創意——這個特別設計的肢體語言，基本上是以美國手語為基礎。而且她毫無疑問理解約兩千個英文口語單字，差不多是多數人類常用語彙的百分之十。不過可可的文法很糟糕，人類試圖教她基礎句法時，她感到困惑又沮喪。因此，訓練師認為，可可往往難以傳達她實際上想要表現的清晰語意或創意。但除了句法方面的不足，可可的人類訓練師一點也不懷疑她是感情豐富且擅於社交的個體。

「她會為自己和其他人說的笑話而大笑，」潘妮．帕特森（Penny Patterson）和溫迪．高登（Wendy Gordon）解釋說，他們倆長年擔任可可的訓練師，也是她最親愛的朋友。「她難過或被丟下時會哭，受到驚嚇或憤怒時會尖叫。她用快樂、悲傷、恐懼、享受、渴望、沮喪、瘋狂、丟臉等字詞談論自己的感受，最常提起的單字是愛。她為失去的東西感到悲慟——一隻最愛的貓死了，一個朋友離開了。她可以談論人死後會發生什麼事，但被要求討論她自己或同伴的死亡時，情緒會變得煩躁而不自在。她對待小貓和其他小動物非常溫柔。她甚至曾對那些只在照片中看過的人表示同情。」[1]

可可的訓練師堅稱，可可使用龐大的詞彙量，證明她有能力從符號和象徵的角度看待世界。但是，還是有很多人持懷疑態度，主張可可不過是能力極佳的模仿者（就像許多著名的猿類、黑猩猩和倭黑猩猩，他們被認為擅長使用以圖形符號為基礎的溝通系統）。此外，他們也認為，可可唯一真正的社交技能，是說服訓練師偶爾幫她搔癢和給她點心吃。

不過，沒有人質疑她喜歡和小貓一起放鬆的時光。她也喜歡跟訓練師兜風看美景，而且會在不得不從事比較艱鉅的任務時變得有點粗暴。但她的批評者不相信她會用人類的方式去思考工作與休閒。他們堅稱人類做的工作具有「目的性」（purposeful），而動物做的工作只具有「合目的性」（purposive）。

這是很重要的差別。

一位建築工有目的地築牆擴建車庫，清楚知道完工的牆會長什麼樣子，而且已按照建築師的設計藍圖，在腦海中預先演練建造那面牆所需的每個步驟。但他之所以在炎炎夏日拌水泥和砌磚，不只是為了想拌水泥和砌磚，畢竟這既不是他的牆，也不是他設計出來的。他從事這項工作，是因為受到一連串次級和三級野心的驅使。如果有機會訪問他，我們可能會發現他如此勤奮工作，是因為他有成為大師級建築工的抱負，而他選擇當建築工是因為他喜歡在戶外工作，或者可能只是因為他想存錢資助配偶一圓童年夢想。這些可能性數也數不完。

相較之下，合目的性的行為，是外部觀察者可能看出行為背後帶有目的，但行為者本身既不理解、也無法具體描述的行為。一棵樹開枝散葉將日照最大化，蒐集太陽能將二氧化碳與水轉化為葡萄糖，就是在做合目的性的行為。雨季期間，成千上萬的飛蛾撲向喀拉哈里沙漠的篝火，這種致命的行為也是合目的性的行為。不過，可可的訓練師後來發現，在其他種類的生物身上，區分有目的性的行為和合目的性的行為，不總是那麼簡單明瞭。

當一群獅子跟蹤一頭牛羚，牠們的基本動機是獲取生存所需之能量。但相較於腸道細菌尋找碳水化合物分子，獅子的這種本能反應的目的性更為強烈。牠們利用掩護跟蹤獵物，懂得團隊合作，採用各式各樣的策略，並根據判斷哪個策略最能滿足牠們嚼食其他生物血肉及器官的合目的性的衝動，而在狩獵過程中不斷做決定。

一直以來，對理解人類認知演化感興趣的許多研究者，專注於探索和我們基因最相近的靈長類近親，以及其他顯然相當聰明的生物（如鯨魚和海豚），試圖揭示他們是否能像人類一樣做有目的性的行為。一個有目的性的生物，必須能夠直觀地掌握因果關係，具備能想像某動作會產生某結果的機敏，因此也就意味著對「心智理論」（a theory of mind）① 的掌握。有關對比於人類，實際上動物的行為的目的性有多強，向來充滿爭議。

不過，有幾種動物促使我們一改對人類工作中不太常注意到的幾個面向的看法，其中包括白蟻、蜜蜂和螞蟻。自從人類成為相互合作的食物生產者，並搬進城市之後，人類工作方式的巨大變化，和這些生物的孜孜不怠與社交方式有許多相似之處。世上也有很多物種像我們一樣，將大把精力都用在似乎沒有明顯目標的工作，或者演化出極度沒效率到難以解釋的身體及行為特性，譬如雄孔雀尾巴這樣的特徵。

在達爾文發表《物種源始》（*The Origin of Species*）的一八五九年，孔雀是全英國各地景觀庭園必備的裝飾。牠們也在倫敦的大型公園草坪上大搖大擺，偶爾對路人展示賞心悅目的孔雀開屏。達爾文喜歡鳥類，畢竟他具體理解天擇，靠的就是注意到加拉巴哥群島（Galápagos Islands）上血緣相近的燕雀科之間的獨特差異。但是，他一點也不喜歡孔雀。

「每次凝望孔雀尾巴的羽毛，我都感到噁心！」他在一八六〇年寫給朋友的信中說道。[2]對他而言，孔雀過大的尾羽上那一隻隻目不轉睛的「眼睛」，彷彿在嘲笑演化論所談論的效率邏輯。他納悶天擇怎麼會讓生物演化出如此笨重、不實際又耗費能量的尾巴，而且他相信這尾巴使雄孔雀成了掠食者容易下手的目標。

最後，達爾文在維多利亞時代的女性身上找到了孔雀尾巴之謎的答案。當時，滿城的女

---

① 譯注：心智理論指的是一種能夠理解自己和他人的心理狀態的能力。

性穿著誇張、俗豔的克里諾林裙襯，步伐搖曳地在公園裡的孔雀與身穿時髦緊身褲的男性追求者之間漫步。

一八七一年，他發表《人類由來與性擇》（*The Descent of Man, and Selection in Relation to Sex*），在書中說明交配的選擇如何促進各種光怪陸離的次要特徵的發展，而這些特徵純粹是為了讓某些物種的個體散發無可抗拒的異性吸引力，從孔雀的尾巴到一些動物頭上過大的獸角都是如此。

達爾文表示，如果天擇可說是「為生存而奮鬥」，那麼性擇就是「為交配而奮鬥」。這就說明了為什麼有些物種會演化出一些奇怪的第二性徵，它們可能不利於增加個體的生存機會，卻會大幅增加其繁殖機會。換句話說，演化過程會指示生物體獲取及消耗能量，為的是存活與增加吸引力，而前者需要效率與控制，後者則傾向助長損耗與譁眾取寵。

如今謎底揭曉，孔雀的尾巴不是達爾文想像的那種身體負擔。研究人員測試孔雀飛向空中躲避掠食者的速度，發現大尾巴對牠們飛行與迅速逃跑的能力，沒有太大影響。研究還發現，孔雀的尾巴在交配選擇中，可能也不具有特別重要的作用。[3]

日本東京大學的高橋麻里子和長谷川壽一決心釐清，雄孔雀的尾巴的哪些特徵，令雌孔雀最難以抗拒。為此，他們花了七年時間認識靜岡縣伊豆仙人掌公園的雌雄孔雀群。他們仔細評估不同品種的雄孔雀的尾羽，記錄開屏展示的大小和眼睛斑紋的數量。個體間明顯有差異，有些雄孔雀的尾羽遠比其他同類宏偉華麗得多。

研究計畫結束時，高橋的團隊總共觀察到兩百六十八次成功交配。令他們訝異的是，他們發現交配成功和任何特定尾巴特徵都沒有對應關係。雌孔雀同樣熱情且頻繁地和沒有華麗開屏的雄性及擁有最漂亮尾巴的雄性交配。4

有種可能性是，高橋的團隊忽略了某個尾羽特徵，或者個別雄孔雀展示尾羽的方式。雄孔雀的尾巴除了眼斑和大小，或許還有其他特質，而我們對雌雄孔雀如何透過感官認識周遭世界，至多只有微不足道的理解。不過，高橋和同僚們認為不太可能是這樣，因而增加了一個誘人解讀的可能性——也就是孔雀尾巴這類的耗能的演化特徵，可能和第一印象先入為主以為的生存與繁衍無關。其他物種的一些行為顯示，對於塑造某些生物特徵而言，消耗能量的需要，可能和獲取能量的需求，有一樣重要的作用，譬如會不斷拆築巢穴的非洲南部黑額織雀。

黑額織雀是非洲南部和中部眾多織雀的其中一種，而拆解這種鳥的巢可說是一大挑戰。牠們的鳥巢狀似葫蘆，只比鴕鳥蛋稍大一些，堪稱飛禽世界的工程奇觀。除了用草和蘆葦編

織出完美對稱的水滴狀，黑額織雀築的巢極為輕巧，可以掛在一根小樹枝上，但又堅固到可以讓牠們無視夏季午後暴雷狂風和偌大雨滴的考驗。解開黑額織雀的巢最簡單的方法，就是用靴子踩踏鳥巢，至少對人類而言是如此，因為我們的手指太大又太笨拙。可是，對身體嬌小的黑額織雀而言，蠻力不在其選項之列。

人類鮮少有需要解開黑額織雀的鳥巢，不過出於某些原因，雄黑額織雀確實有這樣的需求。每個夏季期間，雄織雀接二連三地不停修築結構上近乎相同的新巢穴，然後再用和築巢時同樣勤奮的態度破壞巢穴。牠們像使用鑷子一樣地以圓錐形鳥喙先將鳥巢從樹上鬆開，

築巢築到最後階段的雄黑額織雀

待鳥巢墜落到地面後，再有條不紊地摘去一根根草，一次一根，直到什麼都不剩為止。

有繁殖能力的雄黑額織雀的身體是鮮活的黃色和金色。這個物種的名字來自其黑色羽毛的獨特分布，從紅色眼睛上方延伸到喉嚨底部，就像是一副強盜面具。相比之下，雌黑額織雀不築巢，也沒有黑色面具，而牠們橄欖色和卡其色羽毛的保護色從喙部延伸到爪子，然後融入淡黃色的腹部。

勤勞的雄黑額織雀將在一個交配季內，築起約二十五個巢穴，期待能吸引一小批後宮佳麗占據部分巢穴，然後產幾窩的蛋給牠。一九七〇年代期間，辛巴威首都哈拉雷（Harare）某花園裡一隻織雀的生活被詳實記錄下來。牠越是努力工作，愛情運就越不順遂，最後牠把自己修築的一百六十個巢中的一百五十八個都摧毀，其中三分之一甚至是在將最後一根草編織進去後的兩天之內摧毀。[5]

黑額織雀的鳥巢是能量密集的複雜結構。築一個巢最多可能需要一週，不過倘若附近有足夠的可用築巢材料，部分有天賦的織雀可以在一天內築好一個巢。研究人員試圖掌握棲息在剛果、和黑額織雀為近親的黑頭織雀築巢時需要消耗的能量成本，最後估算出雄鳥為收集築巢所需的五百多根草與蘆葦，平均總飛行距離為三十公里。[6]

有一項關於黑額織雀的長期研究在七〇年代率先提出，織雀修築巢穴的行為，可能不全然只是基因密碼決定、讓牠們像長了羽毛的機器那樣築巢的生理機制。[7]這項研究揭露，就好像人類嬰兒透過操縱和把玩物品發展運動技能，雄織雀雛鳥孵化出來後，便會用建築材料玩遊戲和做實驗，經過反覆嘗試，逐漸掌握築巢所需的穿線、綑束和打結技巧。後來，當研究人員安裝一系列攝影機，連續拍攝幾個月，以便分析黑額織雀為築巢付出的努力時，卻發現一項更為複雜的事實。拍攝結果顯示，織雀築巢會築得越來越快、越來越好——換句話說，就是更加熟練，而且每隻織雀會發展出獨特的築巢技術，因此牠們不是像電腦程式般制式化地工作著。[8]

黑額織雀不會為躲避潛在掠食者的攻擊而隱藏巢穴，牠們反而會將巢築在裸露的樹枝上，藉此吸引路過的雌黑額織雀。而且，每當有雌黑額織雀靠近巢穴，雄鳥就會停止工作，用喙整理鳥巢，並向雌鳥炫耀，試圖說服她靠近、檢查他蓋的鳥巢。倘若雌鳥受到吸引，而且隨後認定某個巢符合她的喜好，雄鳥便會在鳥巢底部添加一條短短的入口通道，讓雌鳥搬進來住，整理內部並準備下蛋。

在非洲南部許多地方的民間傳說認為，雄織雀破壞鳥巢都是因為挑剔的雌鳥檢查後，覺得巢蓋得不夠好。仔細觀察的結果顯示這說法不是真的。不僅雄鳥會習慣性地在沒有任何雌鳥評論其手藝的狀況下，破壞許多牠們編織的巢，雌鳥這方在決定是否入住某個鳥巢時，似乎比較是根據巢所在的位置來決定，而不是巢的編織工藝。比起技巧嫻熟、精力旺盛的雄織雀築在錯誤位置上的優質鳥巢，勤奮但笨拙的雄鳥造得不怎麼樣的巢，若是築在正確的位置，反而更可能吸引雌鳥進門。

這些頑強扎實的建築，無疑增進了黑額織雀蛋和雛鳥的生存機會。儘管蛇、鷹、猴子和烏鴉非常容易發現黑額織雀的巢，卻難以真正碰觸到。牠們的巢懸掛在輕盈、有彈性、光禿禿的樹枝上，一點點重量的拉扯都會造成驟然彎曲，導致任何掠食者都難以靠近——更別說從下方孔洞朝向內凹的中央巢室伸出魔掌，這麼做肯定會讓掠食者自身先摔落地面。

但鳥巢具有生存優勢的設計，對於理解織雀堅決要接二連三生產近乎一模一樣的鳥巢，好像陶匠著魔似地反覆大量製造同一款花瓶，卻沒辦法提供任何洞見。鳥巢的設計也不能解釋牠們為何一心一意在剛築完巢後，立刻破壞完全沒問題的巢，彷彿陶匠因為看到唯有自己看得到的不完美而破壞花瓶。如果追求能量是最重要的事，織雀理當演化成只在正確的位置修築一或兩個優質鳥巢，而不是耗費大量精力築巢，然後又不必要地摧毀數十個巢，不是嗎？如果修築大量鳥巢的能力是個別織雀適存度（fitness）的指標，那麼牠們為什麼要如此勤奮地破壞鳥巢呢？

芎瓦西人老揚（Old Jan）花了大把時間漫無目的地觀察喀拉哈里沙漠的織雀。他推測，牠們之所以如此堅決地破壞自己的巢，是因為牠們的記性很差，差到一旦某隻鳥開始專注於修築下一個鳥巢，然後眼角餘光瞥到自己先前修築的成果，就會下意識地以為，那是其他情敵試圖入侵牠的地盤。於是，這隻織雀會將巢摧毀，趕走這名假想敵。

老揚有可能是對的，但另一名茔瓦西織雀觀察者史布林干（Springaan）提出了一個更引人入勝的看法。史布林干推測，織雀就像他的妻子，她就是沒辦法像她先生一樣閒著無所事事。基於這個原因，每當她手邊沒有要做的家事，得片刻悠閒，便會開始忙著做串珠首飾，一個接一個地做，全都以類似的十字型設計為基礎，並以同一套早就練得滾瓜爛熟的手法和技巧製作。而且每次珠子用完，由於他們鮮少有錢再買更多珠子，她便會勤勞地把比較久以前完成的作品拆開——通常是很漂亮的成品，但她會一顆顆地拆，然後重新利用、做成新的作品。他認為這是一種了不起的美德，而他很幸運能贏得這位美嬌娘的芳心。他太太就像織雀，在製作美麗物品的技巧、工藝和藝術天賦裡得到自信、快樂與平靜。至於當初嫁給史布林干是不是三生有幸，她就不那麼確定了。

築巢也破壞巢的織雀，可能看似恣意揮霍精力。但牠們絕非除了人類之外，傾向把精力花在明顯無意義工作之上的唯一物種。光是飛禽王國，就有數千個類似案例，牠們耗費過高的代價、精心地做無意義的事，舉凡天堂鳥一身的華麗羽毛到園丁鳥過分複雜的鳥巢，皆屬其列。

演化生物學家通常以一種完全功利的切入點解釋這些行為。對他們來說，生命的歷史基本上就是一段性與死的故事，其餘一切都是門面功夫。他們堅稱，所有經天擇繁瑣程序汰擇留下的特徵，都該根據它們提供生物追求能量或伴侶的某種競爭優勢，最終是否幫助或削弱其生存或繁殖機會的程度來解釋。他們可能主張織雀接二連三地修築並破壞鳥巢，是為了向潛在配偶展示牠們的適存度，或者為了維持在最佳狀態以防被掠食者攻擊。

但奇怪的是，我們不太願意訴諸類似說法，去解釋人類同樣恣意揮霍精力的種種表現。畢竟，從建造越來越壯觀的浮誇摩天大樓到跑超級馬拉松，人類消耗能量做的很多事實在說不上有助於繁衍或生存。事實上，我們為消耗能量所做的很多事，帶有減短壽命而不是延長壽命的風險。關於織雀為何如此揮霍精力地築巢的終極解釋很可能是，當牠們有剩餘的精力時，會像人類一樣，以符合熵定律的方式做工，消耗能量。

將分子組織成細胞，細胞組織成器官，器官組織成有機體，再將有機體組織成花海、森林、羊群、魚群、畜群、獸群、鳥群、社區和城市，需要消耗許多的能量。浪費能量、工作粗枝大葉或效率不彰的生物，經常會在能源匱乏或在外部環境因氣候或地質驟變時遭遇生存危機，甚至會因為另一物種出現了比較優越的演化特徵、進而改變了生態系統之時，走向滅絕。

物種演化史上有很多物種因為大環境形勢出現變化，而迅速拋棄累贅又耗能的生理特徵。舉例來說，如果你把一群三刺魚（身體演化出盔甲以防掠食者攻擊的一種小型魚類）放進沒有掠食者的湖泊，只要短短幾個世代的繁衍，那群三刺魚將不再會長出盔甲，因為生長不必要的盔甲是一件浪費能量的事。[9]

可是，也有不勝枚舉的例子指出，許多生物的某些生理特徵儘管明顯不再具有實際用途，卻依舊保留了下來，並且產生一筆可觀的能量成本。鴕鳥、鷸鴕和其他不會飛的鳥還保有殘留的翅膀，鯨魚有殘留的後肢，而紅尾蟒則保有殘留的骨盆。至於人類也保有許多不同的殘留特徵，譬如無用的耳肌、不再能執行任何有用功能的消化系統組織，以及尾巴退化後形成的尾骨。

因此，織雀築巢後將其摧毀的習慣，很有可能是殘留下來的特性，而它曾經具有某些很容易辨識出的重要用途。非洲大陸上其他幾種血緣相近的織雀，也都是類似的瘋狂築巢者，牠們肯定是從某個共同祖先身上繼承了這個特性。另一個更有趣的可能解釋是，牠們反覆修築並破壞自己的鳥巢，不為什麼，就只是因為牠們有熱量可以燃燒。

黑額織雀是雜食動物。牠們喜歡吃大量不同的種子與穀物，也喜歡啄食蛋白質豐富的昆蟲。在漫長的築巢季期間，牠們幾乎沒花任何時間特別專注於搜尋食物。事實上，牠們採集食物的時間少之又少——有個研究團體在黑額織雀築巢的八個月期間勤奮追蹤，卻完全沒觀察到任何雄鳥專心搜尋食物的行為，儘管牠們不屈不撓地專注於築巢。研究人員提出結論，築巢季期間，糧食非常豐富，織雀會在收集築巢材料時，在空中隨興抓個十隻富含能量的昆蟲，並吃些在過程中找到的穀物。[10]

在乾燥的冬末月份，昆蟲全消失，黑額織雀必須比在築巢季更努力地為進食而工作。個別織雀在每年這個時候應付的好與壞，決定了誰將活到下個季節，而誰將在這一季被淘汰。換句話說，生物在最艱難的季節過得好或壞，就是天擇主要的、也是最殘酷的驅動力。但問題是，在最艱難時或許對生物有益的特性（像是能夠把找到的每一口食物都吞下肚），在食物充足的季節可能造成不良後果。

雀形目鳥是一種透過花園餵鳥器覓食的鳥類，牠們定期進食，卻能保持苗條。對這種鳥感到好奇的研究人員曾提出，儘管經常過度進食，這些鳥已演化出管理體重的種種生物機制，但其中不包含限制進食量。他們指出，當食物充足時，雀形目鳥類透過提高鳴唱、飛行和從事其他例行行為的強度來「運動」，這和人類透過運動或跑步來消耗能量是非常相像的。[11]

織雀最喜歡的當令食物之一，也提供我們對自身另一套行為的間接洞察：生產食物的能力，以及在向四面八方蔓延的大城市裡聯手做工的能力。過去，我們常以為這些是專屬於人類的行為，並且象徵著歷史上人類與工作關係的兩個重大交匯。

非洲南部的喀拉哈里沙漠，是世上歷史最悠久的狩獵採集人口的故鄉。不過，這裡也住著世上最古老的農耕世系之一——白蟻。牠們耕種自己的糧食並居住在城市的時間，比我們人類要長了三千萬年。

洩露這種古代農耕社會的存在的，是數以百萬計的「高樓大廈」，每一棟都含有氣候受到控制的市民空間、都市農場、苗圃和皇家屋舍，而且這些空間彼此被細心維護的大道交織網連通。這些城市用喀拉哈里沙漠金色、白色和紅色的沙子建造而成，有些已有數百年的歷史。它們當中最高的有兩公尺，不規則地向天空延伸，優雅姿態不輸高第在巴塞隆納建造的知名大教堂「聖家堂」（Sagrada Família）。

此外，一如巴塞隆納這樣的城市，白蟻所建的城市也住著數百萬失眠的市民——每個市民各司其職。除了城市居民的體積遠比我們要小以外，驅策牠們的工作倫理，就連最勤奮上進的智人都永遠別想效仿。這些白蟻捨棄睡眠、選擇勞動，孜孜不倦地工作，至死方休。

多數白蟻是體力勞動者。沒有視力、也沒有翅膀的牠們，維護並興建主要的城市結構，確保遍及城市每個角落的氣候控制系統能發揮最大功效，並負責幫從事其他職業的白蟻（兵蟻和繁殖蟻）充飢、解渴、保持整潔。牠們還有一項任務，是管理群體賴以維生的「真菌農場」。真菌農場就位於蟻后房間的正下方，是白蟻生產供養整個群體的糧食的地方。每天晚上，工蟻離開土丘到外頭採集，直到胃裡裝滿了草和木屑才會回家。回到土丘後，牠們會直接前往這個真菌農場，在那裡將已經部分消化的木頭和草排泄出來，然後給這些排泄物摻入真菌孢子，塑形成迷宮狀的結構，而這些孢子只在土丘最深處有溫度調節的黑暗中茁壯。真菌會漸漸瓦解木屑和草裡的堅韌纖維，把它們轉化成白蟻能輕鬆消化且富含能量的糧食。

兵蟻對於份內工作也是一樣的專注。只要入侵者警報一響起（靠白蟻傳給彼此的費洛蒙信號，為兵蟻打造出一條通往入侵者的道路），牠們就會立刻衝向最前線，毫不猶豫地犧牲小我。這些宛如城邦的蟻穴有很多敵人，譬如螞蟻就是反覆、頻繁上門的突襲者；牠們也和白蟻一樣，不太看重個體生命的價值，而且牠們唯一的策略就是靠蟻海戰術來打敗體型比牠們大很多的白蟻士兵。其他比螞蟻大很多的野獸，也考驗著兵蟻的奮戰精神。這些動物包括從頭到爪都披著盔甲的穿山甲；上半身和兩足前爪肌肉發達到不可思議，能把如岩石般堅硬的土丘牆撕裂，彷彿那只是混凝紙的長舌土豚（又稱蟻熊）；還有具備超級聽力，會從遠處監聽工蟻夜間離開土丘尋找農場材料的聲音的蝙蝠耳狐（又稱大耳狐）。

除此之外，白蟻蟻穴中還有專門負責繁殖的蟻王和蟻后。牠們也和其他種類的白蟻一樣，為自己在群體中的專門角色而活。蟻王和蟻后的體積甚至比兵蟻要大上許多，而牠們出生在世的唯一職責就是繁殖。被保護在土丘深處內室的牠們，過著為性交勞苦的生活：蟻王勤勞不懈地為一隻蟻后所產下的數百萬顆卵受精。在繁殖機制之外，生物學家認為蟻后的地位很可能比蟻王更莊嚴高貴。這是因為將工作職責分配給新生市民的就是蟻后，她透過分泌有抑制或催化作用的費洛蒙，使工蟻、兵蟻和未來的皇室在基因上有不同的表現。[12]

像這種會堆土丘的白蟻品種，在南美洲和澳洲也很常見。牠們之所以生生不息，是因為牠們改造環境以適應自己的需求。今天，我們很難確知白蟻在演化進程中的祖先，究竟在什麼時候開始走向成熟的社群主義（communalism）。不過，可以確定的是，牠們今天過的生活不是源自單一次的基因突變——換句話說，白蟻不是在某次突變後成了有公民意識的建築工人，效忠於一對皇家夫婦，並受到願為整個土丘的存亡而犧牲生命的士兵保護。實際上，這是一段漸進的過程。就像牠們為土丘所做的每個重大新設計，迭代都修正了塑造其演化的天擇壓力，而牠們經演化產生的新特徵也會導致土丘被進一步修正。如此一來，就出現了一個反饋迴路，從而將白蟻的演化史和牠們為修正環境滿足其需求而做的工作，更加密切地連結在一起。

當物種形成跨世代的複雜社會共同體，而其中的個體往往各司其職，也共同努力滿足總能量需求並繁殖後代，偶爾甚至會為了群體大我犧牲自己，我們稱這是「真社會性」（eusocial）的動物，而不單單是社會性的（social）。eu這個字首取自希臘文ε，意指「好的」，強調這些物種身上明顯的利他主義。

真社會性在自然界相當罕見，即便在其他昆蟲身上也是如此。所有品種的白蟻，以及絕大多數品種的螞蟻都是真社會性動物，只不過程度不盡相同；可是只有不到百分之十的蜜蜂品種具有真社會性，而成千上萬種黃蜂中，也只有微不足道的比例具有真社會性。在昆蟲界之外，具有真社會性的物種就更稀奇了。有實證支持，海洋生物中只有一種生物具有真社會性，那就是槍蝦——但牠比較出名的特色是用快如閃電般的螯發起攻擊，而不是牠複雜的社會生活。此外，雖然某些高度社會性的哺乳類，像是喀拉哈里沙漠的非洲野犬（牠們會代替正在繁殖的雌性首領合作狩獵），在一定程度上展現了真社會性，但除了人類以外，世上只有兩種脊椎動物確實具備真社會性：東非的裸鼴鼠，以及喀拉哈里沙漠西部的達馬拉蘭鼴鼠。這兩種地底生物都生活在已被牠們大幅修正的環境裡。就像白蟻，鼴鼠聚落只會有一對負責繁殖的雌雄鼴鼠，而且社會內有等級之分。多數真社會性鼴鼠注定要成為「工人」，用一生採集食物來餵養自己和負責生殖的「皇室」夫婦，建造與維護牠們的基礎建設，並且驅逐掠食者（或被吃掉）。

人類總是能在自然界的其他生物身上找到與自身類似的行為舉止。而當談到勞動的美德時，真社會性的昆蟲顯然是豐富的隱喻來源。譬如，《新約》聖經指示「懶惰的」基督徒「察看螞蟻」，向「牠們學習」，[13]而援引白蟻的勤勞和蜜蜂的忙碌，在今天都已成為陳腔濫調的說法了。可是一直到歐洲啟蒙運動，甚至是達爾文於一八五九年出版《物種源始》之後，人們才開始經常援引他們心目中支配天擇、至高無上的科學定理，來解釋或合理化自己的行為。於是，生物學家赫伯特・史賓賽（Herbert Spencer）針對天擇提出了「適者生存」之說。這個說法在辯論上強而有力，卻也帶有一絲不幸色彩，被許多人高舉為市場真言。

一八七九年，史賓賽哀嘆道：「誤用的詞經常產生誤導性的想法。」[14] 他這番話是在談「文明人」昭然若揭的虛偽，這些人對別人往往冷酷無情，卻輕易地指控別人野蠻。可是，這段批評也完全適用於他最廣為人知的名言：在當時，「適者生存」已成為達爾文演化論的流行簡稱。

史上鮮少有像「適者生存」這樣被誤用得如此厲害，又產生極大誤導性想法的句子了。這個觀念反覆被援引來為企業壟斷、種族滅絕、殖民戰爭和公園遊樂場爭執等諸如此類的事辯解。即便史賓賽相信人類在動物王國有崇高地位，他最早提出這個說法的意圖，不是要傳達最強壯、最聰明、最努力工作的人注定會成功，而是想表達經緩慢演化而能「融入」任何特定生態棲位（niche）②的生物體將日益茁壯，而犧牲掉適應得不那麼好的生物體。因此，對史賓賽而言，獅子和牛羚、在獅子耳朵上搭便車的跳蚤，以及牛羚在被獅子心安理得地從喉嚨擒拿之前吞下肚的草，都以牠們各自的方式成為了「適者」。

儘管史賓賽將演化描繪成某種殘酷殊死戰是出於無意，他倒是相信生物體會彼此競爭能量，就好像商業大街上的店家會和彼此競爭客人和他們手裡的現金。不同於達爾文，他還相信生物在活著時取得的特徵可以被傳給後代，因此演化是一座驅動進步的引擎，會導致生物變得越來越複雜、也更先進，因為它意味著漸進式的去「蕪」存菁。這也說明了為什麼他鼓吹小政府和自由市場的力道，和抨擊社會主義與社會福利制度的力道相當；他深信後者將扼殺人類社會的繁榮，更糟糕的是，後者人為地支持了「不適者的生存」。[15]

達爾文也相信，競逐能量是他所謂「生存競爭」的核心。可是他沒有把這視為演化唯一的驅動因素。除了堅稱性擇代表許多物種會發展出浪費能量的浮誇特徵，純粹只是為了「符合其美感標準」，[16]達爾文還信誓旦旦地認為天擇也是由物種之間的「相互適應」（co-adaptation）所形塑。譬如，他指出許多植物都仰賴鳥類、蜜蜂和其他生物幫忙授粉與散布種子，然後寄生蟲仰賴宿主的健康，食腐動物則是仰賴獵人。

「我們在啄木鳥和槲寄生身上最能一目瞭然地看到這些美妙的相互適應，」他在《物種源始》裡解釋道，「緊抓著四足動物毛髮或鳥類羽毛不放的微小寄生蟲，也是頗為顯而易見

② 譯注：物種所處環境及其生活習性的總稱，包括覓食地點、食物種類及其體積，還有日常與季節性的生物節律。

的例子。」[17]

自達爾文出版《物種源始》的一百五十年內，我們在理解影響各生態系不同生物命運的演化之舞方面，已經有可觀的進展。舉例來說，達爾文在寫《物種源始》時，沒有任何人知道基因遺傳的分子機制；沒有任何人知道肉眼幾乎不可見的微生物（如細菌）之間無時無刻都在發生數不清的互動（我們今天已經知道，微生物占地表所有現存生物量的比例，遠大於所有現存動物之總和）；也沒有任何人知道乍看和彼此沒有太大關聯的物種，若要生存或崛起可能間接仰賴彼此的程度。

因此，在描述白蟻等物種在聚落裡相互合作之外，生物學家對生態系的敘述，總是揭露龐大的種間互動與依賴之動態網絡。這些關係通常是互利共生（mutualism，兩個或兩個以上的物種受益的共生關係）、片利共生（commensalism，一個物種受益但不影響另一物種的共生關係），以及寄生（parasitism，一個物種靠著犧牲宿主而受益的關係）。有些研究人員更進一步主張，在演化過程中，積極避免競爭可能和主動競爭一樣，都是促成物種演化的重要驅動力。[18]

無論避免競爭是否和競爭一樣是重要的天擇驅動力，史賓賽和達爾文觀點的形成，無疑也和他們都是富裕、成功的男性，而且住在史上空前的大帝國心臟地帶有關。再加上，在這個時代，很少有人懷疑人類世界活躍起來的原因，是同時發生在城鎮、企業、種族、文化、國家、王國、帝國乃至科學理論之間的一連串競爭。

雖然許多人把競爭認定為人類經濟首要的驅動力，但其中最奇怪的一點，大概是在斬釘截鐵地發表一番殘酷言論背後，多數企業和商人的運作方式卻與真實的生態系統非常相似。每個大型組織的運作都在追求白蟻丘的合作效率。多數商業領袖都致力於和他們的原物料供應商、服務供應商和顧客建立互利共生的「雙贏」關係。而且，即便是在最熱切擁抱自由市場信仰的國家，也會有一整套的反托拉斯法存在，以免企業間「過度合作」而變成相互勾結，創造獨占聯盟（cartels）和其他「反競爭行為」。

然而，很清楚的是，經濟學家、政治人物和其他自由市場支持者誇述的達爾文主義，和今天生物學家對自然界生物之間的關係的想法沒有太多共同點。同樣清楚的是，就像忙著築巢的織雀給我們的提醒，雖說追求能量時的成功或失敗將不斷塑造每個物種的演化軌跡，很多難以解釋的動物特性和行為也很可能是由季節性的能量過剩所致，而非歸因於對稀缺資源的爭奪。這樣的觀點或許就為我們提供了一個視角，幫助我們理解為什麼人類，這個在所有物種中最揮霍能量的物種，竟會如此努力工作。

第三章

工具和技術

關於智人何以能精通從微創手術到石砌等技術的故事，就寫在我們的手掌、手臂、雙眼、嘴巴、身體和大腦裡。它們不僅道出人類演化祖先所做的工作，造就了我們的身體及神經系統，還道出人類已經進化成會在有生之年被自己所從事的工作逐漸改造的物種。

織雀或白蟻都不算是特別有目的性的動物——至少我們看起來是這樣。牠們不太可能在準備築巢或建造空氣流通良好的巨型土丘之前，就有明確想要達成的理想目標。而對於許多物種而言，要區分其行為的目的性和合目的性是一大難題，因為他們能夠有意地將身邊物品改造成工具，並使用那些工具完成各種任務。

目前已知會使用工具的無脊椎動物有十五種，鳥類有二十四種，非靈長目哺乳類有四種，其中包括大象和虎鯨。[1]而人類研究最多的，是會經常在各式各樣任務中使用工具的二十二種猴類及五種猿類，因為我們從牠們身上更能看到自己。

智人是生命史上迄今最多產、最熟練且最多才多藝的工具製造者暨使用者。我們做每件事幾乎都會用到工具，而且發生在已經被我們以某種方式改造過的空間。人類如今獲取的多數能量，除了用來維繫身體運作及繁衍後代，其餘都花在使用工具修正和改造周遭世界。

在工作漫長的演變過程中，人類各個演化祖先製造的不同器物，全都是重要里程碑。但我們並非僅能依賴這些物品來理解人類祖先所做的工作，以及那些工作如何影響人類的進化。關於智人何以能精通從微創手術到石砌等技術的故事，就寫在我們的手掌、手臂、雙眼、嘴巴、身體和大腦裡。它們不僅道出人類演化祖先所做的工作，造就了我們的身體及神經系統，還道出人類已經進化成會在有生之年被自己所從事的工作逐漸改造的物種。這代表我們的演化祖先的骨骼化石，也是這個故事重要的里程碑。

根據基因體和考古的證據判斷，明顯可辨識的現代人類，已在非洲生活了至少三十萬年。但個別的古老人族骨骼組，往往難以斷定是屬於人類的直系祖先，還是來自血緣譜系後來消失在演化死胡同裡的相關族群。儘管如此，古人類學家信心十足地表示，我們所屬的智人這個物種，還有尼安德塔人（Neanderthals）與丹尼索瓦人（Denisovans），大概是在三十萬到五十萬年前，源自海德堡人（*Homo heidelbergensis*）延伸家族的成員，或是另一支比較古老的、名叫先驅人（*Homo antecessor*）的人族支系。據信海德堡人在六十萬到八十萬年前源自直立人（*Homo erectus*）的延伸家族，而直立人又在一百九十萬年前源自巧人（*Homo habilis*）家族的某個分支，巧人則是大約兩百五十萬年前源自南方古猿。南方古猿看起來就像黑猩猩和無精打采的青少年智人的混合體。不過，要是給海德堡人的少年穿起牛仔褲、T恤，搭配名牌鞋，然後用特大號帽子謹慎遮住那明顯隆起的眉骨，他在大學校園裡漫步時絕不會穿幫，頂多偶爾讓旁人投以詫異眼光。

根據人類演化祖先留下的石器和其他零散小玩意，來推斷他們活著時的生活與行為，需要一點想像力。推斷他們當時肯定已經擁有的認知及肢體能力，也很需要動用想像力，像是鮮少在考古資料中留下實體線索的跳舞、唱歌、尋路或追蹤等技能。而最讓考古學家絞盡腦汁臆測的上古工具，莫過於人類史上最廣泛使用的石器：阿舍利手斧（Acheulean hand-axe）。

在阿布維爾（Abbeville）近郊的下索穆河谷（Lower Somme Valley）挖礫石的採石工人，學會了注意雅克．布歇．德佩（Jacques Boucher de Crèvecœur de Perthes）每次來訪時，其身上的法郎所發出的叮噹作響聲。布歇是阿布維爾海關局的局長，對白天的正職興趣缺缺，但在礫石坑找尋他期望能揭露上古世界祕密的有趣「古文物」，對他而言是一大享受，同時也讓他的生活有了目標。

自從一八三〇年向一群採石工展示了自己挖到的某塊燧石（flint）後，布歇便定期地造訪採石場。那顆燧石是人手的兩倍大，有兩個稍微內凹的對稱面，已大致被塑形成水滴狀，周圍都是銳利的切割邊。當時，採石工一看到布歇手中的燧石，立刻就認出來了——那是他們偶爾會在礫石堆裡挖到的「貓舌頭」，經常和一些陳年骨頭一起出現，而他們一般都會不假思索地丟棄。他們答應布歇，只要他願意拿出幾法郎聊表謝意，之後若再挖到，都會幫他保留下來。不久後，他們有些人變得很會製作能以假亂真的貓舌頭複製品，藉以在海關局長來訪時多撈幾法郎。[2]

在接下來十年間，布歇逐漸累積出可觀的神祕燧石收藏，其中贗品只占少數。他逐漸相信，將這些燧石雕鑿成近乎對稱形狀的，是和絕種野獸（其骸骨也散落在礫石坑裡）活在同個時代的古人類。

布歇不是頭一個對這些古怪石頭的身世感到好奇的人。舉例來說，古希臘人也認出了這些石器的別出心裁，可是無法為它們的存在找到明確原因，於是推論這些是「雷霆之石」——眾神之神宙斯向地球射出的閃電矛頭。

一八四七年，布歇在共三冊的論文《凱爾特和前盧維安的古物》（*Les Antiquités Celtiques et Antédiluviennes*）中提出，貓舌頭是由早已作古的古人所製作。令布歇大感失望的是，《凱爾特和前盧維安的古物》被斥為業餘愛好者東拼西湊的笨拙解釋和離奇理論。譬如，達爾文就認為布歇的論文「糟透了」，[3]而巴黎法蘭西科學院（French Académie des Sciences）的許多大人物也和達爾文所見略同。不過，布歇的論文仍說服一些法蘭西科學院的成員，決定親自調查貓舌頭的真相，其中最值得關注的是年輕醫生馬歇．杰羅姆．利古魯（Marcel-Jérôme Rigollot）。往後幾年，利古魯採取和布歇一樣的策略，騷擾下索穆河谷沿線的所有採石工人，請他們發現這玩意兒就立刻通知他。然而，和布歇不一樣的是，利古魯堅持親自把東西挖出來。

到了一八五五年時，勤勉不懈的利古魯已記錄了數百筆貓舌頭的出土資料，很多都來自亞眠（Amiens）附近聖阿舍利（St. Acheul）城外的同一座採石場。許多貓舌頭都是從未受干擾的岩層中取出，一同出土的物品還包含遠古的大象與犀牛骨骸，這使利古魯確信這些化石絕對源自上古時代。

倘若布歇今天還在世，得知拜利古魯在聖阿舍利的謹慎挖掘紀錄所賜，貓舌頭如今被普遍稱為阿舍利手斧、阿舍利雙面器，或是單純平鋪直敘地稱為大型切割工具，他大概會氣得跳腳。就像布歇給採石工看的那顆石頭，這些能定義整個時代的石器，一般呈西洋梨形或橢圓形，有銳利的邊緣，兩面則是精心製作、大抵對稱的凸面。有些阿舍利手斧的大小和形狀，近似當人們將雙手半闔起來、手指伸長，做出好像不太虔誠的祈禱手勢時的掌內空間。但很多手斧比這大上兩倍，比採石工握起的拳頭還要厚，而且非常沉重。

從那時起，阿舍利手斧持續困惑且

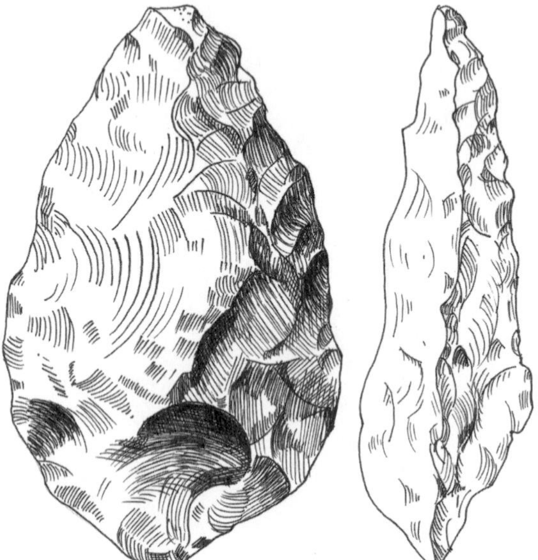

阿舍利手斧

困擾著古物學家、人類學家和考古學家。

——

阿舍利手斧給人造成莫大困惑的原因在於，它們幾乎肯定無法被當作手持斧頭使用。儘管這些石器看似結實、耐用又適合用於切削，人們只要試拿一個在手裡，立刻會發現一個實用上的問題。那就是它的邊緣非常鋒利，頂部很尖，讓人找不到施力點，能夠在不被鋒利的邊緣割傷手指或手掌的狀況下來使用。換句話說，你若嘗試用它來劈柴或敲裂藏著滿滿骨髓的大骨，之後可能好一陣子都沒辦法握住其他東西了。

阿布維爾的採石工透過實際反覆試做發現，製造一個像樣的阿舍利手斧複製品並不是特別困難。考古學家經常複製這個工法，而且樂於欣賞一代代的考古學和人類學新生，在大學課堂上練習製作手斧時弄得指節流血。可是，沒人參透這些石器當初到底是做何用途。如果手斧很稀少，我們或許能滿足於讓謎團保持神祕，可是出土的手斧數量如此之多，除了推論它們是直立人常用的道具，很難提出其他解釋。

整個手斧謎團中最令人想不透的是，直立人及其後裔持續不斷地敲製手斧長達一百五十萬年，使手斧成為人類史上最歷久不衰的工具款式。最老的阿舍利手斧來自非洲，製作於一百六十萬年前。最晚近的手斧則只有十三萬年的歷史，大概是由直立人的最後幾代族群所敲製；他們後來被諸如智人與尼安德塔人等具有複雜認知能力的人類淘汰，而當時的智人與尼安德塔人已經用起華麗的帶柄長矛。儘管手斧製作者的技術在這一百五十萬年期間逐漸進步，但其核心設計與基本製造技巧大抵維持不變。

即使最基本的阿舍利手斧，也比石器第一次被廣泛製造的年代下的粗糙成品，具有顯著的改良——古生物學家稱那個時期為奧都萬（Oldowan）。奧都萬石器最早在坦尚尼亞的奧杜維峽谷（Olduvai Gorge）被發現，最古老的樣本約有兩百六十萬年的歷史。「巧人」這個名稱的起源就和奧都萬時期的工具密切相關，可是製作阿舍利手斧這樣的石器，似乎是腦容量較大的直立人才有的天賦。直到最近幾年，奧都萬石器才被認為代表了人類演化祖先將岩石打造為更便利用具的第一個系統性成果，不過今天有些尚待證實的初步證據顯示，南方古猿其實也是業餘的石匠。二〇一一年，研究人員在東非裂谷圖爾卡納湖（Lake Turkana）附近尋找阿舍利工藝的樣本，偶然發現了一大堆粗糙石器，估計比過去發現的任何石器還要老上七十萬年。

製作奧都萬石器需要一些技術。即便如此，奧都萬石器大多像是被以樂天態度隨意敲打，希望能碰巧打出有用的尖端或切面。它們看起來不像井井有條地為實現某個明確目標而製造的產品。相較之下，製作阿舍利手斧包含了多個階段的繁複過程。製作者需要找到一顆適當的石頭，而不是隨便哪顆石頭都好，然後用一顆很重的錘石，將它敲打成可加工的粗糙卵石狀核心，最後再慢慢地用小顆一點的錘石，加上硬度較低的骨頭或獸角錘，將石面和石刃部分塑形並打磨光滑。幾乎在每個發現大量手斧的地方，都能找到數百個不成形的手斧殘骸，每個都是不正確或力道過大的錘擊所造成的不良品。它們靜默無聲地見證了製造手斧所需的技術。

有些人類學家臆測，手斧本身不是被當作工具使用，而是被當作固狀的工具箱，每當人們需要切割東西，就從上面敲下一塊邊緣鋒利的石片，十分方便。久而久之，每次敲擊的石片剝落，經年累月就造就了賞心悅目的對稱手斧。可是儘管相當笨重，手斧邊緣的磨損顯示，直立人想必不只利用它們來打薄小型石刃。因此，多數考古學家勉強推斷，雖然貌似笨重而不實用，手斧應該是被用來從事許多不同的任務，因此它們可以說是阿舍利時代的瑞士萬用刀。

由於沒有直立人能明確地透露他們究竟拿手斧做什麼活兒，手斧注定淪為考古學的孤兒。然而，我們或可從人類演化過程中的隱形考古文物中，得到一個不一樣觀點來研究手斧

難題。所謂的隱形考古文物，就是人類祖先用木頭等有機物質製造的工具和其他物品，這些物品如今已分解殆盡，不留一絲痕跡。

狩獵採集者需要靈活移動，而這種移動能力就代表他們不能有太多需要從某營地帶到下一個營地的重物。這是採集者的物質文化相當簡樸的眾多原因之一。他們多數時候是用輕盈、有機、容易塑形的物質製造工具，像是木頭、皮革、筋腱、生皮、植物纖維、獸角和獸骨。大概八百年前，鐵器透過定居在喀拉哈里沙漠邊緣的農耕社會進到喀拉哈里；在那之前，像芎瓦西人這樣的民族把用樹膠固定的鋒利石片或銳利骨頭，當作弓箭的箭頭使用，切割東西則是使用石片和石刃。換句話說，石頭是關鍵，不過仍舊僅占他們工具清單的一小部分而已。即便和二十世紀的狩獵採集民族相比，南方古猿到海德堡人的人類演化祖先製作的工具數量少得多，但後者使用的工具很有可能大多是以木頭、草和其他有機物質製成。

二十世紀的採集者普遍使用的工具是挖掘棍。在喀拉哈里沙漠各處，可以看到大量生長的扁擔杆屬（grewia）硬木灌木叢，而芎瓦西版本的挖掘棍就是用它那又厚又直的枝條製作。這些挖掘棍通常長近一公尺，被削成大概二十五度的扁平角，然後放到熱沙裡做回火處理。誠如名稱所示，挖掘棍是挖掘根系和根莖類的好工具，特別是相當密實的沙子。不過，挖掘棍還能充當清除路徑荊棘的手杖使用，或是當矛、棒子和投擲棍。

即使沒有考古證據支持，我們有充分理由相信，這種原始工具（就是一根堅固又尖銳的

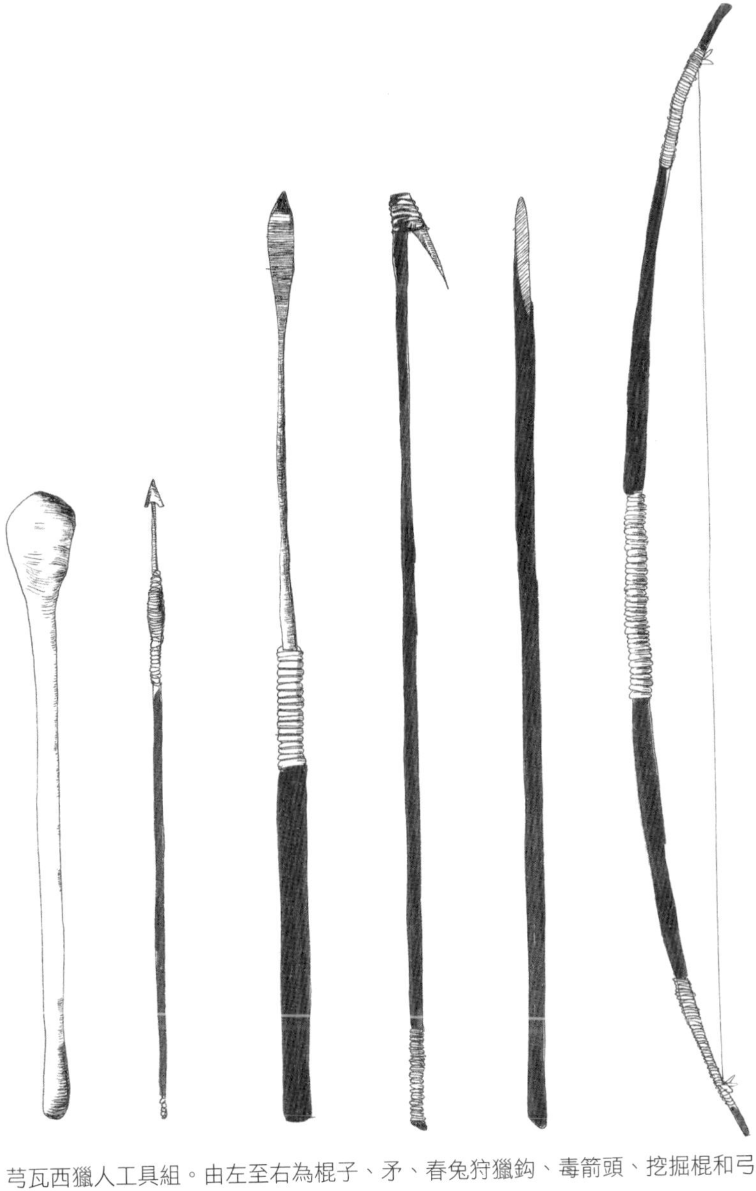

芎瓦西獵人工具組。由左至右為棍子、矛、舂兔狩獵鉤、毒箭頭、挖掘棍和弓。

棍子）才是人類演化史上最歷久不衰的技術，而不是手斧。有鑑於塞內加爾的草原黑猩猩會使用刻意磨尖的小棍子把嬰猴串起來，我們幾乎可以肯定，系統性地使用尖銳棍棒比石器的出現還要早。

有機物質經風吹日曬雨淋會行氧化分解，此一過程往往因為各種食腐動物、昆蟲、真菌和細菌來湊熱鬧而更迅速。動物死去之後，身上的軟組織總是最先腐爛；即便一頭大象的屍體都能在幾天內被吃得精光，骨頭則能被鬣狗咬碎。在非常有利的乾燥氣候條件下，木質素（Lignin，賦予木頭硬度的物質）可能要花幾百年才會歸於塵土，大型骨頭則要數千年。可是在潮濕的條件下，木頭和骨頭會迅速腐爛。無機物被困在缺氧的環境時，譬如被黏土封住時，往往需要更長的時間才能分解，不過假以時日還是會被專門產生厭氧酸的微生物「乙酸菌」（acetogens）分解殆盡。

但在極少數情況下，機會之神確實會偷偷幫助有機物質存活很長的一段時間。

一九九四年，德國下薩克森邦（Lower Saxony）國家文化遺產局（State Service for Cultural Heritage）的考古學家接獲一通電話，另一頭是人在舍寧根（Schöningen）附近某座露天煤礦場的一群地質學家。他們通報發現了似乎具有重大考古意義的沉積層。這些地質學家們的猜測是正確的。在接下來的四年，國家文化遺產局團隊陸續挖掘出了二十頭古代野馬的遺骨，以及許多早已滅絕的歐洲野牛與紅鹿。其中有些骨頭有被古代掠食者咬過的痕跡，但團隊最感興趣的事實是，很多骨頭也有明顯被人類屠宰的證據。井然有序的大規模古代屠宰證據非常罕見，因此這絕對是一項重大發現，但讓這個遺址注定聲名大噪的，是考古學家從骨頭堆裡取出的九根保存異常良好的木製矛，其中一根甚至還卡在一匹野馬的髖骨裡。除了前述種種，他們也挖到類似挖掘棍的東西、一把長槍，以及一小堆燧石，而這些石頭當中有不少看起來像是要被裝到矛上的。

保存良好的木頭人工製品的出現，起初暗示這些沉積層不太可能超過五萬年的歷史。可是研究者透過放射性碳定年揭露，這些製品可能是在三十萬到三十三萬七千年前，被拋棄在一座古代湖泊的淤泥裡，使它們的年紀比截至當時為止被挖掘出來的任何木頭製品還要老上許多。[4]沉積層附近有個白堊岩坑一事，也代表埋藏這些製品的淤泥含鹼量過高，以至乙酸菌無法發揮作用。

儘管這些木製矛被泥濘的重量壓得有點變形，製造這種工具無疑需要大量的技術和經驗。每根矛都是用一根又細又直的雲杉木製作，小心翼翼地削、刮、磨，做成兩端漸窄、中段較粗的尖頭投擲物。不僅如此，每根矛的重心都位於桿身前三分之一，因此非常近似於現代運動員使用的標槍。

考古學家好奇這些舍寧根長矛的空氣動力學特質，於是製作了複製品，邀請幾位國際級水準的標槍選手試丟看看。這些運動員最遠的一擲為七十公尺，是足以在一九二八年以前歷屆奧林匹克運動會贏得金牌的成績。[5]

經過四年的挖掘與分析，率領此次舍寧根挖掘工作的國家文化遺產局考古學家哈穆・蒂姆（Hartmut Thieme）提出結論，他們發現的是一座大型狩獵和獵物屍體處理遺址，因此這些矛的製造者（最可能是尼安德塔人）屬於發展非常成熟的社會。

這些有三十多萬年歷史的標槍，並未給工具製造的創新設立一道新門檻。有許多同時代的人工製品都暗示，此時人類的很多技術都已超越阿舍利技術。這些矛之所以重要，是因為它們揭露了一個高度發展的木工傳統。而我們援引石器技術來界定人類科技史上最長的年代，單純是看上了石頭的耐久性，但石器技術至多只能讓我們片面窺探人類演化祖先的其中一個面向。

在直立人便於取得當作工具的一切有機物質中，只有骨頭、象牙和貝殼足夠耐磨，能撐好幾千年之久。在東亞，蛤蠣殼被直立人當作切割器使用，而這裡是世上唯一一個對敲製源源不絕的手斧不感興趣的地區。有些證據顯示，在約一百五十萬年前的南非斯瓦特克朗（Swartkrans）遺址，人類開始用骨器來撬開白蟻丘；但除此之外，只有極少的證據表明人族將骨頭改造成工具，直到約三十萬年前，人類開始偶爾把象骨做成手斧。[6]之所以如此，也很可能是因為骨頭比石頭更容易分解，而且使用骨器的過程也會加快它本身的分解。不過骨器之所以少見，也可能純粹是因為骨頭取之不盡，而且本來就有各式各樣的形狀和大小，所以無需加工就已相當實用。無論物種，直直的脛骨都是便於使用的棍棒，可以再造成簡單的錘子、搗碎器或敲打器。舉例來說，家禽的肋骨適合用來把蝸牛從殼裡挖出；《聖經》裡的參孫（Samson）發現驢子頷骨可用來重擊敵人；而每個曾將未烹煮大骨敲開取其骨髓的人都知道，當骨頭裂開時，幾乎總是會產生一系列極為銳利強韌的致命邊角，能夠造成刺傷或割傷。

除了一年中有幾天被暴雷雨淋濕，南非北部開普省（Cape Province）小鎮卡圖（Kathu）通常都會被蒙上一層細細粉塵，大多是從鎮外的大型露天鐵礦場飄過來的。礦工們不是投入時間與精力在此挖掘紅土，尋找富含鐵的岩石的第一批人。早在人類壓根不知道鐵礦石可以提取、精煉、熔化、鑄造成無數有用物品的幾十萬年前，人們就已經在開採鐵礦了。近年來，考古學家也在此挖掘，主要集中在一處被他們命名為「卡圖潘」（Kathu Pan）的遺址。

過去四十年，卡圖潘已產出一連串驚人的考古發現。當中最重要的發現，是顯示已故直立人、也可能是海德堡人，能夠用石頭與木頭製作出巧妙的複合工具。研究者在卡圖潘發現迄今為止最有力的證據，而這樣的技術直到最近幾年，仍一直被認為是四萬多年前才發展出來的。[7]

名稱有點乏味的「卡圖潘手斧」（Kathu Pan hand-axe）則是這個遺址挖出的另一個年代更久遠的物件，重要性不輸複合工具的證據。它在一頭絕種大象的齒板附近被發現，可能是直立人的親戚在七十五萬至八十萬年前之間製作的。這個手斧由閃閃發光的虎斑紋鐵石敲製成淚滴狀，和卡圖潘遺址發現的許多同時代手斧截然不同。其他手斧看起來堅固、功能性強、實用但平凡，這個手斧則是超群絕倫的上乘工藝。從底到頂將近三十公分，最寬的部分約十公分，它是一件無比對稱、平衡又精緻的作品。一個熟練的石頭敲擊者製造基本款手斧大概只需敲擊十幾下，但這件作品需要以嫻熟的高超技術精確敲擊數百下。

卡圖潘手斧對自己的身世由來和用途，始終沉默不語。不過，作為謳歌製造者技術的讚美詩，它倒是意味深長。手斧上每個凹陷，不僅承載著製造者用手指判斷其弧形凸面之對稱性的記憶，還保有每個石器與石錘將它們從帶紋鐵礦岩心劈開的敲擊記憶。

不管有多少次練習的機會，大猩猩或黑猩猩永遠不太可能敲製出像樣的手斧，更別說打造像卡圖潘手斧一樣優雅的手斧了。大猩猩或黑猩猩也不太可能寫書，或是有模有樣地獨奏

鋼琴曲。相較之下，智人可以精通五花八門的各種技術，一旦掌握到要訣，就變得彷彿是與生俱來的本能。譬如，琴藝高超的鋼琴家無需有意識地思考手指動作的順序，就能將一段腦海裡的旋律化為樂音；或者，就像身手老練的足球員不用特別思考動作所需的複雜機制，就可以將球踢進四十公尺外的球門。

充分掌握一個技術，並在潛移默化之下使其成為某種本能，不僅需要花時間精力，還要下很多的工夫。通常必須透過指導、模仿和實驗的方式，先學習它的基礎，接著加以練習，往往要練好幾年，才會成為第二天性。習得技術還需要精力、靈巧性和認知處理能力，以及一些比較無形的特質——科學家在探討這些特質時比詩人更加謹慎，其中包括毅力、欲望、決心、想像力和野心。

智人學習並精通的各種技能，譬如一矢中的高超箭術，以及執行微創手術等迥異技術的能力，都內建在我們的手掌、手臂、眼睛和身形裡。我們不單是老祖宗從事的各種工作，以及他們後天習得的技術的產物，我們還會在有生之年一點一滴地受到自己所做的各種工作影響。

隨著時間的流逝，人類演化祖先對工具的益發依賴，也改變了演化軌跡，讓他們的身體朝向更能有效製造及使用工具的方向轉變。在巧人堅定不移但笨拙地將石頭和其他物品製造成有用工具的努力當中，最明顯的餘澤就是能穿針線的靈巧雙手、能抓牢並操弄物品的對生拇指、能精確地扔投擲物的獨特肩膀與手臂結構，還有在頭部正前方、幫助我們判斷兩物之間距離的眼睛，以及將前述特質全部結合起來的精湛的運動技能。

但使用工具對人體最重要、影響最深遠的生理學遺緒發生在神經系統中。

位於我們顱內的白質和灰質皺摺，比阿舍利手斧還要神祕。雖說現在有聰明的機器可以追蹤、分析和繪製刺激神經元或騷動突觸的每個電脈衝，但比起肝臟、肺臟和心臟，我們大腦內部的這些組織更頑固地堅守著它們的祕密。不過，目前僅有的證據也足以顯示，隨著我們年齡增長，身體與環境之間的相互作用，不僅會形塑及雕鑿我們的大腦，而且我們後天學習的技能，諸如製造與使用工具、判讀沙地足印等，都改變了決定人類祖先演化歷程的進化壓力。以下事實可以清楚說明這一點：透過使用工具和烹煮而獲得的大量且過剩的能量，本來是有可能使我們的祖先長得更大、更壯、更快或更秀色可餐，但實際上卻被導引到鍛鍊、改造和維繫更大、更複雜且更具可塑性的大腦，以及重組我們的身體來容納這大到不可思議的一團神經組織。

大腦和身體的大小相對比例，是計算智商時實用但粗略的指標，另一個指標是大腦結構。舉例來說，物種智商和新皮層（哺乳類身上最發達的神經系統特徵）的大小、形狀和皺摺之間存在廣泛的對應關係。但從學習技能的觀點來看，最令人感到有趣的是發生在童年到青少年及其後的一系列神經系統變革，這些變革使我們和周遭世界的實際互動，實際上重新配置了我們神經結構的各種面向。

多數動物經過幾代的天擇過程，發展出一系列高度專業的能力，使牠們能夠利用特定環境。至於我們的祖先，則是透過變得更具適應性和多才多藝，才抄了這個演化過程的捷徑。換句話說，他們變得更善於習取技術。

多數哺乳類出生後不久就能獨自移動。若沒被捕殺做高檔料理和進行「科學研究」，預期壽命和人類相當的鯨魚和其他鯨目動物，生來就是游泳健將。多數有蹄的哺乳類一出生就會走路，而所有靈長類的幼兒（除了人類）甫離開子宮，就能堅決地緊抓著母親的背部或脖子不放。對照之下，智人的新生兒完全不能自理，如果他們需要身體接觸，就必須被抱著——連年幾乎完全仰賴成人照顧是他們的特色。新生黑猩猩的大腦容量接近成年黑猩猩的百分之四十，可是在一年內就能長到成年大小的百分之八十。新生智人的大腦是他們成年後的大概四分之一，而且要等到青春期初期才會接近成年人的大小。這有一部分是某種演化適應，使嬰兒能從因直立行走之需求而收縮得相當危險的產道，安然無恙地離開母親子宮。另一方面則是，智人嬰兒的大腦若要充分發展，得靠感官豐富的環境，而不是接受子宮提供的溫柔保護。

儘管智人新生兒毫無自理能力，他們滿腦子想的都是工作。嬰兒時期大腦受嘈雜聲音、強烈氣味、觸覺的刺激，幾個星期後，又多了鮮活的視覺刺激，處於瘋狂的發展階段——此時，新的神經元彼此相接形成突觸，從一團亂的感官刺激中過濾意義。這過程在整個童年持續發生直到青春期早期，屆時孩童擁有的突觸已是出生時的兩倍，大腦則被各種稀奇古怪、往往荒唐的想像轟炸。不出所料，人類在生命這個時期習得的基本技能，是長大後感到最直覺、最本能的技能。

青春期來臨時，身體鏟除掉大量嬰幼兒時期形成的突觸連結，因此當人類成年後，多數人的突觸量只剩下進入青春期之際的一半。這個修剪突觸的過程對成人腦部發展的重要性，和發育的早期一樣重要。因為正是在這個時期，大腦提高自己的效率，任憑較少派上用場的突觸連結萎縮死亡，以便更適應環境的需要，把能量集中用在最需要的地方。

腦部受生活環境形塑的過程並未在此劃下句點。神經系統的重組與發展，在進入成年早期和開始衰老後仍持續發生；雖然說當我們逐漸老去時，這個過程往往是受到衰退的驅動，而非發育或再生。諷刺的是，人類年輕時具有非凡的可塑性，以及這種可塑性隨著年齡增長而下降，都說明了為什麼我們在老後會比較頑固地抗拒改變；為什麼我們年輕時養成的習慣，到老後那麼難以放棄；為什麼我們總是把文化的信仰和價值，想像成自己根本天性的反映；還有為什麼當其他人和我們在信仰與價值上發生衝突時，我們會控訴他人的信仰與價值不自然或違反人性。

但我們的演化祖先又是怎麼樣呢？他們年輕時也有類似的可塑性，然後在老了之後變得固執己見嗎？可塑性的演化能解釋為什麼老祖宗用手斧用了這麼長一段時間嗎？

化石紀錄毫不含糊地指出，在人類譜系中，演化的汰擇持續偏好腦容量較大、新皮質較大的個體，直到我們祖先的腦部在約兩萬年前開始神祕地縮小。但化石紀錄在透露人類不同祖先的大腦在個別生命歷程中發育的快慢時，倒是頗為吝嗇。未來的基因體研究也許能對此提供新的見解。不過，值此同時，我們沒有太多選擇，只能靠著凝視像手斧這樣的物品，然後自問，為什麼我們的祖先在勤奮地製作手斧長達一百萬年後，突然在三十萬年前拋棄手斧，轉而使用起以一系列由新技術製成的多用途工具。

其中一個可能的答案是，人類祖先在基因上受到束縛，不得不使用像手斧這樣的工具，就像不同品種的鳥在基因上受到束縛，只能建特定樣式的鳥巢。倘若如此，直立人和其他人辛勤製作手斧是憑直覺機械性地運作，對於自己為什麼這麼做一知半解，[8]直到大概三十萬年前，他們突然義無反顧地跨越了一條關鍵的基因界線，自發地迎來一個創新的新時代。

如果我們換一種視角，不再將智慧視作單一特徵，而是將其看作許多不同的認知特徵的集合，而這些認知特徵（至少在最初的時候）是人類在演化過程中為回應不同的適應壓力，進而發展出做不同工作的能力，那麼我們就會看到另一個可能的答案。如此看來，解決問題可以被當作回應特定適應壓力的一種智慧，抽象推理、空間推理也是，後天學習並吸收透過社會傳播的資訊又是另一種。

倘若如此，直立人頑強地堅持使用手斧，或許是因為向他人學習起初是遠比解決問題更有益的適應。認知上可塑造的生物，像是多數陸生哺乳類、頭足類動物和某些品種的鳥類，全都是從經驗學習。但這種可塑性本身有些明顯的局限。它讓每個個體在學習同一件事時都必須從頭學起，因此會重蹈祖先的覆轍，不僅浪費能量，有時還會致命。

然而，可塑性若結合社會學習（social learning）[①]的經驗歷程，其優勢會被放大很多倍，因為後天習得的有益行為，像是避開毒蛇或學會手斧的用途，可以在不花成本且最低的風險的情況下代代相傳。

我們也許不知道直立人拿手斧做什麼用，可是他們絕對知道，而且他們應該是在年輕時看著其他人使用手斧而學會的。我們可以想像，直立人是透過觀察和模仿他人而習得許多技能，這些技能中有的是技術性的，像是製作一根好用的挖掘棍，肢解與屠宰屍體，可能甚至會生火。其他技能則是行為方面的，像是學會追蹤動物，或用聲音和撫摸來安慰他人。

我們的語言不只是一系列單字，還受到句法規則的支配，使我們得以有目的地傳達複雜想法，這部分很可能是和工具製造並行出現的。為了有效傳達想法，單字必須被組織成正確的順序。很多曾住在受人類支配環境的大猩猩和黑猩猩，像是可可，掌握了數千個基礎溝通詞彙；或者像長尾猴，牠們會發出獨特的聲音信號，作為不同掠食者出沒的警示。因此，假設南方古猿的大腦也有這種智慧是合理的。但從高呼正確警告到大唱情歌可是一大躍進，因為語言需要使用者按照一系列複雜的文法規則組織單字。這需要統整感官知覺和運動控制的神經迴路，以及遵循操作階層體系的能力。就好像，這句話是因為每個單字以特定順序呈現才讓人看得懂，製作工具的過程也需要人們遵守特定的操作層級。製作矛一定要先做矛頭、準備握柄，然後找到能夠將兩者結合起來的材料。長久以來，語言處理被認為是大腦內部一個高度專業化、解剖學上獨立存在的區域「布若卡氏區」（Broca's area）的專屬功能；但今天我們清楚知道，布若卡氏區在非語言行為中也扮演重要角色，像是工具製作和工具使用。[9]這就意味著和製作與使用工具相關的進化壓力，有可能對語言的早期發展起了作用。

---

① 譯注：社會學習的概念由心理學家亞伯特・班杜拉（Albert Bandura）於一九六八年提出，強調個體所生活、工作與遊戲的社會環境，對個人的態度、自我信念以及對世界的看法具有相當的影響力。舉例來說，孩子若因為說了真話，而獲得糖果作為鼓勵，則他日後說真話的機率也越高。

喬治・阿米蒂奇・米勒（George Armitage Miller）活在文字的世界裡。他眼睛所見的每個物品，耳朵聽聞的每個單字，都會旋即在腦袋裡觸發一連串的聯想、同義詞、反義詞。從事心理學研究的他，對於了解語言與資訊處理背後的認知過程很感興趣，而他也是哈佛大學認知研究中心（Center for Cognitive Studies）的創始人。一九八〇年，在網際網路成為人們日常生活一部分以前，他推動了字網（Wordnet）的發展。今天，字網是仍在運作的線上資料庫，詳細介紹英語中多數單字之間數不清的詞彙關係。

不過，在一九八三年的時候，米勒在尋找單字形容生物體和資訊之間的關係時遇到瓶頸。身為薛丁格《生命是什麼？》一書的粉絲，米勒確信薛丁格對生命的定義漏掉了某個重要的東西。米勒堅稱，為了讓生物體能按照熵的需求消耗自由能，生物體必須能夠先找到自由能，而想要找到自由能，他們必須有獲得、詮釋，以及回應周遭世界有用資訊的能力。換句話說，這代表他們捕獲的能量有極大比例就花在利用感官尋找資訊，然後處理資訊以便尋找並捕獲更多能量。

「就像身體靠攝取負熵（自由能）而活，」米勒解釋，「心智則是靠攝取資訊而活。」[10]

米勒沒如預期找到能描述攝取資訊的有機體的單字，於是他造了一個新單字，也就是「資訊雜食者」（informavores）。他最初只打算用這個單字，來形容像人類這樣擁有渴求能量的神經系統及大腦的「高等生物」，但如今我們知道從原核生物到植物，凡活著的生物都是資訊雜食者。因此，舉例來說，水窪裡的細菌也許連用來思考的身體器官都沒有，可是就像為了捕捉陽光而彎曲葉片的植物，細菌也能接收到周遭環境的刺激，並做出回應。這些刺激訊號會告訴它們周遭環境是否有能量存在，假如沒有，也讓它們有能力去尋找。

擁有大腦與神經系統的複雜生物所獲取的能量，很多都被用來過濾、處理和回應感官獲得的資訊。不過，不管是哪種複雜生物，資訊一旦被認為不相關，往往就會立即被棄之不顧；若是相關，往往就會觸發行動。一隻獵豹看到很容易到手的獵物，就會立刻開啟狩獵模式，就好像看到獵豹尾巴會讓瞪羚逃之夭夭。然而，許多物種不僅能憑著本能反應獲取資訊，還能像巴夫洛夫（Pavlov）的狗狗[②]一樣，學會半本能地回應特定的刺激。有些生物還有能力將先天直覺與後天經驗結合，選擇如何回應。因此，當一隻飢餓的胡狼遇到在新鮮獵物屍體旁休息的獅子群，牠會藉由不斷測試獅子群的警覺性和心情，計算搶走一根肉骨的風險，然後才決定要不要冒險行動。

---

②　譯注：俄羅斯生理學家伊凡．巴夫洛夫（Ivan Pavlov）在對狗的唾液分泌進行研究時，發現每次餵狗時順帶搖搖鈴鐺，久而久之，這隻狗便將「搖鈴鐺」與「吃東西」連結在一起，之後只要鈴鐺一響，不管有沒有食物，狗都會不自覺地流下口水。這項發現成為日後古典制約（classical conditioning）理論的基礎，說明生物的行為可以被人為干預。

憑藉可塑性極高的新皮層和運行良好的感官，智人在資訊雜食世界堪稱貪吃鬼。我們非常擅長獲取、消化和整理資訊，而且能夠非常有彈性地利用這些資訊。一旦我們被剝奪感官資訊，就像被關禁閉的受刑人，我們有時也會從黑暗中召喚出資訊豐富的幻想世界，來餵食我們內在的資訊雜食者。

使各個器官、四肢和其他身體部位正常運轉，其實不需要多少大腦容量。人類顱內絕大多數耗能的組織都專注於處理及組織資訊。可以肯定的是，就這些靜止不動的器官所做的工作量而言，人類也是獨一無二。這些器官在仔細思考感官收集的瑣碎資訊時會產生電脈衝，從而產生一定的熱能。因此，當我們睡覺時，我們會做夢。當我們醒著時，我們不斷地尋找刺激和可參與的事物，然後當我們被剝奪了資訊時，我們覺得痛苦。

大型靈長類動物的大腦光是處理及組織資訊所做的體力活，在動物世界裡已是異數。在人類演化史中，腦容量的每次激增，都標誌著我們祖先渴求資訊的胃口急遽增加，而且處理資訊所消耗的能量也大幅上升。

由於居住在城市的智人與其他地區的人類多有互動，因此關於可塑性對人類演化故事可能產生的影響的研究，大部分都聚焦於語言技能的發展——畢竟，語言促進了文化知識的傳播，並幫助個人應對複雜的社會關係。然而，儘管我們的祖先很可能是在人類演化史相對晚近的時期，才成為高度嫻熟的語言使用者，學術界卻鮮少人關注他們發展來處理非語言資訊的技能。透過觀察、傾聽、觸摸，以及與周遭世界互動，人類也習得了另一套技能。

喀拉哈里沙漠的狩獵採集者並不懷疑透過文化傳播資訊的重要性。譬如，知道哪種植物好吃、什麼時候成熟，或是哪些根莖類與甜瓜有充足水分讓獵人解渴，對求生都是至關重要的。談到狩獵之類的事情，有些重要的知識可以透過文字傳播——像是在哪裡可以找到毒箭甲蟲（*diamphidia*）的幼蟲來替箭頭塗抹毒液，或是哪種動物的筋最適合拿來當弓箭的弦。但最重要的幾種知識卻不能透過文化傳遞。他們堅稱，這類知識無法教授，因為它不僅存在他們的思維裡，還存在他們的身體裡，而且在無法化為三言兩語的技術中展現出來。

當然，我們只能臆測這些技能實際上是什麼。尋路和導航非常可能就在其列，以及判讀潛在危險動物的行為和潛在危險情況的能力，還有計算與管理風險。對獵人而言，他們想必擁有從沙地上的動物足跡推斷出詳細資訊，然後利用這些資訊來填飽肚子的能力。

在黎明過後的幾個小時裡，喀拉哈里沙漠的沙地上點綴著動物足跡，就像上百種不同字型、字級的字母，排列成反覆交會的混亂線條。除了少數幾個物種，夜晚是喀拉哈里沙漠的動物最忙碌的時候。每天早晨，牠們的夜間歷險故事都簡要地記載在沙地上，留給看得懂動

物足跡的人去解讀。

隨著太陽升高，影子縮短，足跡變得更難發現，也更難辨識。不過，這對經驗老道的追蹤者不構成影響。就像讀有少數幾個字母或單字被劃掉的句子，或是像聽到不熟悉的口音說熟悉的單字，他們利用直覺先做推斷，然後找到先前經過的動物留下的模糊足跡。

對採集的芎瓦西人而言，足跡就像取之不盡的歡樂泉源，他們同樣仔細地觀察人類腳印和動物足跡——這使得想要幽會或偷竊的人，在芎瓦西社會不容易瞞天過海。

成人經常和小孩分享他們從沙地判讀出的故事，可是他們並沒有刻意花心力教孩子追蹤。他們只是靜靜地鼓勵小孩透過觀察周遭世界，以及與之互動，習取這些技能。裝備迷你弓箭的男孩，白天會跟蹤並狩獵在自家營地來去無蹤的各種昆蟲、蜥蜴、禽鳥和囓齒類動物。成年人解釋，男孩從中學會「看」，為進入青春期做準備。屆時，男孩將逐漸掌握更高階的技能：他們得進入每個正在追蹤的動物的感知宇宙，而這種能力決定了狩獵成功與失敗。

芎瓦西獵人把沙漠當作一張巨幅的互動式畫布，讓在沙地留下往來行跡的各種動物的故事豐富整張畫。就像詩歌，足跡也有固定的文法、格律和詞彙。不過，詮釋足跡也和詮釋詩歌一樣，絕不能只是簡單地閱讀一連串字母，被字面意義帶著走。獵人務必用動物的觀點來感知世界，才能拆解每組獨立足跡所包含的多層意義，確認這是誰在何時留下的印子，這個動物當時在做什麼、要往哪裡去，又為什麼要往那裡去。

在芎瓦西人之間，評估獵人的技術不能光看他的毅力或射箭準度，最重要的判斷標準是獵人尋覓動物（經常要追蹤數英里遠）的能力，還要能足夠靠近動物，確保動物進到射程範圍內。他們堅稱，唯有深入動物的心智，透過其感官感知世界，才可能做到前述種種，而實踐之道就藏在動物足跡中。

在喀拉哈里沙漠多數地區，沒有山丘或高地可供獵人眺望在低處平原吃草的獵物，而且灌木叢往往太濃密，能見度僅有眼前幾公尺而已。在這裡，你可以不用任何武器或工具，就獵到大型肉類動物，像是伊蘭羚羊、劍羚或捐羚。可是，你絕不能不會判讀寫在沙地裡的故事。

如今，芎瓦西族的已經不再有人定期從事耐力狩獵（persistence hunts）了。在尼艾尼艾自然保護區（Nyae-Nyae），依然活躍的獵人數量逐漸減少，而且全都偏好用弓和毒箭獵殺大型肉類動物，而非依靠耐力追逐獵物。他們多數人都已步入中壯年，可是儘管身體依然強健，耐力狩獵是那些「更飢渴的」年輕男人的專利。但在一九五〇年代，在尼艾尼艾有好幾

位獵人是耐力狩獵的大師，這門藝術可能自有人類以來就存在了，甚至可能比人類更早出現。這門藝術也提醒我們，人類祖先在滿足其基本能量需要時，做的很多是腦力工作，而且需要蒐集、過濾、處理、推測和反覆斟酌來自其周遭世界的感官資訊。

演化在喀拉哈里沙漠引發的軍備競賽，使多數重要的肉類動物迅速又敏捷，而多數獵捕牠們的掠食者則長出利爪，奔跑速度更快，而且強壯得多。可是，除了少數例外，掠食者和獵物都沒有足夠的耐力。由於無法出汗，像獅子或牛羚這些動物，需要一定時間來降低牠們在追捕獵物或擺脫掠食者的奔跑過程中所產生的體熱。扭角林羚被獅子追捕或跳羚被獵豹追捕時，狩獵的結果總是在開始消耗能量的短短幾秒內就決定。如果獵物成功逃脫，掠食者和獵物都會需要一些時間休息，冷卻降溫，恢復神智。

人類在被獅子獵殺或追獵羚羊的短跑衝刺中，從來不曾獲勝。可是，人類的身體沒有毛髮，而且會流汗。身為二足行走動物，人類可以輕鬆地邁出大步，而且長距離奔跑，必要時還能以持續不變的穩定步速，跑上好幾小時。

耐力狩獵用嘴巴說起來很簡單。獵人在過程中需要找到適合的動物（最理想的是會被笨重獸角拖累的動物），然後持續不懈地追捕之，不讓獵物有喘息、補充水分或降溫的機會。直到最後，獵物累得脫水、體溫過熱且神智不清地癱倒在地、一動不動之後，此時獵人便能隨意地走上前去，取其性命。

一九五〇年代，芎瓦西人只在一連串淺窪地旁以這種方式打獵。窪地聚集了夏天的雨水，周圍是黏稠的灰色爛泥，一旦乾燥，會硬得像易碎的水泥。對伊蘭羚羊而言，爛泥是個問題。伊蘭羚羊是非洲體型最大的羚羊，也是芎瓦西人最喜歡的肉類。每次牠們到窪地邊喝水，兩蹄間的裂縫便會塞滿爛泥，而當泥巴乾掉之後，膨脹的泥巴會把牠們的蹄撐到叉開，使牠們在奔跑時疼痛難耐。在水窪外圍的乾燥沙地偵察，很容易辨識出伊蘭羚羊被爛泥弄得黏糊糊的蹄印。

獵人向來只在天氣最熱的日子（氣溫飆升到將近或超過攝氏四十度的時候），才會從事耐力狩獵，因為此時所有明智的肉類動物都只想找蔭涼處乘涼，盡可能什麼也不做。然後，獵人將跟蹤伊蘭羚羊的蹤跡，以有節奏的和緩小跑步循著蹤跡前進。不同於用弓箭狩獵需要謹慎安靜的跟蹤，獵人在行耐力狩獵時，希望造成伊蘭羚羊的驚慌，使牠們匆忙跑進灌木叢，而且越快越好。然後，也許在跑上兩公里後，當伊蘭羚羊確信已脫離任何立即威脅，便會找個蔭涼處喘息，等待蹄的疼痛消退。可是，不一會兒，持續循著牠的蹤跡前進的獵人又現身，嚇得牠再度衝刺逃開。經過三到四個小時，約追逐了三十或四十公里後，受雙蹄黏住所苦的伊蘭羚羊因抽筋動彈不得，而且累到神智恍惚，最終溫順地成為獵人的囊中物。此時，獵人不用躲藏也能靠近，身體壓在牠的頸部，用手摀住其口鼻，使其窒息而死。

這種狩獵手段不是非洲南部族群獨有的技能。北美洲的派尤特（Paiute）和納瓦荷

（Navajo）印第安人過去也用這種方式捕捉美洲羚羊；墨西哥的塔拉烏馬拉（Tarahumara）獵人用這種方法捕捉鹿時，一旦牠氣力耗盡，就會徒手將牠掐死；有些澳洲原住民獵袋鼠時，也偶爾會利用這個技巧。

由於這個狩獵手法不會留下明顯的器物痕跡，所以沒有確鑿的考古證據顯示人類的演化祖先也是這麼狩獵的。可是，若科技發展有限的直立人和其他人類祖先除了撿拾腐肉，也獵捕平原獵物，很難想像他們會有不一樣的做法。而且，如果他們的聰明才智能讓他們把一塊平凡的石頭做成手斧，我們沒理由相信，他們沒有能力從足跡想像出某個活生生的常見動物的長相。對某些人類學家而言，考古和化石中的蹤跡清晰可見，其中最著名的是路易斯・利本堡（Louis Liebenberg），他本人就是傑出追蹤者。利本堡的觀點是，直立人肯定是以這種方式狩獵，而且這種狩獵形式肯定也在我們成為二足行走動物的過程中帶來影響——它將人體塑造成適合長距離慢跑，發展出以流汗幫身體降溫的能力，並調整我們的心智，使我們能從動物足跡這一史上最古老的書寫形式，來推斷其中含義。

我們幾乎可以肯定他的觀點是正確的。從沙地蹤跡推斷出複雜含義所需的技能，不僅透露出人類具有目標（我們如今將目的性這一特質和人類劃上等號，而動物則指具備合目的性），也顯示我們和那隻名為可可的猩猩相比，擁有獨特的認知技能，可以使用更複雜文法與句法。換句話說，狩獵想必是激發人類祖先發展出複雜語言能力的一種進化壓力。同樣重要的是，這種狩獵方式可能在形塑我們祖先的社會性（sociality）和社會智商方面扮演重要作用，也對培養毅力、耐心和決心有很重要的影響，而這些至今仍是我們工作態度的重要元素。

其他不會留下明顯考古線索的技術，肯定也在幫助我們的老祖宗提高覓食效率的方面有所影響。而在這所有技能當中，最重要的一項可以說就是人類駕馭了火。火不僅幫忙提供餵養大腦袋所需的營養素，還啟動了人類史上最重要且影響深遠的能量革命。

第四章

火的其他贈禮

大概是因為我們許多人都把烹飪當一件苦差事，所以鮮少有人關注火的諸多贈禮當中，或許是最重要的一項大禮：它為我們創造了空閒時間。火不僅帶來人類歷史上第一次重大的能量革命，它也是第一個讓人節省勞動力的科技。

對芎瓦西人而言，火帶來了偉大的轉變。火是由諸神透過閃電生成，但任何人只要懂得訣竅，都可以用兩根棍子或一顆燧石生火。火將生食變熟，把冰冷的身體變暖，將潮濕木頭回火直到變得和骨頭一樣硬，而且可以熔化鐵。不只這樣，火將黑暗變成光明，使好奇的獅子、大象和鬣狗不敢在人類睡覺時前來騷擾。而且每到乾季，野火在整個喀拉哈里熊熊燃燒，尋覓枯死的草地，招來第一場夏雨，如此迎接了新的一年和新的生命。

芎瓦西薩滿也堅稱，當他們跳療癒之舞，進出烈焰、用炭抹身體時，火會提供能量，並將他們傳送到靈魂的影子世界，點燃潛藏在他們肚子深處的、能夠治癒疾病的「療癒力」（*n/um*）。他們認為，人體一旦遇熱，這種力量就會控制住他們身體，驅逐疾病。

如果火可以將這些薩滿傳送到久遠的過去，他們將從火焰中看到人類祖先因為學會用火，減少了過去專門用來覓食的時間心血。這又進而刺激了語言、文化、故事、音樂和藝術的發展，並透過使我們成為大腦可能比肌肉更有益於交配的唯一物種，改變天擇和性擇的參數。然後，他們還會看到，火在提供我們的老祖宗閒暇時間、語言和文化之際，也召喚出閒暇可憎的對立面，也就是「工作」的概念。

拿一根棍子把水果從樹上打落，需要做的工作比較容易，也比爬到樹上、將樹枝上的水果摘下的風險低。這就好像比起用牙齒來咬一頭死去的乳齒象，借助黑曜岩石器的切割面並用力劃破乳齒象皮，其實省力得多；畢竟，牙齒比較適合用來咬碎水果和蔬菜，使其成為好消化的泥狀物。使用工具的習慣大幅拓展了人類演化祖先能夠吃的食物，幫助他們成為能隨機應變的通才，而不像世上多數其他物種演化成某種專家，利用通常很狹窄的生態棲位，獲取其基本能量需求。不過就從獲取能量的角度來看，沒有任何實體工具比人類演化史上最重要的工具更耀眼：火。

大概在兩百萬年前，南方古猿只能透過「代理窗口」從世界汲取能量。和許多物種一樣，他們透過以植物為食汲取能量。這些植物藉行光合作用捕捉、儲存以太陽能為主的能量，並將能量重組成為比較方便食用的形式，像葉子、水果和根莖。然後在約一百五十萬年前，巧人拓展這種委託他者取得能量的模式，大啖起其他更複雜的生物——牠們已經先行吸收植物中的營養素與能量，長出了血肉、器官、脂肪和骨頭。這就是人類譜系下的第一次能量革命，因為血肉、脂肪和骨頭提供的額外營養素與能量，使巧人長出了更大的腦袋。這也降低了他們對能量密度較低的採集食物的依賴，因而縮短了覓食所需的時間。但單靠生的血肉、脂肪和骨頭，還不足以讓巧人形成和維繫像智人那種腦容量大且耗能的大腦。巧人想變得像智人，他們必須將食物煮熟，而要烹煮食物，就必須學會用火。這個過程開啟了人類史上第二次、而且可以說是最偉大的能量革命。

我們無從得知人類演化祖先最初為什麼想學會用火。也許，他們在野火燒過的大地搜尋食物時，愛上烤焦肉類的氣味，又或者他們著迷於火焰危險的美。我們也不知道人類的哪個演化祖先最早學會用火，又是在什麼時候學會用火。

從野火經過的地方抓起一些發光餘燼，生個可以控制的小火來烹煮肉類或取暖是一回事，能夠隨心所欲地召喚火，取得近乎無限的能量供給，則是徹徹底底截然不同的另一回事。倘若在遙遠過去的某個時間點，我們的祖先沒有開始動手撥弄、操作且刻意重新利用生活周遭的物品，就不可能學會如何用火。發現如何生火這件事肯定發生了不只一次，而且每次發現幾乎可以肯定都只是碰巧，應該是為了完全不一樣的目標使用或製造其他工具時所發生的意外。有些族群可能在用黃鐵礦這類富含鐵的石頭打製石器時，因敲擊出現火花而發現了生火之道。不過，更可能的情境是，我們的祖先在製造某種需要摩擦兩塊木頭的東西時，發現了生火的祕密。

用兩根棍子生火是一個複雜的過程。除了需要靈巧的雙手，還需要輕巧的手勁，以及對現象的因果關係有更深刻的理解能力——這比用棍子把樹上水果打下來，或是用樹枝把白蟻從土丘趕走，還要複雜一些。雖然我們認為前述這些能力是智人獨有的，可是我們有充分的理由相信，人類的演化祖先早在約三十萬年前，也就是智人出現之前，就懂得使用火了。

萬德威洞穴（Wonderwerk Cave）在阿非利卡語的意思為「奇蹟洞穴」，位於南非半乾燥氣候帶、北開普省（Northern Cape）小鎮庫魯曼（Kuruman）北邊的一座白雲石小丘上。這座洞穴得名於一群阿非利卡人（Afrikaner）[①]旅行者。大概兩個世紀前，穿越沙漠、口渴難耐的他們，在奇蹟洞穴裡找到了救命的一池水。地質學家覺得這個奇蹟是拜大自然的鬼斧神工所賜，但這無法阻止當地使徒教會成員試圖掠奪洞穴的「聖水」。

如果說奇蹟洞穴在虔誠信徒間引發奇蹟之談，它在史前考古學家間引起的驚奇也不相上下。綜觀歷史，有諸多人類在這座洞穴的內部找到了希望與啟發，而今史前考古學家也加入了這個行列。

洞穴朝山丘內延伸了近一百四十公尺。整個洞穴的牆壁和天花板都呈現完美拱形，彷彿是從岩石鑿出的飛機停機庫。即便在日照最佳的日子，自然光也只能照到洞穴約五十公尺深之處，再往裡去，就會伸手不見五指。一踏進洞穴，第一個暗示洞穴重要歷史的顯著徵兆，是以手指塗鴉在牆壁上的伊蘭羚羊、鴕鳥、大象和神祕的幾何紋飾，一路延伸到自然光照不

① 譯注：阿非利卡人原稱波耳人，為南非的白人移民後裔。

到的地方為止。這些石壁畫是七千年前左右，原生於非洲南部的採集民族的祖先所畫的。不過，與後來發現的類似洞穴相比，奇蹟洞穴在幫助我們釐清工作的歷史方面，還藏有更多重要的線索。

一根五公尺高、狀似緊握的拳頭的石筍，像衛兵般矗立在洞穴口，也標誌著考古發掘現場的起點。挖掘工作的範圍延伸到洞穴最深處，考古學家在那裡從地面向下挖了好幾公尺，而他們挖到的每一個沉積層，都揭開人類物種大概始於兩百萬年前的悠長歷史的另一個新篇章。

截至目前為止，考古學家在奇蹟洞穴最重要的發現，可追溯到約一百萬年前，其中包括被火烤焦的骨頭與植物灰燼，可說是地球上人類系統性用火的最古老鐵證。留下這些骨頭與灰燼的人，最有可能是眾多直立人的其中一支——他們是最早能夠直立行走的人類，而且擁有比例看起來和智人相似的四肢。但奇蹟洞穴的灰燼並未透露火是如何生起的，或是被拿來做何用途。

若奇蹟洞穴是唯一能證明五十萬年前人類懂得控制用火的地方，我們大可把它當作曇花一現的例外，不用太在意。可是，有很多令人著迷的跡象表明，人類在其他地方也已掌握用火，其中有些已有超過一百萬年的歷史。考古學家在鄰接圖爾卡納湖的錫比洛伊國家公園（Sibiloi National Park）裡，發現了人族出現和人為用火的明確關聯，時間可追溯到約莫一百六十萬年前。不過在缺乏其他案例佐證的情況下，我們難以斷定這是否算是系統性的用火，還是偶然的行為。

然而，到了比較晚近的時期，系統性用火證據就比比皆是了。考古學家發現，四十萬年前住在以色列卡西姆洞穴（Qesem Cave）的早期人類，留下了很多持續用火的證據。洞穴裡人族居民遺留的牙齒殘根，也佐證了這一發現：這些牙齒殘骸顯示，他們都因為吸入太多黑煙而有可怕的咳嗽問題。[1] 考古學家也在另一處以色列考古遺址，發現人類懂得控制火的可信證據。位於死海裂谷北部的胡拉古湖（palaeo-Lake Hula）的湖畔發掘現場，發現了一系列被考古學家認為是含有野大麥、橄欖和葡萄灰燼的壁爐，以及燃燒的燧石碎片，這些據推測約有七十九萬年的歷史。[2]

可是，要找到早期人類人為用火的確切證據，幾乎是不可能的。第一個問題是，用火的證據總是燃燒過後留下的灰燼，不方便辨識，而且狂風或暴雨輕易就能讓灰燼消散。一般而言，若要找到火的證據，火必須是被人反覆地在同一個位置生起，如此才會穩定地累積足以留下線索的灰燼，讓人辨識出它和野火留下的灰燼的不同。

另一個問題則是，許多「洞穴人」（cavemen）往往不住在洞穴，但唯有在洞穴裡，灰燼和燒焦的骨頭才有比較大的機會被保存超過幾個月。身為草原居民，多數洞穴人應該是睡在星空下，只靠最簡陋的遮蔽物保護他們不受風吹雨淋，就像很多狩獵採集者到二十世紀依然如此過活。誠如我們從芎瓦西族社會學到的，只要有一把火，就能讓無比飢餓的夜行性掠食者不敢越雷池。此外，卡西姆洞穴的前居民還會告訴你另一個顯而易見的問題：即便黑煙沒把你燻得精神錯亂，在狹窄的空間裡生火還會有窒息的風險。

關於部分人族起碼早在一百萬年前已學會用火的證據，除了來自奇蹟洞穴這些地方留下的古老灰燼，迄今為止最有力的證據就是火對人類特徵的演化功不可沒：一百萬年前，人類大腦開始持續且迅速增長。哈佛大學演化考古學家理查・藍翰（Richard Wrangham）就是這個觀點的提倡者。

直到兩百萬年前，我們的南方古猿祖先的大腦，還未超越現代黑猩猩與大猩猩的腦容量範圍，介於四百到六百立方公分。人屬的第一個正式成員巧人，大概出現在一百九十萬年前；他們的大腦只比南方古猿稍大，平均容量為六百多立方公分。但化石證據顯示，他們和南方古猿的腦部構成不太一樣，而且有些特徵比較發達，具有現代人的某些特徵，譬如神經可塑性和更強大的認知能力（像是特別大的新皮質）。

最古老的直立人顱骨化石有一百八十萬年的歷史。他們的腦部遠比巧人大得多，顯示那時發生了促進直立人大腦迅速發展的事情。然而，直立人以最聰明靈長類身分制霸地球的一百萬年，其腦部發育沒有很大的變化。可是從六十萬年前開始，大腦發育又出現另一次生長高峰，見證了海德堡人的出現，然後早期智人和尼安德塔人在幾十萬年後出現，他們大多數人的大腦比多數現代人還要大。

人們提出了許多不同的理論來解釋腦容量的兩次激增，可是其中只有一種解釋了用較大的新皮質發展與維繫較大的大腦，所造成的巨大能量需求。

我們的大腦僅占體重的百分之二，卻消耗約百分之二十的能量。黑猩猩的大腦約為人類的三分之一，其能量使用近百分之十二，而多數其他哺乳類則是介於百分之五到十。[3]

靠採集取得的生食和植物來發展及維繫這麼大的大腦，絕對是不可能的事。即便大猩猩和紅毛猩猩每天睜開眼睛後分秒不停地進食，也沒辦法只靠由野果、樹葉和根莖類組成的飲食，滿足運作大小和人類相等的大腦所需的巨大能量要求。若要滿足這些需求，就必須吃營養密度更高的食物。有充分的考古證據顯示，從巧人過渡到直立人的演化過程中，人類祖先更頻繁地食用這類食物。有鑑於直到五十萬年前，用火的考古證據寥寥無幾，烹飪很可能刺激了大腦的下一次重大成長。

各種肉類與組織臟器也許富含卡路里、氨基酸和其他營養素，可是它們也黏滑、堅韌，生食時難以咀嚼和消化。儘管工業世界的現代人很多都偏好吃瘦一點的肉類，但這主要是突顯了現代食品工業驚人的生產力，而不是那些部位的基礎營養價值。狩獵採集者和二十世紀以前的多數人口都避吃菲力這種瘦肉部位，而偏愛更富含脂肪、更粗糙、更多內臟的部位，因為這些部位有更多營養。此外，每個狩獵採集者都會告訴你，若能先烹煮一下，吃多筋多脂的長肌腱或將水牛脛骨裡的骨髓取乾淨，會容易得多。

烹飪不僅讓肉類變得更可口，還大幅拓展了我們能夠食用的植物的範疇。[4]很多生吃無法被消化（甚至有毒）的根莖、葉子和水果，一旦煮熟會變得既營養又美味。譬如，新鮮蕁麻吃起來教人疼痛難耐，而將蕁麻煮熟後做成的湯卻健康又美味。因此，在喀拉哈

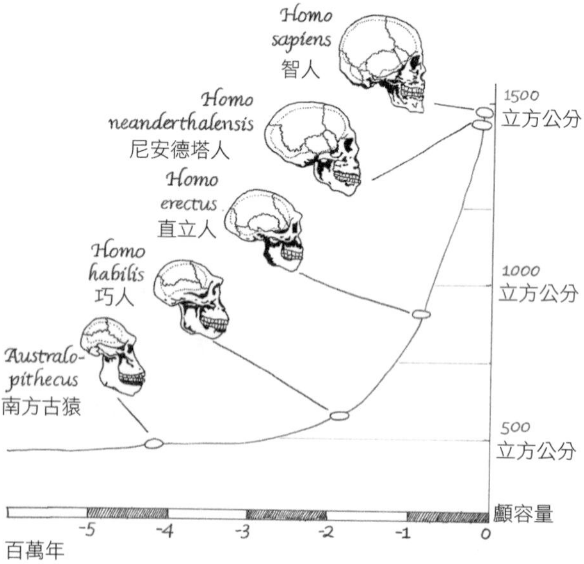

人類祖先大腦容量的對照圖

里沙漠這樣的環境裡，當多數野生草食性動物仰賴大量食用少數幾種相關植物，芎瓦西人卻能用火把超過一百種不同的植物煮來吃（外加食用任何會移動的生物的肉），而且透過烹煮也能更省力地獲得更多能量。

如果火幫助曾以植物為主食的原始人類（hominids）獲得肉類寶貴的營養，並發展出更大的腦容量，那麼火肯定也對現代人的生理機能的其他面向有所影響。黑猩猩和大猩猩之類的靈長類動物，其腸子比人類要長得多。牠們需要更多的結腸組織，才能從樹葉的高纖飲食中汲取養分。藉由烹煮的過程，火預先讓食物變得易於消化，使消化系統的很大一部分功能變得多餘了。此外，烹飪也促使我們的臉部出現變化。食用較軟的熟食，代表擁有強而有力的下顎肌肉不再是天擇優勢。因此，當我們的老祖宗腦容量逐漸增加，下巴則越縮越小。[5]

大概是因為我們許多人都把烹飪當一件苦差事，所以鮮少有人關注火的諸多贈禮當中，或許是最重要的一項大禮：它為我們創造了空閒時間。火不僅帶來人類歷史上第一次重大的能量革命，它也是第一個讓人節省勞動力的科技。

由於大猩猩的飲食不是特別富含營養，牠們若要保持健康，每天得吃下約等於自身體重百分之十五的食物。這讓大猩猩沒有太多時間可以打架、交配或嬉戲。因此，大型靈長類的研究者若想目睹任何比較有趣的行為，就得花數不盡的時間坐看研究對象有條不紊地覓食與進食。我們知道，多數大型靈長類每天約花八到十小時覓食與進食，相當於每週工作五十六到七十小時。咀嚼、消化，以及處理樹葉、木髓和根莖也是費時費力的事。其餘的時間，牠們基本上都拿來睡覺和慵懶地替彼此梳毛。

人類最後一個具有猿類外貌的祖先，也就是南方古猿，其生活大概也是大同小異。

面對吃到飽自助餐時，我們的胃口有時彷彿不輸靈長類近親。但以狩獵採集社會的飲食來看，智人每天只需要吃約體重百分之二或三的食物就能過得很好。如果茳瓦西人之類的族群值得參考的話，我們知道，一年中多數時候，一名活躍地從事經濟活動的成年智人生活在相對惡劣的環境中，每週工作十五到十七小時，通常就能餵飽自己和一名不具生產力的親屬。這等於每天工作一到兩個小時，和其他大型靈長類動物花在覓食的時間相比顯得微不足道，和我們多數人花在工作上的時間相比也是少之又少。

如果直立人因為懂得用火和烹飪，以更少的體力勞動換取了更多的能量收益，那麼隨著腦容量增長，他們將智力與精力用在覓食、進食和消化之外的活動的時間也變多了。

關於人類祖先怎麼使用熟食為他們帶來的空閒時間，考古資料並沒有遺留太多線索。我們知道腦容量增加後，他們製作工具的能力也大增，而且他們大概也有更多時間可以交配。

除此之外，一切都得靠臆測。

——

許多研究人員在闡述智人的智商進化過程時，專注於討論合作狩獵等活動或許有助於磨練解決問題與溝通的能力。這類活動想必有這樣的作用，可是研究人員對這類活動的強調，可能更大程度地反映了當前人類文化賦予經濟活動更多的重要性，而不一定如實地反映了人類演化祖先的日常生活。

巧人和直立人如何使用無需覓食的空閒時間，肯定也對形塑其演化之旅產生了一些作用。一個迷人的觀點由此而生——亦即從演化的角度來看，人類既是其勞動、也是其休閒方式的產物。

無聊並不是人類專屬的特徵，不過它在不同物種身上有不同的表現。因此，馬丁·海德格（Martin Heidegger）之類的哲學家堅信，宣稱受刺激不足的動物（under-stimulated animals）感到無聊，是純粹擬人化的說法。這些哲學家主張，要真正感到無聊，需要擁有自我意識，而多數動物沒有自我意識。

不過，看過狗兒察覺要散步時會狂搖尾巴的寵物飼主，肯定會提出異議。動物行為專家絞盡腦汁、試圖減輕許多受刺激不足的動物園動物所承受的圈養痛苦，可想而知，他們也不會同意。和無數其他物種相比，人類最為獨特之處明顯在於無聊能激發創造力的程度。我們嬉戲、把玩、做實驗、說話（即便是自言自語）、做白日夢和遐想，然後最終起身找些事情做。

出人意料的是，儘管我們許多人在無聊中度過了大把時間，關於無聊的科學研究卻少之又少。綜觀歷史，唯有哲學家和作家這類孤零零的專業人士，才會對無聊產生持續的興趣。牛頓、愛因斯坦、笛卡兒和阿基米德最棒的一些洞見，都要歸功於無聊。誠如尼采所言：「對思想家和敏感的心靈而言，無聊是在滿面春風地快樂出航前，靈魂中那令人不快的風平浪靜。」（尼采自己也稱讚無聊為他最有影響力的一些想法注入了生氣。）

尼采想必說對了。就提高人類的適應能力而言，無聊唯一顯著的優勢是它能激發創造力、好奇心和躁動不安，從而促使我們去探索、尋求新的體驗和冒險。心理學家還提醒我們，相較於必要與否，無聊更是創造力的發明之母，而且能夠激發相當非尼采式的親社會思想，以及高度的自我意識，而這也是一種佛教禪宗的觀點。[6]除此之外，無聊驅使人類的合目的性，使我們能在追求只是讓人忙碌而毫無其他立即用處可言的嗜好時，獲得滿足、自豪和成就感。要不是因為無聊，我們今天生活的世界裡不會有鐵道迷、兼職的「絕地武士」、集郵人士、木雕愛好者，很可能也不會有曾經改變歷史進程的種種發明。很可能就是因為無聊，南方古猿才學會了將石頭互相敲擊，有機會產生可用來切割的尖銳石器，而不是出於某種物理直覺。很可能也是因為無聊，使人類祖先對火產生興趣，以及讓他們動起百無聊賴的手指，進而發現摩擦兩根棍子，就可能產生足以引燃小火的高溫。

無聊使人坐立不安、四處搜尋，並激發其內在創造性的能力，肯定也在促使我們的祖先創作藝術方面有所影響。藝術活動既是工作，也是休閒，具有情感、智力和審美方面的價值，可是從採集者的覓食任務來看沒有任何實際用途。

在考古資料中，純粹具象藝術的證據出現得很晚。現存最古老的優質岩畫可追溯到約三萬五千年前，約為智人最早出現在考古資料的二十六萬五千年後。世上最古老的具象雕塑是刻有整齊幾何圖案的赭石板，可追溯到七萬至九萬年前。但只是根據象徵主義界定藝術，就像對半個世界封閉心靈、視而不見。如果我們把深思熟慮、富有美感的工藝納入考慮，就可以將時間回推到智人登場的很久之前。

卡圖潘手斧告訴我們，直立人不僅有審美的品味，而且還有精力、時間和欲望從事和覓食不直接相關的活動。換句話說，卡圖潘手斧的存在，代表直立人想必有某種工作的概念。

另一方面，人類演化祖先的藝術感受，也可能比他們製造卡圖潘手斧這類物品的能力更早出現，而且遠比象徵藝術最早的明確證據的歷史更悠久。歌曲、音樂和舞蹈不會留下任何痕跡，只存在於表演者、聽眾與觀眾的記憶裡。同樣不留痕跡的，還有史上最重要的符號式表達媒介：口語。

任何直立人、巧人、海德堡人或早期智人必須應付的最複雜的實體，就是他們所屬物種的其他同類。有了些可支配的空閒時間後，已知用火的人類和彼此相處的時間肯定變得更多，但卻對要拿熟食帶給他們的多餘能量做什麼，沒太多想法——這種生存局勢就使他們更加注重經營社交關係。

在複雜的社會群體中，善於打架是維持秩序的一種重要技能。許多靈長類動物透過侵略性示威，以及在迫不得已時展現體能，建立與施行社會階級制度，以利維持和平。當階級制度受到質疑（這種情況的確經常發生），靈長類動物的群體生活就會變得極為不安且不愉快。但這對早期和後來的人族的影響程度，取決於他們在光譜上的位置，端看他們比較靠近逞兇鬥狠、階級制森嚴的靈長類動物，抑或是崇尚平等、合作無間的狩獵採集者。隨著我們的祖先獲得更多空閒時間，透過插科打諢、自娛娛人、說服與吸引他人，而不是痛毆對方直到他們屈服，來創造或維持和平，將成為一項越來越重要的技能。要做到這一點，需要情感的投入、同理心，但最重要的是具備溝通的能力。

若不是因為在發聲方面的能力，人類不太可能發展出我們今天擁有的獨特溝通技巧（但也不是絕無可能）。

研究人員在早期對其他高等靈長類語言能力的評估嘗試之所以失敗，主要是因為他們還沒意識到，這些生物根本就沒有必要的生理構造，讓牠們能發出和我們相同範圍的聲音。各種古代人族的顱骨形態學評估顯示，我們的發聲能力和直立姿勢有所關聯，甚至可以說，吃熟食促使我們的嘴巴、咽喉和喉嚨發生的形態變化，很可能也提供了我們用來說話的硬體。

但是，單單擁有多功能的聲帶和經演化形成、最適合用來發音的喉，並不足以讓人創造出語言。創造語言需要遠遠超越其他靈長類的認知處理能力。

如今，人類學、神經科學、語言學、比較解剖學、考古學、靈長類動物學、心理學等等學科的研究人員，都對理解語言如何誕生產生了興趣。這種跨學科的研究很重要，因為人類非凡語言能力的出現，不可能靠單一取徑充分解釋。不過，這並未讓各個學科的專家卻步。研究人員目前已經提出了多種假說，包括「語法化理論」（Grammaticalisation theory），該理論主張語言規則是經過一段很長的時間，從少數幾個基本口語概念的使用而遞增積累。語言學家諾姆．喬姆斯基（Noam Chomsky）的「一步到位理論」（Single Step theory）則主張，人類祖先使用語言的能力在某一特定演化步驟發生後旋即出現，開啟了我們每個人都有的認知語法形成的腦迴路。

儘管如此，多數相互競爭的理論在某種程度上仍與以下觀點一致：休閒時間的增加是促進人類語言能力發展的進化壓力之一。在這方面最重要的理論是靈長類動物學家羅賓·鄧巴（Robin Dunbar）提出的「八卦和梳毛假說」（Gossip and Grooming hypothesis）。他主張，語言起源於靈長類動物溫柔地在彼此毛皮裡尋找寄生蟲的親暱梳毛行為，並宣稱我們發展出的語言能力是一種聲音的梳理，這使原始人類能在遠處接觸和撫慰其他人，而且一次能梳理不止一個人。論點中關於八卦的部分則來自以下事實：身為複雜的社交生物，我們最喜歡做的事就是和別人一起八卦其他人。

語言是梳毛行為的延伸，這是相當有說服力的想法。這想法不僅承認語言有很強的情感成分，也認為女性在語言能力發展中扮演的角色，可能比男性更重要。「如果女性構成了這些最早出現的人類群體的核心，而語言逐步把這些群體凝聚起來，」鄧巴論稱，「我們自然可以推論，最先開始說話的是早期人類中的女性。」[7]

人類的獨特之處在於能夠被文字、圖像、聲音和動作吸引。我們會沉浸在音樂中，也會因為聽別人說話而讓自己進入另一個世界，即使那個人是廣播裡傳出的聲音，或是螢幕裡的

低畫質、電子生成的平面人像。

讓越來越躁動不安的頭腦在空閒時有事可做，是一種演化的壓力。在這種狀況下，處於有利地位的是那些能夠讓他人擺脫無聊的人——這些人有較強的社交能力、善於表達、富有想像力、有音樂天賦，而且口才好，他們能用語言說故事、娛樂、哄騙、安撫、逗弄、啟發和誘惑他人。誘惑是這個等式裡特別重要的部分，因為天擇不僅會淘汰不適者，它也是一個有人為干預的過程；在這個過程中，某些特徵能否留存下來，是由性伴侶所選擇的。在很多靈長類社群裡，一般都是由階級高的、身體有優勢的個體壟斷和低階成員的性接觸機會。

但隨著覓食任務變得不那麼耗時，培養出優秀語言能力的男性儘管體格不那麼健壯，也很可能發現自己在尋找性伴侶的競爭中越來越成功，從而確保他們的基因能夠傳給下一代。換句話說，當我們的祖先用火來滿足一部分的能量需求之後，他們就朝新世界跨出了第一步，在這個世界裡，強壯的人有時在口齒伶俐又有魅力的人面前只是配角。

懂得用火之後，早期人類社會的一些成員更容易養活那些無法養活自己的人，甚至是能以非物質形式創造價值的人，像是有才華的說書人和薩滿。在其他物種中，唯一普遍存在的非互惠共享關係，存在於母親（以及少數父親）及其尚未斷奶的幼兒之間。當然還有像白蟻這樣的真社會性物種，由工蟻負責供養兵蟻和繁殖蟻。也有一些物種，生產力較高的個體會和其他生產力較低、但通常占優勢地位的個體「分享食物」，最著名的例子是母獅和首領雄獅「分享」她們的獵物。但動物界沒有任何明確例子顯示，動物會有條理且例行性地照顧老到無法養活自己的同類；儘管在某些高度社會化的物種中，偶爾會記錄到這種照顧衰老同類的實例，像是喀拉哈里沙漠的非洲野犬（牠們是典型的母系社會）。換句話說，除了父母養育幼兒的情形之外，有系統、組織良好的非互惠共享關係是人類獨有的特徵，而這也是沒有火就不可能存在的現象。

我們不知道巧人和直立人會照顧他們不具生產力的同類到什麼程度——換句話說，他們願意替他人工作的程度。有充分證據顯示，生活在約五十萬年前、可能是尼安德塔人祖先的海德堡人會這麼做。[8]但若巧人或直立人已懂得用火，這代表照顧長者一事並未超出其經濟能力。照顧長者顯示他們有同理心、同情心，而且他們的自我意識已經成長到讓他們已經懂得害怕死亡。這種認知及情感意識最顯著的證據，就是殯葬儀式的出現，譬如讓死者得到妥善的安葬。

直到三萬年前，我們遙遠的演化祖先才開始留下從事葬儀的明確證據，但奇怪的是，另一個腦容量不大、和晚期直立人及早期智人生活在同個時代的人族「納萊迪人」（Homo naledi），卻留有這類證據。非洲南部的研究人員發現的證據顯示，在二十三萬六千到三十三萬五千年前，納萊迪人的屍體被刻意放到一座不便進出的巨大洞穴群的洞窟裡，這很可能是某種儀式。[9]假如納萊迪人這麼做了，我們就有充分理由假設，認知能力更發達的其他原始人類也害怕死亡、會照顧長者，也會為逝者哀悼。而這又意味著，他們在生理上一定擁有能將周遭世界和他們對周遭世界的感受區分開來的概念裝置，因此也擁有文化和語言，哪怕還在很基礎的階段。如果是這樣，他們想必會將某些活動歸類為「工作」，而將其他活動歸類為「休閒」。這很重要，因為工作不僅是我們所做的事情，也是出現在我們的語言和文化裡的一種想法，被我們賦予了各種不同的意義和價值。

自從汙水進入下水道、垃圾被集中處理之後，從市集攤販、咖啡館和餐廳廚房散發出來的氣味，使二戰後的巴黎成為世界美食之都，也確保巴黎人就連沒在進食的時候，也會想著或談論著食物。和那些年在塞納河左岸流連不去的許多知識分子一樣，李維史陀的作品經常以火、食物和烹飪為主題。在二十世紀下半葉，李維史陀可說是法國最備受推崇的公共知識分子。「烹飪，」李維史陀解釋，「是一種語言，讓社會無意識地揭露它的結構。」

身為一名不愛在陌生土地和「當地人」打交道的人類學家，李維史陀綜合其他人類學家的田野工作，進而提出一種詮釋文化的全新方法，他稱之為「結構主義」。

李維史陀運用結構主義方法寫成了一系列厚重的鉅著，其中最重要的莫過於共四卷的代表作《神話學》（*Mythologiques*）。在這套全四卷的著作中，有三卷在書名中明確提及了烹飪與火，反映出火與食物在他思想中的重要性。第一卷《神話學：生食與熟食》（*The Raw and the Cooked*）出版於一九六四年，第二卷《神話學：從蜂蜜到煙灰》（*Honey and Ashes*）出版於一九六六年，第三卷《神話學：餐桌禮儀的起源》（*The Origin of Table Manners*）出版於一九六八年。對李維史陀而言，烹飪是人之所以為人的精髓。

身為巴黎人，李維史陀關於烹飪的書寫出奇地沉悶。一如他大多數的作品，他的批評者可以輕易地論稱《神話學》提出的想法，與其說是對外在世界的洞察，不如說是讓讀者深入認識了李維史陀腦袋裡經過精心安排、高度專業、陰鬱但非常巧妙的世界。

儘管李維史陀的作品複雜難懂，他宏大的文化「結構」理論，立基在一個非常簡單的假定之上：也就是，組成某個文化的每個信仰、規範和慣習，單獨來看是都是無意義的，但若作為一整套關係中的部分來看就有了意義。

他從語言學家那裡得到啟發。當時，語言學家已確定任何語言中某單字的指涉和單字本身之間不存在有機關係。狗的英文單字字母d-o-g，和這個與我們許多人同住在一個屋簷下的生物之間，沒有有機的關係。正因如此，同一個生物才會在其他語言中被演繹成完全無跡可循的不同聲音，譬如狗在法文裡為*chien*，在芎瓦西族的搭嘴語裡是*gǂhuin*。若要理解dog這個單字的發音具有什麼意義，語言學家解釋說，我們必須把它放到整體語言的脈絡裡。因此，在構成英語的廣泛詞組裡，d-o-g三個字母發出來的聲音是有意義的，而在英語中，音位上類似的詞語像是h-o-g或j-o-g則有截然不同的意義。

李維史陀對不斷增加的民族誌紀錄的探索說服他相信，就好像身體發出的聲音是武斷任意的，我們的文化規範、符號和實踐也是如此。這就是為什麼在某個文化裡被認為代表禮貌的肢體語言（譬如以親吻和陌生人打招呼），在另一個文化裡可能被認為極度冒犯，而在第三個文化裡則是沒有任何特殊意義。因此，他主張要理解個別文化實踐，唯有透過檢視它們和同一文化中其他實踐的關係。這麼一來，在法國輕吻他人臉頰，可以被理解為等同於英國人的握手，或者北極圈因紐特人之間的磨鼻子。

在李維史陀的觀點中，文化還反映了我們的思維方式。而且在他看來，人類天生傾向做對立的思考。舉例來說，「好」唯有參考與它對立的「壞」，才有意義。左對右，黑暗對光明，生食對熟食，工作對休息，諸如此類等等都是如此。這讓他相信，人類學家要理解任何一個文化，就必須辨認這些對立面，並繪製出它們之間縱橫交錯的關係網。

生與熟的對立，在全球不同民族的神話及文化習俗中反覆出現。「所有文化都得處理自然與文化之間的鬥爭，」他寫道，「自然（「生」）令人想到本能與身體，而文化（「熟」）令人想到理性和心智，以及其他東西。」

關於對立面的討論，另一個讓他特別感興趣的地方在於，它暗示一個過渡。雖然左邊永遠不會變成右邊，生的東西卻可以變成熟的。「烹飪不僅標誌著從自然到文化的過渡，」他主張，「經過烹飪且藉由烹飪，人類狀態的所有屬性才獲得定義。」

李維史陀在學術生涯的早期，對於辨識從前人類過渡到人類，也就是從人們從動物變成人類、從自然走向文化的時間點很感興趣。但等到他開始發展結構主義的理論的時候，這已經不是他關注的焦點。

他解釋，試圖理解人類就像研究「軟體動物」，因為軟體動物是「一種無固定形狀、黏糊糊的果凍，能分泌出符合完美數學計算的外殼，就像人類的混亂產生了結構完美的文化製造物」。他相信，當其他人在溼滑的內部到處刺探時，研究結構完美的外部形式是民族誌學者的工作。

即使他這番話不是歷史事實的陳述，而是試圖做個宏大的比喻，烹飪也許比任何東西都更傳神地象徵了複雜文化在人類演化史的出現。這是因為文化的一個關鍵特徵，就是人類有能力刻意且富有想像力地將物體從「生的」自然狀態，轉變成「熟的」文化狀態。

這當然也是工作的一個決定性特徵。就好像，生食是由人為介入和火的運用，才「被加工」成一頓飯，木匠也把樹木變成家具；塑膠餐具的製造商致力於將化合物模製成塑膠餐具；老師致力於將學生從無知狀態轉變為啟蒙狀態；行銷主管致力於將積累的庫存轉變為可盈利的銷售額。

如今，採用李維史陀結構主義方法的人類學家屈指可數。認知科學的進步已證明，我們的心智及文化遠不只是由對立及關聯組成的軟體動物外殼。我們也知道並非所有文化區分自然與文化的方式，都如同李維史陀的假設，而且文化其實在更大程度上是我們利用身體從事各種活動的產物。這是李維史陀等人不曾意識到的。但將文化當作系統來理解的想法，仍然影響著許多現代人類學的研究；譬如，現代人類學研究也認為，要理解任何個別的文化行為、信仰或規範，需要先釐清它們不是什麼。

這就是李維史陀的結構主義模型為工作的歷史增添另一個關鍵面向之處，因為這暗示著，火賦予我們的祖先更多休閒時間之後，也催生了一個與休閒相互對立的概念，也就是「工作」。同時，火也促使我們這個物種踏上一趟新的旅程，從在森林裡四處採集，走向工廠。

第二部

環境的庇佑

The Provident Environment

第五章

原始富足的社會

對他父母與祖父母那一輩的人而言，人類社會將不斷進步的敘事，形塑了他們的生活、工作和對幸福的看法，但這樣的敘事對李來說，實在很難誠心買賬。他想知道，如果我們更透徹地理解狩獵採集祖先的生活方式，是否有助於讓我們對人類物種的關鍵本質有所洞悉。

在第三個千禧年到來之初，儘管有充分的考古證據顯示，解剖學意義上的現代智人可能已經存在了至少十五萬年，但多數人類學家相信，我們的老祖宗直到相當晚近才在「行為上變得現代」。他們深信，直到大概五萬年前，人類祖先還沒跨越關鍵的認知革命門檻，還在不幸的另一端受苦著，沒有能力沉思生命的奧祕、讚嘆天神、詛咒惡靈、說有趣的故事、畫漂亮的圖畫、在進入夢鄉之前反思當天發生的事、唱情歌，或者編造聰明的藉口從家事中脫身。依此類推，他們也相信在智人跨越這個門檻前，我們的祖先還沒有足夠靈活的智力，能像現代人一樣將在某個脈絡中獲得的技術，流暢地運用在不一樣的脈絡裡。簡言之，他們相信人類祖先像我們今天這樣帶著目標性與自我意識來工作，是非常晚近才發生的事。

他們如此相信，是因為截至那時為止，這種能更印證智人聰明靈巧的明確證據，像是技藝精湛的岩畫和雕刻、象徵性雕塑、複雜多樣的工具製作傳統、優雅珠寶和葬禮，最早只能追溯到四萬年前。有鑑於此時的智人沒有明顯的身體變化，他們假設這個「大躍進」的發生，是因為某個無形的基因開關被扳動了，大概約在六萬年前。基於這個原因，他們主張非洲各地的人口，以及進到歐洲和亞洲的人口，在該時間點前後同步在行為上變得「現代」；而且在新能力的激發下，人類迅速開始在世界其他地方聚居，凡是沒忙於消滅當地巨型動物，以及和尼安德塔人等遠親打架時，便於所到之處留下他們心靈手巧、創意十足與智慧過人的痕跡。

尼安德塔人及其他早期人類的破碎顱骨被存放在世界各地博物館的地下室和大學檔案室裡，無論我們今天怎麼評論他們，他們根本不在乎。然而，如果我們依據他們所製作的物品來裁定其民族的認知複雜程度，就會遇到一些顯而易見且難以迴避的問題。畢竟，世界各地有很多原住民直到不久前，仍被其他人當作次等人類，而這一判斷的根據就是這些原住民簡單的物質文化。最貼切的例子要屬十八世紀的塔斯馬尼亞原住民（Tasmanian Aboriginals），但他們採集的效率之高，光是使用一些簡陋的工具就能獲得他們所需的一切食物，而他們的工具的基礎程度，讓直立人的手斧顯得像劃時代的尖端科技。

如今，越來越多的數據顯示，早期智人不僅和現代人有同等的自我意識和目的性，而且智人存在的時間遠比以前想像的還要久遠得多。非洲南部及其他地區的考古新發現也表明，在所謂的認知革命發生的數萬年前，人們已經開始製造各種精巧的器物。然後，結合人類學家對地理上與世隔絕、在二十世紀持續過採集生活的民族所做的研究，數據告訴我們，雖然如今工作在人們的生活中占據神聖的地位，在人類物種的歷史上，大約二十八萬五千多年期間，工作卻沒有這麼重要。

在達爾文發表《物種源始》的一百多年之後，關於人類祖先基因關聯的學術界辯論，既取決於確鑿的證據，也取決於一時的靈光乍現、想像力、亞里斯多德式的推理，以及在牛津和劍橋辯論協會的辯論廳磨練出的修辭技巧。沒有一種絕對精確的方法，讓人可以純粹根據身體的相似性，來確定個體的遺傳基因的相關性。

古遺傳學是一門從古代基因體探索人類演化歷史的科學，目前還處於剛起步的新生兒階段。不過它是很搶眼的新生兒。在過去二十年間，隨著科技進步，以及科學家越來越擅長從古代骸骨與牙齒挖掘遺傳基因的資訊，並用來和活生生的現代人做比對，他們對人類物種在過去五十萬年左右的演化、擴張和互動，提出了一連串新的見解，也引發了一連串新的疑問。

今天，我們只需要一個下午，就能在數千個實驗室的任意一間對人類基因體進行測序，而且費用約五百美元有找。隨著成本降低，實驗的規模也隨之擴大。如今，一支演算法大軍在大到超乎想像的數據庫裡，夜以繼日地搜索，裡頭充滿了關於數百萬活人和逝者的ＤＮＡ高解析度數據。這些演算法大多是為了醫學和流行病學研究之目的，被設計來尋找、比較和查詢個別基因體內部或不同基因體之間的有趣模式。不過，它們當中有些是被專門設計來查清人類演化史的謎題，理清從保存完好的古代骸骨中找到的祖傳ＤＮＡ，和當代人口身上取得的ＤＮＡ之間的相似度。此舉所產生的數據，迫使我們不得不重新想像人類漫長的演化歷史。

今天，新的實證發現頻繁出現，而且經常出人意料，導致遺傳史學家幾乎不會緊抓任何對數據的單一解釋，因為他們已經習慣隨時都可能有顛覆想法的新發現被揭露。其中一些發現向我們提出了新的問題，促使我們思考身為人類的意義。譬如，有明確證據顯示，晚期的尼安德塔人和我們多數人在血統上有淵源。此外，有些發現也要求我們放棄行之有年的視覺比喻，不能再把演化的歷史描繪成一棵樹，有分叉的樹幹、樹枝和細枝，代表跨世代的基因資訊分佈，以及組成所有生物的不同演化之界、目、科、屬、種之間的基因資訊分佈。因為一旦我們聚焦在這顆樹木並放大檢視時，會發現它其實更像內陸的河川三角洲，由數千條和彼此匯流又分流的交錯水道所組成。

不過，迄今為止最有趣的發現莫過於，智人的演化故事，絕不是非洲某處一小支與眾不同的早期人類向外擴張征服了世界這麼簡單。現在看起來，很可能是多個擁有共同祖先的不同智人血統，在約五十萬年前的時候同時演化，然後在大概三十萬年前，近乎同步地出現在北非、非洲南部和東非裂谷，而且今天所有人都擁有源自不同智人的遺傳特徵。[1]

雖然新的基因體數據富有啟發性，可是與智人歷史最初的二十五萬年有關的考古資料過於破碎且不完整，只能幫助我們粗略地了解其生活。我們從考古資料還看到，在大概三十萬年前的時候，非洲各地早期智人（和尼安德塔人）有志一同地放棄了他們的手斧，轉而製作並使用起各種工具——也就是為不同用途而個別製造，而且體積更小、形狀更規則的石器。

有時候，這些石器不僅透露其製造者的技術純熟度，還更大程度地展示了他們的生活細節。這個時代最具啟發性的石器，是在肯亞南部的奧洛戈賽利葉盆地（Olorgesailie）發現、約有三十二萬年歷史的黑曜岩和燧石石片。這些燧石並非特別有趣或與眾不同。當時有很多族群已製作起類似的工具，而且非常清楚黑曜岩石片比外科醫師的解剖刀還要鋒利，而燧石這種由微小結晶體組成的沉積岩則是僅次於黑曜岩。這些原始石器的特別之處在於，尚未加工的黑曜岩原石和燧石原石取自將近一百公里外的採石場，[2] 然後才在奧洛戈賽利葉盆地被人鑿成各種不同大小和形狀的刀刃和銳器。發現這些文物的考古學家因此假設，這可能表示在採石場方圓數百平方公里的範圍內，有著複雜的交換與社交網絡。至少，這項事實揭示了原始石器的製造者有充分的目的性和決心，讓他們長途跋涉到特定地點，只為了獲得製造石器的最佳材料。

未來，我們可能還會發現其他類似奧洛戈賽利葉盆地的古老遺址，從而豐富我們對非洲早期人類生活的理解。但這樣的樂觀態度必須下修，因為我們知道非洲大陸絕大部分地區的環境條件，並不像冰封的歐亞大陸那麼適合保存骨頭和其他有機文物。目前，關於非洲的某些早期智人如何生活，最生動且驚人的證據來自一系列非洲南部沿海地區的洞穴。

布隆伯斯洞穴（Blombos Cave）俯瞰著一片寧靜的海灣，不遠處就是非洲東南海岸，也就是印度洋與大西洋的交會處。從洞口很容易看到南露脊鯨，牠們有時會在這片海域過冬。今天，在洞口下方約三十五公尺處，散落著一系列裸露的岩石，裡面滿是魚苗、玉黍螺、貽貝、章魚和螃蟹。然而，在過去二十萬年的大部分時間裡，這些潮間帶都是乾涸的。彼時，數兆公噸的水凍結成冰帽，從遠處望去，這裡的海洋看起來只是地平線上油膩膩的黑色浮油，而從洞穴前往海灘，人得在起伏的草地沙丘長途跋涉，跨越不斷變化的河口與深度及膝的沿海潟湖。[3]不過大約從十萬年前開始，這條海岸線的海平面在三萬年內逐漸升高，達到了五十萬年以來之最，並一直維持到今日。

那時，海灣裡的南露脊鯨可能偶爾會發現有人在上方的洞穴看牠們換氣和甩尾，或者瞥見牠們在海邊的潮間帶採集軟體動物和雙殼貝類。對人類而言，洞穴不僅提供美麗的灣景，也方便他們前往更東邊和更西邊的海灘，而且在冬天的月份，還能保護他們不受從南方登陸的暴風摧殘。但這洞穴最吸引人之處，大概是它提供的美妙海陸大餐，其中一大亮點是鯨魚肉和富含能量的鯨脂，因為鯨魚會在水位較淺的海灣中擱淺，或者在附近的海灘上死去。

洞穴內的化石顯示，住在洞穴裡的人不只會吃鯨魚排。除了直接在海灘上吃笠貝、玉黍螺和貽貝，他們也會拖著成批的貝類上山，到洞穴裡舒服地享用。為增加飲食多樣性，他們獵殺海豹、企鵝、陸龜、多肉的蹄兔，以及肉量不如蹄兔的鼴鼠。考古學家也在洞穴裡挖掘出魚骨。魚骨容易腐爛，因此我們很難確定布隆伯斯洞穴的居民究竟吃了多少魚，而哪些魚骨是貓頭鷹留下的，但洞穴內魚骨的種類和數量之多，足以顯示洞穴的一些住民對捕魚技巧略知一二。

植物不像軟體動物的殼那麼易於長久保存。但布隆伯斯洞穴是個資源豐富的環境，其居民的食物想必包括在內陸和海灘邊緣採集的蔬菜、根莖、蕈類和水果。

考古學家在洞穴裡還找到了大量的石製銳器和碎片。當中有些精美的鋒利長矛頭，證明了居住在這裡的人曾製作出複雜的複合工具，和今天苛瓦西獵人仍在使用的一些工具相似。但布隆伯斯洞穴最出名的，是其住民在採集時間之外所做的事。

在這裡，一串有著七萬五千年歷史的海螺珠串出土，珠子上有許多小洞，當初大概是被用筋腱、皮革或植物纖維作成的線串起來，這顯示住在那裡的人對製作首飾來妝點自己感興趣。在洞穴頂部的挖掘層，考古學家還找到兩大塊赭石，兩塊都帶有粗糙但明顯是刻意加上的鑽石雕刻紋。此外，考古人員在這裡也發掘了一個被用赭石彩繪類似圖案的平滑石頭。這些物件粗估是在七萬三千到七萬七千年前製作。儘管它們當中沒有哪一個的藝術性特別令人印象深刻，而且製作這些物品的人在技巧上明顯不如卡圖潘手斧的製造者純熟，但許多人如今說它們是迄今為止發現的最古老的具象藝術作品。

最古老的文物是從洞穴最深的挖掘層出土，大概有十萬年的歷史，包括兩個「顏料製作工具組」，皆是以鮑魚殼製成的彩繪碗。碗內盛有赭石粉、木炭和其他黏合劑，而人們會搭配磨石將這些材料搗成粉末，或者用骨製攪拌器將它們混合成糊狀。赭石和木炭可能被當作膠水使用，但更可能是和脂肪混合後，做成有裝飾效果的防曬驅蟲雙效乳。這些廢棄的工具組彷彿是在有人攪拌糊製品的過程中被扔到一旁，暗示著使用者充滿品味的生活突然間被神祕地打斷了。

在非洲南部，還有許多和布隆伯斯洞穴一樣的遺址，都擁有大量且類似的人工製品。這讓很多考古學家在根據零碎殘片想像過去人類完整且複雜生活樣貌時，拋棄一貫秉持的謹慎。舉例來說，在布隆伯斯洞穴北邊稍微內陸一些的地方，有個斯布度洞穴（Sibudu Cave），年代介於七萬七千到七萬年前，其遠古居民忙碌地用貝殼製作漂亮的裝飾品，並睡在莎草和其他芳香草本植物做成的床墊上。這座洞穴裡也有證據顯示，其居民曾拿骨頭做成的尖錐和骨針來加工並裝飾皮革，而他們能夠花時間做這類活動的其中一個原因在於，他們比歐洲和亞洲的智人早了約六萬年就掌握了射箭的原理。[4]

還有一些誘人的證據指出，這種複雜的生活並不僅限於非洲南部。在剛果塞姆利基河（Semliki River）附近一處遺址，考古學家找到了一整組有九萬年歷史的骨製魚叉頭；儘管這裡不是太適合保存古文物的地方，而且由於政治動盪，要想長期在此地探勘幾乎是不可能的事。[5]這些出土的魚叉頭的一側仔細地刻鑿了一連串尺寸精確的倒勾，使它們非常適合用來刺多油脂、營養豐富的鯰魚，而鯰魚骨也散落在魚叉頭旁邊。再往北，在北非的幾座遺址裡，[6]同樣有充分證據顯示那裡的人和布隆伯斯洞穴的居民一樣，也常用織紋螺的貝殼製

在南非布隆伯斯洞穴發掘的織紋螺屬貝殼項鍊的復原圖，這串項鍊大約有七萬至七萬五千年的歷史。

作首飾。

根據基因體的數據顯示，古代非洲的採集者在歷史上絕大多數時間，是以驚人的人口穩定性為特色。這也意味著他們過著得以永續發展的生活。事實上，這表示如果我們用來衡量一個文明的成功程度的標準，是看它在時間長河中能屹立多久，那麼非洲南部科伊桑人（Khoisan）的直系祖先，就是人類史上最成功的文明——而且可說是遙遙領先。從整體來看，非洲人口的基因多樣性遠高於世界其他地方，譬如科伊桑人今天區區十萬人口的基因多樣性，就高於世上任何地方的既有當地人口。這個多樣性的出現，有一部分應該是拜來自東非、敢於冒險的移民在兩千年前左右注入外來基因所賜；不過很最大的原因還是在於，在過去的六萬年間，遷徙到歐洲及其他地區的採集者遭遇了饑荒與其他天災，有時甚至整個族群都被滅絕，但這樣的事在非洲南部發生的頻率相對較低。

考古學家在非洲南部的新發現引人入勝，可是我們很難據以詳細推斷這些採集者工作有多努力，或是他們對工作有什麼看法。但這些發現足以告訴我們，就經濟實踐、物質文化和社會組織而言，他們和那些到了二十世紀，仍因地理上與世隔絕而持續過著狩獵採集生活的小規模社會，有很多的共通點。

一九六三年十月，加州大學的人類學博士生理查・博爾薛・李（Richard Borshay Lee），在波札那東北部偏遠沙漠的一個水坑附近搭起一座簡易營地。他到那裡是為了在世上僅存的最後幾個大致與世隔絕的狩採集社會生活，他們是北部的芎瓦西族，他當時稱之為「庫恩族布希曼人」（!Kung Bushmen）。他們和斯昆海德這些地方的南部芎瓦西族說的是同一種語言。最重要的是，在一九六〇年代，這些生活在波札那北部的芎瓦西族，還能在他們的傳統領域自由採集，並且和他們祖先曾共同生活大概三十萬年的獅子、鬣狗、豪豬、土豚及各式各樣其他動物為伍。

支離破碎的考古資料無從解釋我們的狩獵採集祖先實際上如何生活，就連最晚近的那些人的生活也無從得知，這點使李和當時許多人類學學生都感到相當沮喪。在他看來，斷掉的箭頭、廢棄已久的壁爐和風化且被啃過的動物骨骸，是古人類學家常蒐集的證據，而這些東西引發的疑問比提供的解答還要多。譬如，狩獵採集族群的規模有多大？他們是如何組織起來的？他們會因為生態系統不同而有顯著差異嗎？此外，他們的生活真的像眾人想像的那樣辛苦嗎？他們想弄清楚這些問題的答案。

李猜想，或許研究在二十世紀仍持續行狩獵採集的少數社會，有助人類學家與考古學家釐清一萬年前人類「普遍採行」的生活方式。[7] 儘管李的方法很新穎，不過最令人驚訝的是，過去竟沒有人想這樣做。幾十年來，人們普遍將俾格米人中的姆巴提人（BaMbuti

Pygmies）[①]或布希曼人中的芎瓦西人視為活化石，認為由於他們所處地理條件、生活環境和純粹的運氣不佳，所以在其他人類展開史詩般的科學啟蒙之旅時，他們則被遺留在石器時代受苦。

最重要的是，李想了解狩獵採集者如何面對稀缺性，並認為最好的方法就是記錄他們花了多少時間，設法獲得他認為應該相當貧乏的糧食配給。當時的科學共識是，狩獵採集者始終生活在挨餓的邊緣，不停受到饑荒所苦，而且若能活到三十歲就算幸運。在學術界外，多數人對狩獵採集者的觀點受到東拼西湊的可怕故事影響；譬如，年老的因紐特人在走不動後被拋棄在浮冰上，還有生活在偏遠部落的母親將新生嬰兒扔給鬣狗，因為她們知道自己無法養活孩子。

雖然澳洲或南美洲都有歷史悠久的狩獵採集族群，李之所以選擇前往喀拉哈里北部，是因為他相信布希曼芎瓦西族的社會很可能是理解世上任何石器時代文化的最佳窗口。他深知，儘管非洲南部某些地方的布希曼人已被部分「涵化」（acculturated），但拜喀拉哈里沙漠環境的艱苦所賜，不住在白人牧場的北部芎瓦西族依然和農業社會大抵隔絕。附帶一提，

---

① 譯注：BaMbuti是Mbuti的複數。俾格米人不是一個種族，而是泛指所有成年男子平均高度都少於一百五十公分或一百五十五公分的種族，俗稱「非洲侏儒族人」。

李也懷疑這也是因為喀拉哈里沙漠今日的環境，類似於「早期人類實際生活的動植物環境」。[8]

李體驗狩獵採集生活的渴望，不單是出於學術好奇心。在他那一代人中，許多人最早的童年記憶都是在二戰期間形成，而李也是如此。對他父母與祖父母那一輩的人而言，人類社會將不斷進步的敘事，形塑了他們的生活、工作和對幸福的看法，但這樣的敘事對李來說，實在很難誠心買賬。他想知道，如果我們更透徹地理解狩獵採集祖先的生活方式，是否有助於讓我們對人類物種的關鍵本質有所洞悉。在這裡，他所謂的本質指的就是「除去農業、都市化、先進技術，以及國家與階級衝突帶來的層積和衍生枝節」之後，所顯露出來的人類本性。

「以下問題仍有待商榷，」李寫道，「人類是否能在他們為自己創造的極其複雜而不穩定的生態條件下生存？隨著農業革命而來的技術發展，會帶領我們走向烏托邦，抑或走向滅絕？」[9]

在一步步適應喀拉哈里生活節奏的同時，李掌握複雜搭嘴語的速度，令他的東道主們深

刻印象。他們也很欣賞他的慷慨和隨和態度，即使他們幾乎不間斷地向他討免費食物和菸草這點，讓他開始窮於應付。而對芎瓦西人來說，他們除了禮貌回答數百個人類學家喜歡問觀察對象的乏味問題，還要容忍他在他們做日常家務時跟前跟後，一邊查看手錶，並將他們要放進嘴裡的每口食物都拿來秤重。

在抵達喀拉哈里沙漠的十八個月後，李把他的筆記本全都帶上，收拾營地，然後返回美國。回到家後，他在一九六六年四月與芝加哥大學的長期研究夥伴厄文．德沃爾（Irven DeVore）召開的「狩獵之人」（Man the Hunter）會議上，發表了他的研究結果。有消息傳出，這次會議將分享一些出人意料的新洞察，於是一些人類學界的大人物都跨越大西洋出席，其中還包括偉大的李維史陀。

李揭露的成果為這次會議奠定了基調，讓這場會議在日後成為現代人類學史上討論最多的會議之一。李在這個今天已廣為人知的研究發表中，解釋芎瓦西人如何說服他相信，「人類在自然狀態下的生活，不必然兇惡、野蠻和短暫」，儘管截至當時為止，人們普遍如此認為。[10]

李告訴他的聽眾，他是在嚴重乾旱期間進行研究，情況甚至嚴重到波札那鄉村大部分的農業人口完全仰賴緊急糧食援助才能存活下來，但芎瓦西人卻不需要外界幫助，靠野生食物和狩獵就能輕鬆自給。他說，他追蹤的每個芎瓦西人每天平均攝取兩千一百四十卡路里的熱量，這數字比對他們這樣身材的人的日常建議攝取量高出近百分之十。最了不起的是，芎瓦西人只要「稍稍努力」，就能獲得他們所需的一切食物——事實上，覓食的工作輕鬆到讓他們的「閒暇時間」遠遠多過工業化世界的全職工作者。此外，他注意到芎瓦西人的老幼成員是由他人扶養。依此計算後，他發現積極從事經濟活動的成人每星期的平均覓食時間，僅略多於十七個小時。除此之外，他們每星期約花費二十小時從事其他例行性的工作，像是準備食物、蒐集薪柴、建造遮風避雨的住所，以及製造或修理工具，而這連美國就業人口花在工作、通勤和從事家務的時間的一半都不到。

出席會議的人對李提供的數據並不感到意外。在座聽眾有許多人過去幾年曾和非洲、北極、澳洲和東南亞其他地方的採集者一起生活和工作。雖然他們沒做鉅細靡遺的營養調查，但他們注意到，這些社會的成員就像芎瓦西人一樣，對覓食這件事的態度也是無比放鬆，通常輕而易舉就滿足自身的營養需求，從而能將大部分時間都用於休閒。

李舉辦這場名為「狩獵之人」的學術會議時，很多社會人類學家不知道該怎麼用當時相互競爭的兩個主要的經濟意識形態，來解讀「部落」民族往往令人困惑的經濟行為。這兩個

經濟意識形態分別是西方的市場經濟資本主義，以及蘇聯和中國推行的、由國家領導的共產主義。經濟學此時已成為社會人類學的主要專業領域之一，而經濟人類學家為解決這個問題已分裂成兩個對立的陣營，即「形式主義者」和「實質主義者」。

形式主義者認為，經濟學是一門硬科學（hard science）②，建立在一系列影響全體人類經濟行為的普遍規則之上。他們認為「原始」經濟，譬如芎瓦西人與許多美洲原住民的經濟，應當被理解為陽春版的現代資本主義經濟，因為它們同樣由人類的基本欲望、需求和行為所塑造。他們承認，文化在決定不同社會的價值觀方面，發揮了至關重要的作用。舉例來說，正是基於文化，許多前殖民時期的非洲東部和南部社會，才會根據牛的數量、大小、顏色、角的形狀和脾氣性情來衡量財富和地位，而美洲西北海岸的原住民族，如夸夸嘉夸族（Kwakwaka'wakw）和海岸薩利希語族（Coast Salish），則是把贈送皮革、獨木舟、編織雪松毯、奴隸和雕刻精美曲木箱給他人當禮物的能力當作衡量標準。但形式主義者堅稱，在面對經濟的時候，人類內心深處都是「理性的」，而且即便不同文化的民族價值觀不盡相同，稀缺性和競爭卻是普遍存在的——在追求價值的路上，每個人都會選擇自利，而且每個人都促進了專注於分配與調配稀缺資源的經濟體系的發展。

② 譯注：一般而言，硬科學泛指和文史哲等學科相對的自然科學。

相較之下，實質主義者從二十世紀經濟學中更激進且見解獨到的聲音汲取靈感。在這個反抗大合唱中，聲音最響亮的是匈牙利經濟學家卡爾．博蘭尼（Karl Polanyi），他堅稱市場資本主義唯一放諸四海皆準的特色，就是其熱情擁護者的狂妄自大。他主張，當現代民族國家取代了主要以親族關係、共享和互惠的禮物交換為基礎，而且較為精細、多樣化、社會基礎較穩固的經濟體系之後，市場資本主義才隨之誕生，是一種文化現象。實質主義者也堅稱，形式主義者相信經濟理性是人性的一部分的看法，是市場資本主義帶來的文化副產品，因此我們在理解其他民族如何分配價值、怎麼和彼此合作或交易時，應當秉持更加開放的態度。

「狩獵之人」會議的與會者之一馬歇爾．薩林斯（Marshall Sahlins）潛心研究這場辯論錯綜複雜的細節。他也對戰後蓬勃發展的美國當時正自我詰問的社會和經濟問題瞭若指掌。和李維史陀一樣，薩林斯做過一些田野考察，可是比較擅長和理論搏鬥，而不是在遙遠國度對抗麗蠅與痢疾。以狂妄自負和才華橫溢出名的他，[11]比一些經常在田野工作中曬傷的同僚更清晰地看到全局，並宣稱在他看來，茼瓦西人這樣的採集者是「原始富足的社會」（the original affluent society）。

得知茼瓦西人這類狩獵採集者，並未過著忍受物質貧乏和無止盡生存掙扎的生活，薩林斯一點也不意外。他過去曾花好幾年研究複雜社會從簡單社會進化成形的問題。當李和其他人在沙漠與叢林中夾靴子裡的蠍子時，他一直在翻閱描述歐洲人和狩獵採集者彼此相遇的人類學文本、殖民報告及其他文件。他爬梳文獻得到的結論，最保守地說就是：狩獵採集者一輩子不斷和稀缺性對抗的刻板印象，是簡化過頭的看法。薩林斯最感興趣的，是狩獵採集者「在物質需求上的樸實」，而不是相較於焦慮不已的農業和工業勞動者，狩獵採集者多了多少閒暇時間。他總結，狩獵採集者比其他人多了那麼多閒暇時間，主要是因為他們只注重迫切的物質需求，而沒有各式各樣令人不得安寧的挑剔欲望。

「需求或許很容易滿足，」薩林斯指出，「可以增加生產或減少欲望。」[12] 他論稱，狩獵採集者以減少欲望來滿足需求，因此以他們自己的標準來看，他們比華爾街銀行家還要富有，因為儘管後者擁有多到不知該如何是好的不動產、遊艇、跑車和名錶，還是不停地試圖獲得更多。

薩林斯的結論是，在很多狩獵採集社會中，人類的經濟生活並非圍繞稀缺性而運轉。這大概也是人類歷史絕大多數時候的樣貌，也因此，至少古典經濟學提到的所謂「根本的經濟問題」，並不是我們人類永恆的難題。

第六章

非洲森林裡的幽靈

狩獵採集者並不總是把自己描述為深受大地寵愛、餵養與保護的「孩子」。但他們在各自所處的環境裡，也看見了他們心目中的神靈之手和其他超自然存在，會和他們分享食物和其他有用的東西。

對三十八歲的約瑟夫．康拉德（Joseph Conrad）而言，剛果雨林是惡夢連連之地。一八九五年，這位《黑暗之心》（*Heart of Darkness*）的作者趺坐在十五噸汽船煙囪下方的躺椅，隨這艘「比利時國王」號（*Roi des Belges*）搖晃穿梭於剛果河岸的象牙與橡膠貿易站，想像著這片叢林將孵化每個受「其惡毒心房」吸引之人「失落的殘酷本能」。而且對他來說，沒什麼比那穿越夜間濕氣、從隱藏在林木線外的村莊飄蕩而來的「有節奏的鼓聲」與「奇怪的咒語」，更能喚醒這些本能，並「誘惑想擁抱禁忌渴望的靈魂」。

在剛果東部為期六個月的冒險過程中，康拉德因為瘧疾和痢疾反覆發作而神志不清、產生幻覺，為他筆下令人難忘的非洲最大森林增添了幾分韻味。但最重要的是，他的描繪反映他親眼見證了比利時國王利奧波德（King Leopold）的公安軍（Force Publique）拿恐懼來回報他們向剛果原住民索討的橡膠、象牙和黃金，並且剁掉那些沒達到配額的人的手，砍掉膽敢爭論的人的頭。後來，康拉德在描述殖民者暴行時，指稱這一切是「最下流卑劣的戰利品搶奪，扭曲了人類良知及地理探索的歷史」。

當初在康拉德可怕惡夢中響起的「奇怪咒語」，說服了時年二十九歲的英國人類學家科林．特恩布爾（Colin Turnbull），在六十年後的一九五三年造訪剛果北部的伊圖里森林（Ituri Forest）。身為合唱樂樂迷，特恩布爾對他在當地姆巴提人歌曲錄音中聽到的複雜、層疊、多聲部的和聲很感興趣，想聽他們的現場表演。

一九五三至五八年間，特恩布爾曾三度到伊圖里森林長待。康拉德在森林不停歇的「聲音瀑布」中只感受到「復仇的黑暗」，特恩布爾卻為這些歌頌「美妙世界」的「熱情讚歌」陶醉不已。他解釋，對姆巴提人而言，這座森林一點也不黑暗、抑鬱或險惡；他們堅信這座森林是孕育他們的「父母」，慷慨賜與他們「食物、水、衣物、溫暖和關愛」，而且偶爾會用蜂蜜之類的香甜美食寵壞他們這些「森林之子」。

「這支民族在森林中找到了某種東西，讓他們毫不保留地擁抱人生，」特恩布爾解釋道，「儘管生活有許多艱辛、困難和悲劇，這東西讓每一天仍是充滿歡樂與幸福，而且自由自在的美妙生活。」[1]

回國後，特恩布爾按照規定完成了一部學術專著。但他最重要的著作《森林人：剛果人民研究》（*The Forest People: A Study of the People of the Congo*）絕非如副標題所暗示的嚴謹鉅著。他對姆巴提人生活的抒情描述，掀開了康拉德罩住這座森林的陰鬱面紗，引起美國及英國讀者的共鳴，有一陣子還成為超級暢銷書。作品的成功使特恩布爾短暫出盡鋒頭，登上了雜誌的人物特寫專欄，也參加了日間電視訪談節目，不過卻沒有為他贏得太多人類學家同儕的讚美。有些人討厭他在商業上的成就，宣稱他是個極度民粹主義者。他們彼此之間竊竊私語，說特恩布爾是個浪漫主義者，讀他的作品只會認識他燃燒的熱情，無助於一窺姆巴提人森林世界的究竟。還有一些人雖然稱讚他，欣賞他對姆巴提人生活既感性又富有同情心的紀錄，但不認為他的作品有重大學術價值。特恩布爾不特別為此感到困擾，因為他不是很在意同行的批評，而是比較在意當他公開他的同志身分，而他的伴侶是與他不同種族的人，並且兩人一同在維吉尼亞州某個保守小鎮安頓下來時，鄰居們說的那些八卦。

特恩布爾筆下的姆巴提人生活，令人開始關注採集者特有的深層邏輯——正是這些邏輯形塑了他們對資源稀缺性與工作的看法。首先，特恩布爾的描述揭露採集社會特有的「共享」經濟，其實是他們與自然環境關係的有機延伸。就像他們生活的自然環境與他們分享食物，他們也和彼此分享食物和物品。再來，他的描述也透露，除了姆巴提人的欲望很少，能輕易獲得滿足之外，他們對環境的庇祐充滿信心，而這樣的信念支撐著他們的採集經濟。

即便到了二十世紀，除了姆巴提人以外，還有許多採集者在森林陰影下將自然環境視為慷慨且慈愛的父母。在喀麥隆以西數百英里處，其他俾格米人如巴卡人（Baka）和比亞卡人（Biaka）也是如此看待大自然，此外還有住在森林的採集者，像是印度喀拉拉邦（Kerala Province）的納亞卡人（Nayaka）和馬來西亞中部的巴泰克人（Batek）。

生活在比熱帶森林更開放、不像子宮那樣具有完好生長條件的環境中的狩獵採集者，並不總是把自己描述為深受大地寵愛、餵養與保護的「孩子」。但他們在各自所處的環境裡，也看見了他們心目中的神靈之手和其他超自然存在，會和他們分享食物和其他有用的東西。例如，許多澳洲原住民至今仍堅信，原始靈住在神聖的河流、山丘、森林和死水潭，並且在世界創生的「夢創時代」（Dream Time），透過歌唱創造了大地。北方游牧民族，包括許多因紐特社會（其中一些因紐特人繼續在迅速融化的北極圈邊緣以狩獵為生），他們相信駝鹿、馴鹿、海象、海豹和其他他們賴以維生的動物不僅有靈魂，而且也無私地將牠們的肉和器官當食物提供給人類，用牠們的毛皮為人類保暖。

按照森林裡的狩獵採集者的標準，喀拉哈里沙漠的採集者對環境抱持大抵世俗的看法。這反映他們對神的複雜感情，他們認為神並不特別親切、慷慨，甚至對人類事務也不感興趣。但即便如此，芎瓦西人仍對其環境的庇佑有足夠信心而從來不儲存食物，也不會採集超過滿足其當下需求所需的食物。根據可靠紀錄，幾乎所有生活在溫帶與熱帶氣候的小規模狩獵採集社會，都對積累過剩食物和儲存食物不感興趣。因此，即便某種野生水果或蔬菜進入成熟期，他們也不會採摘超過一天能吃完的量，而且會不以為意地將短期內不需要的蔬果留下、任其腐爛。

這行為令農耕社會、後來的殖民與政府官員，以及定期與狩獵採集者接觸的經濟發展工作者感到困惑。對他們來說，種植與儲存食物是使人類不同於其他動物之處。他們不能理解，若有短期內過剩的食物，為什麼狩獵採集者不善加利用機會，在此刻多加把勁，讓未來更有保障？

這些問題最終得到一九八〇年代初期一位人類學家的回答。他曾在一九六〇年代，和另一群二十世紀狩獵採集者「哈德札族」一起生活和工作，他們的部落位於東非裂谷塞倫蓋提高原（Serengeti Plateau）的埃亞西湖（Lake Eyasi）附近。

有些哈德札族長老堅稱，他們最古老的祖先是從天上的仙界降臨到人間。但他們不確定老祖宗是從一隻特別高的長頸鹿的脖子滑落到陸地上，還是從一棵巨大猴麵包樹的粗壯樹枝上爬下來的。不論何者為真，他們不是非常在乎，而考古學家和人類學家也不太確定這個古老東非採集民族的起源。基因體分析顯示，他們是該區域的異類，屬於可追溯到數萬年前的古老狩獵採集血統。他們在語言學上也是該區域的異類，該區多數人講的語言和約三千年前擴展到東非及其他地方的第一批農業人口相關。他們的語言有複雜的音位，其中包括一些科伊桑語獨有的搭嘴音，而這暗示他們和非洲南部原住民族之間有著直接但非常古老的語言學連結。哈德札族的大草原環境也不像喀拉哈里北部那麼嚴酷，而且水源更充足。儘管如此，

他們傳統上會組成規模相當的諸多群體，並且像芎瓦西人一樣，在季節性營地之間移動。

和非洲南部的採集者芎瓦西人相反，哈德札族保有的土地使用面積，足以讓他們不理會那些希望他們放棄採集、融入坦尚尼亞主流生計與市場農業經濟的政府官員。因此，今天許多哈德札族仍主要仰賴狩獵與採集，而埃亞西湖成了一塊磁鐵，吸引想更了解人類演化史中營養、工作和能量之間的關係的科學家。

一九五七年夏天，詹姆斯．伍德伯恩（James Woodburn）爬上塞倫蓋提高原，來到埃亞西湖岸邊，成為了第一位與哈德札族建立長期關係的社會人類學家。在一九六〇年代，他也是率先復興狩獵採集者研究的年輕人類學家中，最有影響力的一個。就像李一樣，他對用弓箭狩獵的哈德札族幾乎不費吹灰之力就能養活自己感到震驚。一九六〇年代初期，他將哈德札族形容成十足的賭棍，每次都是小額小額地賭（例如他們弓箭的箭頭），老想著在碰運氣的遊戲中比輸贏，幾乎完全不關心他們的下一頓飯在哪裡。他還指出，就像芎瓦西人，他們很輕易就能滿足自身的營養需求，「不需要太多努力、深謀遠慮，或者是設備和組織系統」。[2]

到了二〇〇〇年代初，在準備退休之前，伍德伯恩已花了近半世紀的時間，往返於埃亞西湖和他教授社會人類學的倫敦經濟學院。哈德札族令他感興趣的眾多事情之一，不是他們覓食的時間少之又少，而是他們從未動念收成超過當天所需的食物，從不費心儲存食物——

這點也和芎瓦西人如出一轍。他在那裡待的時間越長，越相信這種短期思維是理解像他們這樣的社會為何如此平等、穩定和永續發展的關鍵。

「人們從他們的勞動中獲得直接而即刻的回饋，」他解釋道，「他們出去打獵或採集，在當天把食物吃光，或是隨意地在接下來幾天內吃完。食物既沒經過精心加工，也不會被儲存起來。他們使用相對簡單、好攜帶、實用、容易獲得、可替代的工具和武器。製作這些工具和武器需要技巧，不過不需要投入大量勞力。」[3]

伍德伯恩形容，哈德札族擁有一種「立即報酬經濟」（immediate return economy），並拿這和工業與農業社會的「延遲報酬經濟」（delayed return economy）對比。[4]他指出，在延遲報酬經濟中，勞動力幾乎總是主要專注於滿足未來的回報，這就是芎瓦西人及姆巴提人之類的群體和農業及工業化社會的區別，也是他們和大型且複雜的狩獵採集社會（像是在美國西北海岸的社會，那裡的海域盛產鮭魚）之間的區別。

伍德伯恩對於理解某些社會如何從立即報酬經濟轉變為延遲報酬經濟，不是特別感興趣。此外，他也不太在乎這個轉變如何影響我們對工作的態度。真正令他著迷的事實是，所有行立即報酬經濟的社會都摒棄階級制度，沒有酋長、領袖或制度性的權威人物，而且不容忍個人之間出現明顯的物質財富差異。他的結論是，採集者對工作的態度，不僅取決於他們對環境庇佑的信心，也是由社會規範和習俗促成，而這些規範和習俗確保食物及其他物質資源的平均分配。換句話說，沒有人能凌駕於其他人之上，而且對群體來說，最重要的事情就是「要求共享」（demand-sharing）。

——

到了二十世紀下半葉，世界上的採集社會越來越少見，於是許多人類學家親自前往那些社會，與當地人一同生活。起初，東道主自然大方地向人類學家請求給予食物、禮物、工具、鍋碗瓢盆、肥皂和衣服。這是令他們感到安心的舉動，讓他們在嘗試適應一開始感覺格格不入的陌生世界時，覺得自己是有用的、受歡迎的。但不久後，這些人類學家開始咬牙切齒起來。因為他們目睹糧食存貨被其東道主吃光了，藥盒裡的藥丸、膏藥、繃帶和藥膏也迅速被清空，而且幾天前還屬於自己的衣服，現在則被穿在別人身上。

這種被主人利用的感覺通常是暫時的，不過這種感覺也往往會被放大，因為他們覺得物質資源只有單向流動——也就是說，他們一直送東西給當地人，自己卻沒有獲得回饋。此外，這種感受也經常因為對方沒有表達他們習慣的一些社交禮貌而更加強烈。這些人類學家很快學習到，採集者不會在對彼此要求食物或物品時，說「請」、「謝謝」，也不會以肢體語言來表達人與人之間義務與感激之情，儘管在多數其他地方，這些都是人們在請求、給予和接受他人好意的過程中很重要的一部分。

有些人類學家難以適應採集生活的節奏，於是未曾真正擺脫自己被利用的感覺。但多數人很快就對控制食物和其他資源在人與人之間流動的邏輯，有了更直觀的理解，從而放鬆地融入新的世界。在那裡，主導給予和接受的社會規則，在某些方面和他們長大時學到的規則截然相反。他們逐漸看清，沒有人認為直截了當地向別人索討有任何不禮貌之處，反倒是拒絕他人的要求會被認為是極度無禮的事，而且這麼做往往會被視為自私之舉並招來嚴厲指控，甚至可能引來拳腳相向。

這些人類學家也迅速了解到，在採集社會中，無論是誰，只要擁有值得分享的東西，都會面臨類似要求。這也是為什麼他們會收到這麼多請求的原因所在：即使研究預算微薄，這些人類學家在物質方面仍然比每個採集者主人都要富有。換句話說，在這些社會中，分享的義務沒有止盡，你贈送東西的數量，取決於你相對於其他人擁有的東西的數量。因此，在採集社會中，總有一些人特別有生產力、比其他人貢獻的更多，也有一些人常被稱為「白吃白喝的人」或「寄生蟲」（那些說長道短的政治人物和大惑不解的經濟學家也是這麼說的）。

人類學家尼可拉斯．彼得森（Nicolas Peterson）曾在一九八〇年代和澳洲北部阿納姆地（Arnhem Land）的雍古族原住民（Yolngu Aboriginal）採集者共同生活過一段時間，並且將他們的分配物資的慣例描述為「要求共享」。[5]此後，這個用語便持續為人沿用，如今被用來描述以接受者索求、而不是施予者提議為基礎，來分享食物與物品的所有社會。或許唯有在狩獵採集經濟中，要求共享才是物質資源在人與人之間流動的主要方式，但要求共享的現象並不是這種社會獨有的現象。在特定脈絡下，它也是其他社會用來重新分配食物與其他物品的重要機制。

不過，當時的人類學家並非全都同意「要求共享」是描述這個在社會內部重新分配財產的模式的最佳術語。尼可拉斯．布樂頓—瓊斯（Nicholas Blurton-Jones）是在一九七〇和八〇年代來到喀拉哈里沙漠的社會人類學家之一，他在此進行了一系列短期的研究計畫。他建議，或許把要求共享想成「被容許的偷竊」（tolerated theft）更為貼切。[6]

當我們許多人瞪著薪資單，發現有多少血汗錢被稅務人員挪用時，心中或許就會將這種事視作「被容許的偷竊」。但即使正規徵稅具有和要求共享類似的再分配目的，「基於共識的要求共享」大概是對國家層級稅收制度更好的描述——至少在運作良好的民主國家是如此。在要求共享的關係中，施予者與接受者關係密切，但國家稅收系統採取匿名制，而且是以冷酷的國家權力為後盾，即使讓它拿走人民的錢的終極權力來自獲得公民授權的政府。

當我問要求共享是否能被描述為一種「偷竊」時，芎瓦西人聽了震驚不已。在他們看來，偷竊是指未經詢問的拿取。他們還指出，當他們還過著自由自在的採集生活時，偷別人的東西毫無意義。如果你有想要的東西，提出要求就可以了。

我們有時會用「被容許的偷竊」或「白吃白喝的人」這樣的用語，描述在「寄生經濟」中謀生的人——也就是那些靠收租、放貸過活的人，或是土財主、乘人之危謀利的人，以及其他常被醜化為從老百姓錢包裡把錢偷走的壞人角色。這不是前所未見的現象。從古至今，人們經常把課稅比作偷竊或敲詐勒索。尤其收入被挪用來維持國王和貪官汙吏的奢侈生活和自負野心時，我們很難擺脫稅收其實是一種偷竊的想法。然而，如果稅收被一個社會用於維護所有成員的共同利益，並確保社會不至於滋生收入不平等的問題，那麼對稅收做出指控就是難上加難。

市場資本主義者和社會主義者都對「白吃白喝的人」抱持同樣的不滿；只不過，他們各自把敵意對準了不同類型的不勞而獲者。因此，社會主義者妖魔化遊手好閒的富人，資本主義者則傾向奚落遊手好閒的窮人。今天，持各種政治立場的人都會區分製造者和接受者、生產者和寄生蟲，即便他們對分類的定義或有不同，但態度卻是一致的。這可能顯示在我們的社會中，勤勞和懶散之間的衝突普遍存在。不過，既然在注重要求共享的採集者之間，這些區別被認為相對不重要，代表這個衝突擁有比較晚近的起源。

對於堅信物質平等和個人自由相互矛盾且不可調和的人而言，芎瓦西人這樣的採集社會讓他們頭疼。這是因為，要求共享的社會既是高度個人主義的社會，其中沒有人受制於其他任何人的強制權威，但它同時也是極度平等的社會。藉由授予個人自發向其他人徵稅的權利，這些社會首先確保了物質財富最終總是被相當平均地分配完成；其次，無論工作效率如何，每個人都有東西可以吃；第三，稀有或珍貴的物品廣泛流通，任何人都可以自由取用；最後，人們沒理由浪費精力去累積比其他人更多的物質財富，因為這樣做沒有實際意義。

在不同的狩獵採集社會中，形塑要求共享的規範與規則都有所不同。舉例來說，在從事採集的芎瓦西人之間，要求共享受到一系列關於「合理性」的微妙規則的調節。沒有人會期望別人讓出比他們吃進肚子裡的分量還要更多的食物，也沒有人會合理地期望某人將他唯一擁有的衣服讓出來。此外，他們的社會還有關於誰可以在什麼時候、在什麼情況下、向誰索取什麼的一長串禁令與規定。而且，由於人人都清楚這些規則，人們很少提出不合理的要求。同樣重要的是，即使他們可能會後悔，但從沒有人會因為被要求分享而不滿。

芎瓦西人還有另一個更為正式的送禮制度，適用於珠寶、服裝或樂器等物品，但這制度的運作是根據另一套不同的規則。這項制度將人們凝聚成跨越所有小圈子或家族的互惠情感網絡。值得注意的是，沒有人會長期持有在這個制度下獲贈的任何禮物。重要的是送禮的行為。在這個送禮制度之下的一項樂趣在於，人們收到的任何禮物很快就會被重新轉贈給其他人，而其他人也必定會將禮物再傳出去。最終結果就是，任何一項禮物，例如一條鴕鳥蛋殼製成的項鍊，在其他人的手裡輾轉流傳數年之後，可能會回到它的製作者手裡。

羨慕（envy）和嫉妒（jealousy）給人們留下的印象素來不佳。畢竟，它們屬於「七原罪」，而且根據托馬斯・阿奎那（Thomas Aquinas）在《神學概論》（*Summa Theologiae*）中的說法，它們是「心的汙染」。不僅只有天主教堅定批評這些人類最自私的特點，各大宗教似乎都同意，地獄裡有個地方專收那些被「綠眼怪獸」①控制的人。

有些語言會區分羨慕和嫉妒。在多數歐洲語言中，羨慕是人們在渴求或欣賞他人的成功、財富或好運時出現的感覺；嫉妒則是和強烈的負面情緒有關，這種情緒促使我們保護自己的既有的財產免受他人侵害。但實際上，這兩個詞對我們多數人而言是互通的。因此，它們無法被簡潔明瞭地轉譯到其他語言中，也就不足為奇了。舉例來說，在芎瓦西語中，羨慕和忌妒兩詞是沒有差異的，精通英語或阿非利卡語的芎瓦西人則只用「嫉妒」一詞來指代兩者。

我們不難看出演化心理學家為何難以將嫉妒這樣的自私特質，和人類其他的社會性特質彼此調和。同樣地，我們也很能理解達爾文為何認為具有高度社會性的昆蟲的合作行為，是個「特殊麻煩」，而且擔心這對他的演化論有潛在的「致命性」。[7]

從個體層面來看，人類的自私情緒為演化帶來的優點可說是顯而易見。它除了幫助我們在資源稀缺時維持生命，還使我們活躍地尋找性伴侶，從而提高生存及成功傳遞個體基因的機會。我們經常看到這種情況發生在其他物種身上，因此可以合理假設，羨慕和嫉妒在我們心中激起的類似情緒，也會在其他動物互鬥以建立社會等級秩序，或是獲得取用食物、性伴侶的優先權時，如洪流般通過牠們的神經突觸。

可是，智人也是一種具備社會性和高度合作性的物種。我們非常適應與人合作。每個人也都從慘痛的親身經驗中學到，自利的短期好處，幾乎總是被長期的社會成本壓過去。

破解人類自私本能與社會本能之衝突的奧祕，並非演化心理學家獨占的領域。自從人類演化祖先裡有人動了念，猶豫著要不要從年紀較小的手足嘴裡搶食物，這就成了人們普遍關注的事。你想像得到的每種藝術媒材都曾傳達這個衝突，而且它在神學家和哲學家之間引發數不盡的爭論和討論。這衝突也存在現代經濟學家常用的複雜定理、細長圖表和強韌方程式的背後。倘若經濟學主要處理我們開發來分配稀缺資源的制度，那麼資源就永遠都稀缺——這是因為人人都想把它據為己有，也因為要維持社會良好運作，我們需要遵守社會規則以便資源能公平分配。即使當代經濟學家鮮少有人在作品中明確提及這項非常根本的衝突，但啟

① 譯注：英國劇作家莎士比亞在《奧賽羅》（*Othello*）中將嫉妒比喻成「綠眼怪獸」。

蒙時期的哲學家亞當斯密動筆撰寫被後世公認為現代經濟學奠基之作時，他最在意的就是這項衝突。

自從亞當斯密於一七九〇年去世以來，史學家、神學家和經濟學家不停地翻閱他的著作，想釐清他是不是有宗教信仰的人。多數人同意，假如亞當斯密真有信仰，他充其量只是位不冷不熱的信徒，總是會先透過理性、而不是教條，來理解周遭的世界。即便如此，他顯然確信世上存在一些人類可以描述與分析、但無從具體解釋的奧祕。

亞當斯密認為，人類基本上是一種自私的生物。他相信「人只在乎自己的利益」。可是他也相信，當人為自己的利益行事，所有人有時候都會因而莫名受益，就好像有「一隻看不見的手」指導著他們的行動。這隻手比「人」更有效率地促進社會利益，即便人們真的有意造福社會，其效率也無法超越這隻手。亞當斯密這個推理的參照點是十八世紀歐洲的市集城鎮（market town），那裡的貿易商、製造商和商人努力創造個人財富，但他們的共同努力也豐富了他們的城鎮和社區。這導致亞當斯密總結，不受監管干預的自由企業，將在無意間為所有人創造財富，從而確保「生活必需品被平均分配」，而且「如果土地是被分割成許多等分，以分配給所有的居民，這就是有可能達成的事」。

亞當斯密既沒有義無反顧地擁護人類自私的本性，也沒有像使徒一樣推崇不受監管的市場，儘管他最嚴厲的批評者和最狂熱的粉絲，分別將他描繪成上述兩種形象。而且，即使目前仍有些人將亞當斯密的「看不見的手」奉為圭臬，卻沒有多少人會為其並未與時俱進的解讀做出辯護。亞當斯密本人想必會搶先承認，他在思考自利商業行為造成的意外好處時，他所想像的「商人和小販」居住的世界，和今天擁有複雜衍生性金融商品且資產價值不斷膨脹的當代經濟世界，是兩個截然不同的環境。事實上，根據他的哲學著作，我們不難想像他肯定會支持美國的〈休曼反壟斷法案〉（Sherman Act）這類東西。這是一八九〇年，即亞當斯密去世一個世紀後，由美國國會一致通過的法案，目的在於打破鐵路與石油的壟斷，這些壟斷現象在當時正緩慢但持續地扼殺美國工業的生命。

但諷刺的是，即使亞當斯密所說的看不見的手不太適用於晚期資本主義，自私和嫉妒在採集社會中的社會角色卻顯示，他相信人人追逐私利就可以確保「生活必需品」得到最公平的分配的看法是正確的，儘管只限於小規模的遊群社會（band societies）②。因為在苪瓦西人

② 譯注：人類學家在談論人類政治社會組織時，一般分為由小到大的「遊群」（band）、部落（tribe）、酋邦（chiefdom）以及國家（state）四種，最小的遊群由親屬組成。

這樣的社會裡，由羨慕驅動的要求分享，確保「生活必需品的分配」比任何市場經濟的分配情況更加公正。

換句話說，像芎瓦西人這類採集者的「極端平等主義」（fierce egalitarianism），是在高度個人主義、流動的小規模社會中，人們代表自身利益彼此互動的有機結果。這些社會沒有統治者、沒有正式法律，也沒有正式制度。這是因為在小規模的採集社會，自利總是受到如影隨形的「嫉妒」所監督，而這確保人人都得到應得的分額，而且個人會根據公平與否來調節他們的欲望。它還確保具有天生領袖魅力的人，非常謹慎小心地運用他們與生俱來的權威。因為在要求共享之外，狩獵採集者用來維護其「極端平等主義」的武器就是嘲弄。在芎瓦西社會，以及許多其他有充分文獻記載的狩獵採集社會，人人都被公正地賦予了嘲弄他人的權利，雖然這種嘲弄往往很尖銳、刀刀見骨，但幾乎都不是惡毒的、惡意的或刻薄的。

在階層社會中，德不配位的惡霸往往會嘲弄他人。但嘲弄也是弱者的工具，是一種公開批評掌權者並要求他們負起責任的手段。在芎瓦西社會中，「侮辱獵人捕到的肉」的傳統慣例，就是最好例子。

芎瓦西採集者認為，脂肪、骨髓、肉類和內臟是所有食物中「最強的」食物。肉類富含採集而來的堅果、根莖類和水果有所不足的能量、維生素、蛋白質和礦物質，因此吃肉以及無肉可食，都是少數可能讓他們之中最冷靜的人失去平常心的一件事。

這也意味著，當獵人將肉帶回營地，他們從不期待、也從未得到讚揚。相反地，他們預期自己狩獵的成果會受到嘲弄，而且前來分食的人會抱怨說獵物太瘦了，或是說不管獵人帶回來的成果多了不起，也一定不夠分給每個人。就獵人而言，眾人期待他在呈現獵物時幾乎要心懷慚愧，而且對自己的成就始終保持謙遜。

苪瓦西人解釋，他們這樣做是出於對獵人的「嫉妒」，也擔心如果某些人經常負責分發肉食，可能會獲得過多的政治資本或社會資本。

「當一名年輕人捕獲很多獵物，他會開始覺得自己是首領或大人物，而且認為其他人都是他的僕人或手下，」一位口才特別好的苪瓦西男子向李解釋道，「這是我們不能接受的……所以我們總是把他獵到的肉嫌棄得一文不值。如此一來，我們就可以澆熄他的狂妄，讓他冷靜下來。」[8]

被侮辱，哪怕只是半開玩笑的隨口說說，並不是優秀獵人必須為其辛勞與狩獵技術付出的唯一代價。

由於肉食能激發如此強烈的情緒，人們在分配它的時候格外小心。假如獵物體型相當龐大，每個人都可以隨心所欲地吃肉吃到飽，就沒有分配的問題。可是假如分量不夠分給每個人，誰分到什麼部位、分到多少量，就成了一大挑戰。雖然獵人一向根據行之有年的既有標準程序來分配肉類，不過有人可能會對自己得到的分額感到失望，從而用嫉妒的語言來表達這些情緒。雖然肉食吞下肚時使人狂喜無比，獵人常認為分肉壓力給人的困擾簡直大到不值得。

芎瓦西人有另一個處理這問題的祕技。他們堅稱，肉的實際所有者並不是獵人，而是擁有殺死動物的箭頭的人，而後者也是要負責分配肉的人。絕大多數時候，這個人會是某個獵人。但活躍進取的獵人向意興闌珊的獵人借箭頭，就為了擺脫分肉的負擔，絕不是什麼不尋常的事。此外，這也代表老人、近視的人、有著先天性畸形足的人和懶惰的人，偶爾也有機會成為眾人關注的焦點。

並非每個有充分記載的狩獵採集社會，都像芎瓦西族或哈德札族一樣厭惡階級制度。

大約十二萬年前，有些智人冒險穿越非洲和亞洲之間的陸橋（今天被蘇伊士運河一分為二），到中東地區另立門戶。我們目前仍不確定這些人口後來是在什麼時間點從氣候溫暖的地帶擴張到中歐與亞洲。但取自古代骨骼與牙齒的基因體顯示，大約在六萬五千年前，現代智人開始移動並擴張，使得除了非洲人口以外，大部分人口的基因組成都來自現代智人。當時是末次冰期的高峰，全球的平均氣溫比今天低了五度，而且冬季冰原迅速向南擴張，將整個斯堪地那維亞、大部分亞洲和北部歐洲（包括不列顛半島和愛爾蘭）蠶食鯨吞，結果導致一些地方的苔原延伸到法國南部，而現代義大利的大部分地區、伊比利半島和蔚藍海岸（Côte d'Azur）則更像是東亞寒冷的乾草原，而不是像今天這樣陽光普照的旅遊勝地。

同樣的基因體數據也顯示，這波擴張潮的先遣部隊首先朝日出的方向前進，最終在四萬五千到六萬年前之間的某個時間點抵達澳洲。向西和向北擴張到冰封歐陸的速度則要慢得多，這代表一直到約四萬兩千年前，伊比利半島都還是由尼安德塔人獨占。[9] 一如美洲之於過去三個世紀的歐洲移民，美洲對我們的智人祖先也是全新的世界。當第一批現代人類在一萬六千年前遷徙到北美，現代人類已經在非洲南部生活與覓食超過二十七萬五千年了。就像許多後來踏上新世界土地的人一樣，第一批美洲人可能是搭船來的。[10]

部分在歐洲、亞洲及其他偏溫帶氣候帶地區定居的採集者，其生活、工作和組織社會的方式大致和他們的非洲表親相似。但也有例外情況。

相較於在潮濕的熱帶和亞熱帶氣候的非洲及其他地區採集者，在相對嚴寒的氣候帶定居下來的人更能感受到顯著的季節更迭。這使他們不得不採取不同的工作型態，至少一年中有部分時間得如此。有些人類學家認為，在某些方面，他們一定更像美國西北岸那些更為複雜的狩獵採集社會，像是約四千四百年前開始出現、一直蓬勃發展到十九世紀晚期的夸夸嘉夸族、海岸薩利希語族和辛西安族（Tsimshian）。他們優雅的雪松長屋和村莊通常是數百人的家園，而且曾點綴著太平洋沿岸的海灣和入海口。從北邊的阿拉斯加，穿過加拿大不列顛哥倫比亞省和美國華盛頓州，再到俄勒岡州，他們的雕刻圖騰守護著隔開星羅棋布的島嶼和美洲大陸腹地的水道網。除了這些社會同樣以狩獵、採集和捕魚養活自己，而且也相信環境的慷慨餽贈之外，他們與夸瓦西族這類採集者，幾乎沒有明顯的共同之處。不管他們是否被稱作「複雜的狩獵採集者」或「行延遲報酬經濟的狩獵採集者」，他們其實更像某些最具生產力的「農耕社會」。他們住在大型的永久聚落、儲存大量食物，而且非常專注於提升社會地位（透過大手筆贈送禮物之舉）。他們之所以這樣做，是因為他們居住的地方有極為豐富的季節性食物來源，例如從春季盛產至秋季的漿果、蘑菇和香蒲。但使一切變得不同的，是他們對海鮮的喜愛和捕魚的技能。

在一整年的時間裡，他們吃從海中捕撈到的黑鱈魚、龍躉魚、角鯊、比目魚、鯛魚、貝類和鰈魚，以及來自內陸河流和湖泊的鱒魚和鱘魚。在這裡，鯡魚和蠟魚這種富含油脂的魚類，會成群結隊游到離岸幾英里處的海域，而且每年從初夏到秋季都會有五種鮭魚朝當地河流洄游產卵，數量高達數百萬條。短短幾週之內，人們就可以捕獲十足驚人的漁獲量，並且能夠保存起來，足以供應他們吃到隔年。因此，正是因為環境如此豐饒，他們才拋棄了夸瓦西族這類採集者的撙節態度。

他們的漁場有明確的季節性，因此在絕大多數月份，這些社會裡的人花大把的時間精力發展豐厚的藝術傳統、玩政治遊戲、舉行精心策劃的儀典，以及主辦奢華的盛宴——誇富宴

（potlatch）。在這種宴會上，主人會試圖以慷慨的贈禮行為把其他人比下去。它反映主人在物質上的富裕程度，也經常被人描繪成炫耀財富之舉，有時甚至會出現象徵性地損毀財產的行為，包括焚燒船隻和殺奴作為慶祝。當客人乘著滿載魚油、精美編織毯、曲木箱和銅盤等贈禮的獨木舟回家，主人通常會開始結算自己為提供足以換取渴求地位的奢華贈禮而帶來的可觀債務。

目前，沒有跡象顯示約五萬年前起在亞洲中部、北部，以及歐洲定居的採集者，在物質先進的程度上，是否接近西元前一五〇〇年至十九世紀晚期在北美洲西北海岸蓬勃發展的文明。我們不懷疑他們居住的環境是永久性的大型社區。但我們可以有把握地說，他們和北美洲西北海岸的人相似，所做的工作也有很明確的季節性，而這就代表他們組織社會的方式和生活在溫暖氣候帶的小規模採集者很不一樣。

首先，定居在亞洲酷寒大草原這類地方的人，必須比非洲採集者做更多工作才能生存。他們不能一年四季光著身子走動或睡在星空下。為了度過漫長的冬天，他們必須精心製作服飾和耐穿的鞋，並且為了生火而蒐集更多的燃料薪柴。他們還得尋找或建造足以抵禦冬季暴風雪的堅固庇護所。

因此，建造近乎永久性結構與住宅的最古老證據，就出自人類在末次冰期最天寒地凍那些年（大概介於二萬九千年和一萬四千年前之間）落腳的最寒冷之處。在烏克蘭、摩拉維亞、捷克共和國和波蘭南部等地的遺址，人們發現了以數百根沉重、乾燥的猛獁象骨搭建而成的堅固圓頂。在過去，這些圓頂很可能以獸皮覆蓋，使其防風、防水。它們當中最大的一座的直徑超過六公尺，而建造圓頂需投入的大量精力，暗示其製造者每年都會回來居住。目前已挖掘到的最古老遺跡，被證實建於兩萬三千年前；不過我們有充分理由相信，類似結構也被搭建在其他地方，很可能是使用了耐用程度不如猛獁象骨的材料，如木頭。

生活在這樣的環境中，人們不僅必須做更多的工作，而且必須以不同的方式組織他們的工作時間，至少在一年中的部分時候得如此。他們準備過冬時得做的規畫，遠遠多過非洲採集者。搭建一間以猛獁象骨建成的房子，並用生皮將獸皮綁在上面，絕不是第一場冬季風暴侵襲之後就能做完的事情，狩獵和準備獸皮與皮毛做冬季服裝也不是。對他們而言，全年靠隨興工作幾個小時找新鮮食物果腹，也是不切實際、甚至不可能的事。在大地被冰雪覆蓋的數個月裡，採集幾乎不可能，狩獵也變得更加不可預測。可是，連續好幾個月生活在鋪天蓋地的冰凍環境，也有一些好處。這代表食物不會腐爛，因此在第一波霜降期間宰殺的肉，可能幾個月後開始融雪時仍可食用。而若不是為了創造剩餘糧食，我們很難理解為什麼證據顯示他們會例行性地捕獵猛獁象這種危險的龐然大物。

嚴冬期間，人們生活和工作的節奏，隨著氣溫漸冷而緩了下來。除了偶爾打獵或為補充薪柴庫存而出行，他們大概很多時候都是蜷縮在火堆旁。忙碌的頭腦把注意力分散在故事、儀式、歌曲和薩滿通靈旅程。靈活的手指則會在培養與掌握新技能的過程中得到滿足。考古學家和人類學家曾認定，歐洲與亞洲藝品的繁榮暗示智人跨越了關鍵的認知門檻，但這種繁榮很可能就是漫長冬季帶來的產物，而且不太可能只是巧合。此外，這些藝術創作許多都是在遮風避雨的洞穴內部、在火光的照耀下繪製而成，例如法國肖維岩洞（Chauvet Cave）的牆壁上、已有三萬兩千年歷史的猛獁象、野馬、洞熊、犀牛、獅子和鹿的濕壁畫；但在非洲與澳洲這些地方發掘的壁畫，往往位於比較會受風吹雨淋的地方，也不太可能只是碰巧。

有很多證據說明了過去的人們在冬天圍著火堆所做的事情，譬如歐亞各地遺址就出土了古老的骨頭、鹿角和猛獁象牙雕刻，以及構思巧妙的精密珠寶。其中最著名的，是在德國霍倫斯坦—施泰德洞穴（Hohlenstein-Stadel）發現的世上最古老具象雕塑，也就是「獅人」（*Löwenmensch*）。這尊雕塑可以追溯至三萬五千至四萬年前；它提醒我們，採集者不僅認為自己與動物鄰居的關係在存在意義上是流動的，而且他們已經開發並掌握了一系列技術與工具，來處理使用象牙媒材時會遇到的問題。

不過，有關這些人等待最艱苦的冬天過去時都在忙些什麼，線索則出自一九五〇年代在俄羅斯城市弗拉基米爾（Vladimir）東緣的克里亞濟馬河（Klyazma River）泥濘河岸發現的松吉遺址（Sunghir）。除了石器和其他更常見的零碎發現，考古學家還挖到了幾座墳墓。其中最引人注目的，莫過於同時埋著兩名小男孩的華麗墳塚；他們約在三萬到三萬四千年前的某個時候被一起埋葬，身旁擺著一根截彎取直的猛獁象牙長矛，身上的衣服飾有近一萬顆精心雕琢的猛獁象牙珠，以及一條用從一百多隻狐狸頭骨拔下的牙齒裝飾的腰帶。

由於考古學家估計光是雕刻這些象牙珠可能就要花費長達一萬小時（約相當於一個人全職工作五年，每週工作四十小時），有些人認為這兩名男孩肯定擁有類似貴族的地位，因此其墳塚就暗示了這些採集者之間存在形式上的不平等。[11] 但這充其量證實了制度性階級可能存在，畢竟像芎瓦西族這樣的平等主義採集社會，也能製作出精美程度相當的物品。可是，製作猛獁象牙珠和其他物品需要花的時間和技能顯示，他們和北美洲西北海岸的原住民一樣，整年的工作週期會隨著季節變化，而在冬季，人們常將精力集中在更具藝術性的室內愛好。

透過偶爾儲存食物，並配合顯著的季節更迭來安排一整年不同時期的工作，歐洲和亞洲的採集人口邁出了重要的一步，開始發展某種更著眼於長期、注重未來的工作模式。在這個過程中，他們也逐漸形成了一種截然不同的心態來面對資源稀缺，而這種態度在某些重要面向上形塑了當代人經濟生活。然而，即使他們比住在溫暖氣候帶的採集者更需要未雨綢繆，他們對環境（或者說隨著季節變化的環境）的庇佑，依然相當有信心，認為大自然仍舊會慷慨地贈予食糧。有點諷刺的是，人類其實是直到一萬八千年前地球開始變暖時，才開始在糧食生產方面跨出決定性的第一步。這奠定了人類物種的基礎，也使人類的能量足跡和對工作的執念水漲船高。

第三部

田間裡的勞苦

Toiling in the Fields

第七章

跳下懸崖的考古學家

就像多數同時代的人一樣，柴爾德沒有理由相信澳洲原住民這樣的小規模狩獵採集者，可能過著相對愜意的生活，也難以想像自然環境會永遠慷慨地提供食物。因此，他從來不曾看出，當他深信自己不再能透過工作有所貢獻而感到莫大空虛時，這種感覺其實是人類擁抱農業而產生的文化與經濟變化所導致的。

一九五七年十月十九日星期六晚上，一群登山客在通過澳洲藍山（Blue Mountains）戈維特斷層（Govett's Leap）附近的懸崖之際，發現了一副眼鏡、一根菸斗、一個指南針和一頂帽子，全都整齊地擺在摺好的麥金托什雨衣上[①]。事後證實，這些物品的主人是不久前剛退休、古裡古怪的國際知名考古學家維爾・戈登・柴爾德教授（Professor Vere Gordon Childe）。他下榻在附近的卡林頓飯店（Carrington Hotel），他的司機在當天稍早已向警方通報他失蹤的消息，因為他早上到山區健行後，沒有依約和要載他去赴午餐邀約的司機會合。最後，有關當局派出搜救隊，在戈維特斷層約一百五十公尺下方的岩石帶找到了教授的屍體。經過簡短調查，地方法醫總結這是一起令人遺憾的意外：近視的教授因為沒戴眼鏡而不慎失足、墜崖喪命。

二十三年後，法醫的結論被證明是錯的。

入住卡林頓飯店的一年前，六十四歲的柴爾德剛告別了漫長而卓越的學術生涯；他先是在愛丁堡大學擔任考古學教授，後來轉到倫敦大學考古研究所擔任所長。從戈維特斷層墜下的幾天前，柴爾德寫信給接任其所長職位的教授威廉・格蘭姆斯（William Grimes）。柴爾德要求格蘭姆斯將信件內容保密至少十年，以避免任何是非紛擾。格蘭姆斯尊重他的要求，依約保密，直到一九八〇年才揭露柴爾德的祕密——他將這封信寄給一流考古學期刊《古物》（*Antiquity*），由後者將信件全文完整刊出。[1]

「歧視自殺是毫不理性的。」柴爾德在信中對格蘭姆斯說道，「事實上，刻意結束自己的生命，是智人有別於其他動物的特質，甚至比埋葬死者的儀式更獨特。在山崖行走，意外可能輕易且自然而然地發生在我身上。」此外，他還說補充說道：「生命在安樂壯盛的時候結束，最是善終。」

退休後得靠微薄退休金過孤獨生活的可能性，多少影響了終其一生堅守單身的柴爾德做出自我了結的決定。不過，重要的是，他在給格蘭姆斯的信寫下了冷靜的沉思，表達生活一旦無所事事將毫無意義。他在信中抒發己見，認為老年人不過是搾取年輕人精力與辛勞的寄生食利者。他也毫不同情持續工作不歇、亟欲證明自己還有用的長者。他深信，這些人是進步之路的障礙，而且剝奪了「更年輕、更有效率的後進」升遷的機會。

一八九二年出生於雪梨的柴爾德，是兩次世界大戰期間最重要的史前史學家，學術生涯期間共發表了數百篇具有影響力的論文和二十本專著。但到了六十四歲的時候，他沮喪地認定自己不再能「做出更多有用的學術貢獻」，而且他的許多學術工作，從後見之明的角度來看，都是白費心血。

「我其實害怕證據的天秤不會倒向我所擁護的理論，甚至會倒向那些我強烈反對的理

---

① 譯注：得名於發明防水材料的蘇格蘭化學家查爾斯·麥金托什（Charles Mackintosh）。

論。」他如此坦承道。

在柴爾德的生涯中，「革命」一詞占據重要分量，而自殺可說是他最後的革命之舉。身為公開的馬克思主義者，他在青年時期曾盼望一戰的大屠殺能加速帝國時代的終結，並激發一場席捲全球的共產主義革命，因而使他在家鄉澳洲受到許多人的排擠。同樣的觀點也導致他後來被禁止入境美國，而且英國安全局軍情五處（MI5）也將他列為「嫌疑人士」，並定期監控他的書面通信。但他最具革命性的作品，來自不具太多政治煽動性的史前史領域。他率先提出，人類的老祖宗從狩獵與採集社會到農耕社會的過渡，造成了極其深遠的轉變，應該被視為一次「革命」，而不僅僅是一次「變革」。這就是他在整個學術生涯持續累積並擴大的觀點，不過這個觀點在他一九三六年出版的《人類創造了自己》（*Man Makes Himself*）中陳述得最為清晰，這本書也是他最重要的代表作。

在他考古生涯的絕大部分期間，考古學家使用的主要工具是小鏟子、筆刷、桶子、篩子、巴拿馬帽，以及他們的想像力。在邁向生命盡頭之前，柴爾德越來越擔心自己最棒的一些想法，日後將被證明毫無學術價值可言。當時，考古學家已經開始更常和地理學家、氣候學家及生態學家合作，而且他們的研究發現透露，人類從狩獵採集過渡到農耕的故事，遠比他在《人類創造了自己》中描述的要複雜得多。而且，本來被他視為人類採行農耕才帶來的許多結果，如今看來很可能其實是採行農耕的原因——譬如，他先前認為人們住進永久聚落，是從事農耕後才發生的事，但這種聚居實際上卻是讓人們發展農耕的誘因。

不過，柴爾德評估從宏觀歷史的角度來看，過渡到農耕社會這件事，和發生在其之前或之後的任何變革同樣重大，倒是一點也沒錯。真要挑剔的話，他甚至是低估了這項轉變的重要性。因為儘管過去和日後受科技驅使而來的變革，譬如從學會用火到發明內燃機，都大幅地增加了人類能利用並投入到工作中的總能量，農業革命不僅促使人口迅速成長，而且從根本上改變了人們和周遭世界相處的方式，包括他們如何看待自己在宇宙中的地位，以及他們和神、土地、外在環境，以及和他人之間的關係。

柴爾德對文化不是很感興趣，至少沒像社會人類學領域的同事們那樣感興趣。此外，就像多數同時代的人一樣，他沒有理由相信澳洲原住民這樣的小規模狩獵採集者，可能過著相對愜意的生活，也難以想像自然環境會永遠慷慨地提供食物。因此，他從來不曾看出，當他深信自己不再能透過工作有所貢獻而感到莫大空虛時，這種感覺其實是人類擁抱農業而產生的文化與經濟變化所導致的。此外，他也不曾想像，他之所以對如何籌措退休生活所需資金感到焦慮，其實是受到了支撐經濟體系的種種假設的影響，像是聲稱懶惰是罪行而勤奮是美德等觀念。但這些想法無非是人類社會從採集轉變成農耕時帶來的副產品，並非人類永恆奮鬥的一部分。

英國軍情五處的人員翻閱柴爾德的考古發掘報告，試圖從他的通信中尋找密謀暗號。對他們而言，「革命」二字令人聯想到叛國陰謀。但對柴爾德的大學同事而言，這兩個字只會令他們聯想到性質截然不同的事：柴爾德曾提出知名理論，但這個理論存在一些矛盾，最終默不吭聲地在自身矛盾的重壓下崩解，讓位給各種試圖解決老問題的新理論。

對照人類數百萬年的歷史來看，從採集到糧食生產的過渡，其革命性完全不輸在這之前或之後的任何一種轉變，因為它改變了人們生活的方式、對世界的看法、工作的方式，而且迅速增加了人類能獲取

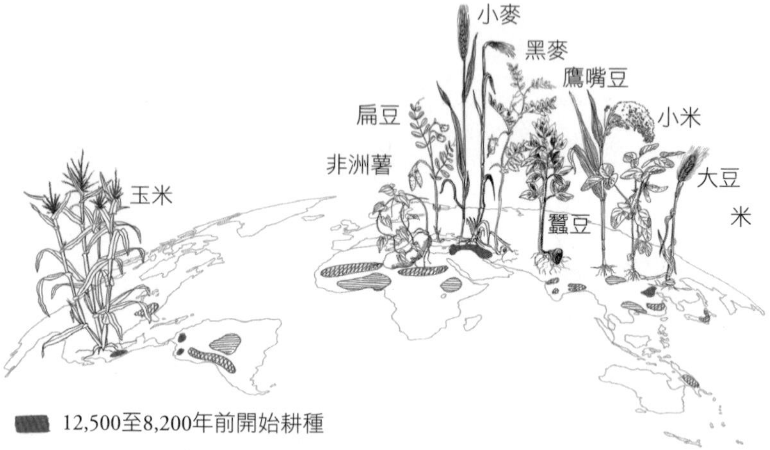

12,500至8,200年前開始耕種

8,200至4,200年前開始耕種

其他早期耕種地點（年份不詳）

植物馴化的各個獨立中心

與投入工作的能量。從漫長的演化史來看，這一切彷彿發生在眨眼之間，但參與這場革命的人，沒有一個認為自己在做特別了不起的事。畢竟，對照個人壽命、甚至連續幾個世代的時間跨度，採行農耕是漸進發生的轉變。在這段過程中，人類和一大批動植物將彼此的命運緩慢但更加緊密地捆綁在一起，並因而徹底改變了彼此。

自一萬多年前開始，在亞洲、非洲、大洋洲和美洲至少十一處不同的地點，有一連串互不相關的群體，先後在五千年之內開始種植一些農作物，並飼養各式各樣的家畜。關於這一切為何近乎同步發生，又怎麼有辦法同步發生，至今仍是個謎。這也許是驚人的巧合。不過，更可能的情況是，這個乍看相當不可思議的匯流，是由一系列氣候、環境、文化、人口，甚至是演化的驅動因素催化而生。[2]

關於植物的馴化，最古老的鐵證出現在黎凡特地區（the Levant）的平緩谷地與連綿丘陵。黎凡特是橫跨今日巴勒斯坦、黎巴嫩、敘利亞和土耳其的地區，那裡的人約從一萬兩千五百年前開始嘗試耕作野生小麥和鷹嘴豆等豆類，而大約在一萬一千年前，部分馴化的小麥品種也出現在考古紀錄中。撇除最晚從一萬四千七百年起（甚至可能更早）就和人類扯上關係的狗，[3]有關動物被系統性地馴化的最古老證據來自中東地區。證據充分顯示，那裡的人在約一萬零五百年前，開始飼養及放牧山羊與綿羊。另一個超級古老的農業熔爐則是中國；自一萬一千年前，長江、黃河和西遼河氾濫平原的居民，就開始種植小米和養豬。幾千年後，他們也開始耕作今天東亞最重要的區域性主食的原生種，像是大豆和稻米。[4]

農業經過四千年的發展，才成為中東各地居民的主要維生策略。至此，諸如大麥、扁豆、豌豆、蠶豆、鷹嘴豆、小麥、豬、牛、山羊和綿羊等重要的動植物，已將牠們的命運和栽培、飼育和食用牠們的飲食男女繫在一起了。[5]大約也是在這個時候，農業開始在其他地方登臺亮相；到了六千年前的時候，務農在亞洲、阿拉伯半島，以及整個美洲的許多地方，已經成為一種相當成熟的維生策略。

納圖夫人（Natufians）被認為是史上第一支有系統地嘗試農耕的民族。但我們不知道他們說什麼語言，也不知道他們怎麼稱呼自己。這群人生活在一萬兩千五百年到九千五百年前的中東地區，而他們古色古香的名字源自一名在工作的世界中相當近代的先驅。和柴爾德同齡的考古學家桃樂絲．加洛德（Dorothy Garrod）在一個名為納圖夫乾谷（Wadi al Natuf，位於當時的英屬巴勒斯坦託管地）考古遺址挖掘到此文化的相關證據，便用此地名替納圖夫人取名。

一九一三年，加洛德成為第一位從劍橋大學獲得歷史學學位的女性。多年後，她重拾因協助英國參與一戰而中斷的學業，取得牛津大學考古學與人類學的研究生資格，於是下定決心要成為一名田野考古學家。不出所料，她想加入重要發掘團隊的嘗試處處碰釘子。彼時的考古田野現場，是嘴刁菸斗、渾身散發琴酒氣味的男性專屬的領地，他們認為女性天生無法應付在陌生國度的荒涼遺址從事挖掘的艱苦。

輕聲細語、處變不驚的加洛德不認為自己是女性主義者，但她深信女性完全能夠勝任在田野的艱苦生活，一點也不會輸給男性同儕。加洛德離開牛津大學後，到巴黎師從法國考古學家阿貝・布勒伊（Abbé Breuil），並跟著他學習了兩年，而布勒伊也相信女性能勝任田野工作。一九二五年和一九二六年，布勒伊連續兩年都派加洛德代表他到直布羅陀率領一連串的小型發掘工作。回到巴黎後，男性同儕得知她成功取出並重新拼裝如今赫赫有名的尼安德塔人顱骨「惡魔塔之子」（Devil's Tower Child）之後，也只好百般不情願地承認她的確學有專精。

隨著她坐穩了一流發掘者的名聲，加洛德在一九二八年受邀代表美國史前研究學院（American School of Prehistoric Research）和英國人類學學院耶路撒冷分部（British School of Anthropology in Jerusalem）[②]率領一系列在迦密山（Mount Carmel）山區及周邊的新挖掘

② 譯注：一九一九年成立，一九九八年和安曼英國考古與歷史研究院（British Institute at Amman for Archaeology and History）合併，組成黎凡特英國研究協會（Council for British Research in the Levant）。二〇〇一年以專攻新石器時代肥沃月灣的英國考古學家凱瑟琳・肯揚（Kathleen Kenyon）為名，更名為肯揚研究院（The Kenyon Institute）。

計畫。她打破傳統，為迦密山計畫集結了一支幾乎是全女性的團隊，其中有不少隊員招募自當地巴勒斯坦村莊。自一九二九年起的五年裡，她總共主持了迦密山山區及周邊的十二次重大發掘，並在過程中率先使用空拍攝影輔助挖掘。她的工作成果發表在一九三七年出版的《迦密山的石器時代》（*The Stone Age of Mount Carmel*），由她與另一位打破性別刻板印象的考古學家桃樂希雅・貝茲（Dorothea Bates）合著。

《迦密山的石器時代》可謂開天闢地之作。過去從沒有任何研究，掌握了某一地點前後跨越近五十萬年人類歷史的連續考古次序，也從沒有研究同時收錄一系列關於尼安德塔人與智人群體的考古資料。但最重要的是，這部作品率先提出，迦密山周邊地區在一萬兩千年前左右形成了一個獨立的區域文化，而且這個文化就是農業文化的推手。

加洛德從一九三九年開始於劍橋大學考古學系任教，一直到一九五二年才退休。在這裡擔任教授期間，她喜歡在一天結束之際，到她所居住的紐納姆學院（Newnham College）教員交誼廳，來杯雪利酒或琴酒，而這也是學院晚餐前的慣例。對於這件往事，今天的劍橋大學考古系已經沒人記得了。身為劍橋大學第一位女性教授，在忍受部分男同事的冷嘲熱諷一

整天後，她肯定經常需要喝上一杯。但她提出的理論說明，納圖夫人對人類過渡到農業社會發揮了關鍵作用，而且越來越多新的證據也支持了她的看法。其中還有證據顯示，納圖夫人很可能也是史上第一支會在工作一天後靠喝酒放鬆的民族。學者分析從納圖夫人使用的杵臼取出的微量化學殘留物，發現這些杵臼不僅用於將小麥、大麥和亞麻搗成可以烘焙簡單無酵麵包的粉末，[6]同時也被納圖夫人用來發酵穀物及釀造啤酒。

證明納圖夫人為狂熱釀酒師的研究人員相信，啤酒的發現加速了納圖夫人擁抱農業，從而促成了穀物的定期生產，以便用於釀酒。這些推測的正確性大概都八九不離十。此外，研究人員認為納圖夫人主要是為了儀式而釀製啤酒，這可能也是正確的判斷。[7]

但考古學家和人類學家經常急著為世俗現象增添神聖光環，尤其是和性與毒品扯上關係的時候。就好像一些知名壁畫說穿了其實是隱晦的情色作品，納圖夫人可能是出於和多數現代人一樣的原因而喝啤酒。

納圖夫人的那些依靠採集維生的祖先想必不會喝啤酒。不過，他們是懂得隨機應變、技術嫻熟的採集者，平時食用超過一百種植物，其中包括小麥、大麥、[8]野生葡萄、杏仁和橄欖。他們大概也不像芎瓦西人之類的族群，只專注於滿足當下迫切的需求。黎凡特地區在末次冰期期間有明顯的四季變化，意味著即使當時那裡的居民一年中絕大多數時間都靠採集過活，他們在一年中的某些時期，還是要比其他時期更努力工作，以獲得少量的剩餘食物，幫助他們挺過黑暗寒冬。

有些未有定論、但令人訝異的新證據顯示，大約在兩萬三千年前，至少有一個理論上極富創新精神的社會，於加利利海（Sea of Galilee）③附近進行了一些早期的耕種實驗。這顯示和芎瓦西人這類民族相比，黎凡特地區的採集者有比較明顯的延遲報酬心態。很不幸的是，對這群人而言，考古證據也顯示他們的農耕實驗唯一的成果，就是加速了至今仍困擾小麥農民的雜草品種的進化。[9]

儘管有早期人類的糧食生產實驗，但在當前這個溫暖的間冰期（interglacial period）開始之前，穀物不被認為是納圖夫人祖先飲食中的重要成分。在當時，黎凡特地區的野生小麥、大麥和黑麥並不特別多產，而且產出的穀物少得可憐，有時幾乎不值得人們特別花力氣去收割然後脫粒。這些植物得等到氣候發生顯著且相對突然的變化之後，產量才會開始有所提升，將其命運和偶不時前來收割它們的人類繫在一起。

關於將氣候變遷和人類採行農耕彼此掛鉤的理論，其中比較著名的基本上都是基於以下假設：在一萬八千年前到八千年前之間，也就是最後一次寒冷的冰期緩慢過渡到當前溫暖的

間冰期時，催生了一系列生態變化，進而讓一些存在已久的狩獵採集群體陷入可怕的困境。提出這些理論的人相信需要是發明之母，因此受到衝擊的採集者在熟悉的主食被新物種取代的情況下，他們別無選擇，只能嘗試新策略以求生存。自此之後，一系列相關領域的最新研究相繼肯定，氣候變遷引起的糧食短缺，在推動部分群體踏上糧食生產之路發揮了重要作用。但這些研究同時主張，氣候變遷導致環境變得豐饒一事，在這個過程中也發揮了重要作用。

地球目前正處於第五個主要冰河時期，稱為「第四紀冰河時期」（Quaternary Ice Age）。第四紀冰河期始於約兩百五十八萬年前，那時北極冰蓋逐漸形成，但這個冰期的特點是在較為短暫的溫暖「間冰期」和寒冷「冰期」之間發生週期性變化。在冰期時，全球平均氣溫比間冰期低了約攝氏五度，而且由於大量的水被鎖在冰蓋中，因此氣候也明顯乾燥許多。冰期一般會持續約十萬年，但間冰期是短暫的，只會持續一萬到兩萬年（我們目前就處在間冰期）。從冰期結束開始計算，全球氣溫通常也需要長達一萬年之久，才能攀升到歷史上溫暖間冰期的平均水準。

在過去，太陽黑子活動、宇宙輻射、火山爆發和天體碰撞，都曾在改變地球氣候的微妙

---

③ 譯注：加利利海是以色列最大的內陸淡水湖。

平衡上發揮影響。迷戀化石燃料的人類，絕不是史上第一個或唯一一個巨幅改變大氣成分，導致氣候徹底翻轉的生物。我們對氣候產生的衝擊，和在大氧化事件期間吞噬二氧化碳的藍綠藻相比，完全是小巫見大巫。大氧化事件之後，早期地球才開始出現大量呼吸氧氣的生命。但地球之所以在嚴寒的冰期和較溫和的間冰期之間波動，主要是因為地軸飄移的變化（地球自轉時會緩慢地搖擺），以及被其他大型天體引力牽動，導致繞行太陽的軌跡發生了變化。

大約在一萬八千年前，由於這些週期的匯合，地球進入了當前這個相較暖和的時期。但還要再過三千三百年，人們才會發現環境出現了根本的變化。在短短幾十年裡，格陵蘭島的氣溫突然飆升攝氏十五度，是足以融化冰河的增溫幅度。南歐的氣溫則上升了攝氏五度，雖然增幅較小，但仍帶來了翻天覆地的變化。這段快速暖化的時期及隨後的兩千年，被稱為「博林與阿勒羅德間冰段」（Bolling Allerød Interstadial）④。在這短暫的週期內，中東地區從寒氣逼人的乾燥草原生態系，轉變為溫暖潮濕的溫帶氣候伊甸園，被橡樹、橄欖、杏仁和開心果森林覆蓋，還有充滿野生大麥和小麥的草原；在草原上，數量龐大的一群群瞪羚心滿意足地吃草，一邊留意獅子、獵豹和飢餓的納圖夫人。

但啟發納圖夫人在這段時期擁抱某種原始農業的，不單單是更溫暖潮濕的氣候條件。在冰原退縮的同時，大氣層的成分發生了微小但重大的變化，而相應誕生的環境條件，使小麥等穀物在其他植物品種消亡的情況下得以茁壯。

並非所有植物都以同樣的方式將二氧化碳中的無機碳，轉化成其活細胞內的有機碳基化合物。有些植物，像是小麥、豆類、大麥、稻米和黑麥，利用一種叫做Rubisco（核酮糖-1,5-雙磷酸羧化酶/加氧酶）的酵素，「綁架」路過的二氧化碳分子，然後將它們代謝成有機化合物。不過，Rubisco綁架分子的手法笨拙，總是偶不時地誤把氧分子抓來當人質——這個過程稱為「光呼吸」（photorespiration）。這是個代價高昂的失誤。它浪費了投入製造Rubisco的能量和營養，並且給植物增加生長過程的機會成本。Rubisco和氧結合的頻率，大致和空氣中氧之於二氧化碳的數量成正比。基於這個原因，生物學家口中的這些C 3型植物，對大氣中的二氧化碳變化特別敏感，因為一旦大氣層中的二氧化碳比例增加，其光合作用率就會隨之提升，光呼吸率則隨之下降。相較之下，占所有植物種類總數四分之一的C 4型植物，譬如甘蔗和小米，在代謝二氧化碳方面是比較井然有序的。它們已經演化出一系列的機制，以確保自己不會將能量浪費在光呼吸上。它們的表現比較不受二氧化碳濃度微量增加的影響，可是會在二氧化碳濃度降低時，勝過C 3型植物。

---

④ 譯注：間冰段指的是冰期內的一段溫暖時期，時間長度和溫度都不足以被認定為間冰期。一般而言，間冰段持續數千年，間冰期則會持續超過萬年。

科學家對格陵蘭冰芯的分析顯示，大氣層中的二氧化碳在末次冰期結束時驟增。這個過程刺激C3型植物的光合作用率提升百分之二十五至五十，促使它們長得更大，在爭奪土壤養分的競賽中超越了C4型植物。[10]這又連帶刺激土壤的氮濃度增加，進一步推進C3型植物的生長。[11]隨著中東地區氣候變暖，許多C3型植物品種欣欣向榮，最明顯的是包括小麥、大麥、扁豆、杏仁和開心果在內的各種穀類、豆科植物和會結果的樹；與此同時，那些比較適應寒冷氣候條件的許多植物品種則逐漸奄奄一息。

益發暖和的氣候，以及二氧化碳濃度較高的大氣，使某些人類本來熟悉的糧食品種消失，但也同步提升了其他植物的生產力。這就使得當地人口在什麼也沒做的情況下，變得越來越仰賴種類不如以往多、但更為多產的少數幾種植物。

採集者都是機會主義者，因此對納圖夫人而言，溫暖的博林與阿勒羅德間冰段時期為他們提供了一個付出較少努力就能吃得好的機會。這段期間，夏天變得比較溫暖愜意，冬天不再那麼嚴酷，降雨的頻率增加，而且糧食產量也大幅增加，以至於接下來幾個世紀，很多納圖夫人歡欣鼓舞地拋棄祖先們過去不得不採行的移居生活，擁抱起在小村莊永久定居的生

活。有些納圖夫人甚至大費周章地蓋起牢固的乾砌石牆住所，並在嵌入式的石砌壁爐周圍鋪上鵝卵石——這就是地球上發現最古老、由人類特意建造的永久性建築。這些村莊附近的墓地暗示，人類在這些地方定居的時間綿延了好幾代人。定居生活也代表納圖夫人比過去的人更樂於花時間與精力蓋房子，以及使用過去在營地遷徙時會變得難以攜帶的笨重工具。在這些工具當中，最重要的就是那些非常重的石灰岩與玄武岩杵，被人們拿來研磨穀物、搗爛根莖類，而且似乎還可以用來釀啤酒。

在四處都是食物的情況下，納圖夫人也得以發展出其他技術。納圖夫文化考古遺址出土的精美石器和骨器、充滿情色意味的石雕，以及優雅珠寶，顯示他們很樂意花時間美化工具、房屋和個人外貌。我們對他們吟唱的歌曲、創作的音樂或信仰一無所知，但假如他們會費心確保逝者以華麗裝扮踏進來世，他們的生活中想必也不乏種種儀式。

墓葬還揭露關於納圖夫人生活的另一個重要線索。骨骼與牙齒的骨學分析證明，納圖夫人沒有遭遇系統性的飲食匱乏，也沒有承受和早期農業社會程度相當的長期飲食逆境。骨學分析也顯示，納圖夫人不必應付太多繁重的體力勞動，特別是和後來的農業人口相比。即便如此，納圖夫人似乎還是有一些躲不掉的難題。從骨學證據看來，住在永久聚落的納圖夫人鮮少活過三十多歲，而這可能是因為他們還沒有掌握生活在定居村莊不可或缺的一些具體衛生要求。

在這段時期，納圖夫人依舊熱中於狩獵，經常食用原牛（auroch，現代牛隻的特大號祖先）、野羊、瘢羊和野驢。他們也吃蛇、松貂、野兔和陸龜，也會從約旦河抓淡水魚，並沿著河岸捕捉水禽。但散落在納圖夫考古遺址上的成堆瞪羚骨骸暗示，瞪羚是他們最喜歡的蛋白質來源。此外，考古學家還發現了一些帶有凹槽的石頭，除了被用來拉直木箭桿之外，沒有其他明顯用途。納圖夫人愛吃瞪羚這件事，也表示他們已精通獵殺這種動物的箭術，畢竟瞪羚是速度最快且警覺性最高的有蹄類動物。非洲南部和東部的採集者非常清楚，若沒有好的拋射武器，幾乎不可能獵捕到瞪羚這樣的動物。

野生小麥的糧食產量遠低於現代馴化的品種，這就是為什麼消費者食用以「古代穀物」（ancient grains）烘焙而成的麵包，必須口袋夠深。但與多數其他野生糧食植物相比，野生穀類植物的產量極高。現代小麥的其中一個老祖宗「二粒小麥」（emmer wheat），在合適的條件下，每公頃產量最高可達三點五公噸，但每公頃一至一點五公噸是比較普遍的產量。「單粒小麥」（Einkorn）是某些現代小麥的另一個祖先，每公頃產量最高可達兩公噸。

植物農業學家傑克・哈蘭（Jack Harlan）是重視維護植物多樣性的先行者。一九六〇年代，他在土耳其東南部旅行時，因為在卡拉卡火山（Karacadag）的矮坡偶然發現「大片原始野生小麥」，興起了做些實驗的念頭。他想知道，生活在古代的中東狩獵採集者，一小時內可以從這樣的麥田裡收穫多少小麥。

在一項實驗中，哈蘭測量他能徒手收割多少野生小麥。在另一個實驗中，他則測量用一把木柄燧石鐮刀能收成多少。實驗中使用的木柄燧石鐮刀，和大概三十年前加洛德發掘的那些類似。徒手收割時，他能在一個小時內收穫兩公斤的穀物。在徒手脫粒前，先以鐮刀收割，則能將收成量再增加百分之二十五。他指出，用鐮刀收割可以減少浪費，但最重要的是可以避免他柔嫩的「都市人雙手」摩擦破皮。憑著這個實驗的結果，他總結，認為「一個家族從卡拉卡山山腳附近開始收割，並隨季節更迭漸次朝上坡推進……在為期三週或再更長一點的時間裡，不用非常努力，就能輕鬆收成……一家人一整年都吃不完的穀物」。[12]

如果說芎瓦西人這樣的採集者，過著一種不富裕卻豐足的生活，是因為他們的簡樸欲望很容易滿足，並且生活在一個向來只可

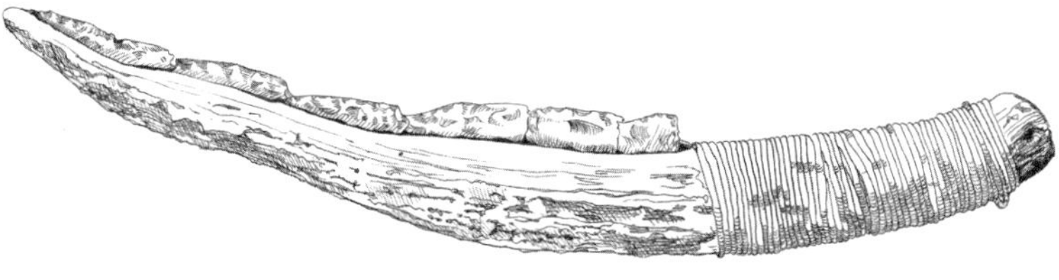

納圖夫石頭鐮刀的復原圖

能持續滿足簡樸欲望的環境，那麼納圖夫人的富足生活，則是奠基在更大的物質豐盈之上。

他們周遭環境每公頃的自然生產力，有段時間幾乎和後來人口多很多的農業社會一樣高。但重點是，納圖夫人不用工作得那麼辛苦。當未來種植穀物的農夫被農作的週期困住，必須在特定季節翻犁、種植、灌溉、除草、收割和加工作物，納圖夫人只是漫步到既有的野生小麥田，進行收割與加工處理。但這份豐足有季節性。納圖夫人必須為未來的收成淡季做準備，因此在收成與儲存額外糧食的時期，會比其他時候要忙得多。發現納圖夫人釀造啤酒證據的考古學家，還在納圖夫人使用過的一些大型石臼中發現微量植物殘留，顯示這些石臼早在一萬三千年前就被用於儲存穀物。此外，納圖夫人很有可能是在儲存糧食的過程中意外發現了啤酒。[13]

考古學家的發現可能是早期納圖夫人儲存糧食的唯一證據，無可爭辯。但這並不代表納圖夫人沒有找到其他儲存和及保存食物的方法。例如，有證據顯示，他們用黃麻、洋麻、亞麻和漢麻的植物纖維製作籃子，只不過這些纖維早已腐爛成灰了。在一些納圖夫石屋的鵝卵石地板上發現的獨特坑洞，也可能是某種食物儲藏室。此外，考慮到他們獵殺了大量瞪羚，想必偶爾會保存肉類，而且大概是用風乾的方式。

穀類和豆科植物絕不是氣候變暖時唯一受惠的植物群，許多其他植物也迅速生長。在這段豐足的時期，納圖夫人大啖數不清的各種塊根、真菌、堅果、樹膠、水果、莖、葉和花。[14]但原先只是隨意食用穀物、喜愛喝酸啤酒的納圖夫人，後來開始集約管理野生穀物並累積大量剩餘糧食。他們之所以這麼做，很可能是受到另一次氣候劇變的影響，而這段時間的天氣就不那麼宜人了。

在博林與阿勒羅德間冰段的頭一千八百年，氣候逐漸變冷，但還不至於讓人覺得一年和一年之間有太大差異。接著，大概在一萬兩千九百年前的某個時候，氣溫驟降。格陵蘭島的平均氣溫在二十年間下降了多達攝氏十度，導致本來已經全速退縮的冰河再次迅速向前推進，苔原重新凍結，冰蓋也開始迅速向南擴張。在極地以外的區域，溫度下降則不那麼劇烈，但帶來的改變卻不小。在歐洲和中東地區的多數地方，許多人肯定覺得世界彷彿一夕之間回到了冰期。

導致了這次氣溫驟降的原因不明，古氣候學家稱之為「新仙女木期」（Younger Dryas）。各式各樣的解釋紛紛出籠，從宇宙超新星破壞了保護地球的臭氧層，到有一顆巨大流星撞擊北美某處，都在可能範圍內。[15]他們也不清楚生態衝擊在不同的地點所帶來的影響有多嚴重。舉例來說，沒有證據顯示大氣層中的二氧化碳濃度在新仙女木期期間降低了，或者它對非洲南部和東部等地有任何影響可言。我們也不確定，在此期間，黎凡特地區是像前一個冰期那樣寒冷乾燥，抑或是寒冷但仍相對潮濕。[16] 毫無疑問的是，漫長寒冬和短暫涼夏的突然回歸讓人十分困擾，導致納圖夫人在過去一千年逐漸習慣的許多重要食用植物的產量大幅下降，而這就導致他們對環境的庇佑，以及一年中大部分時間只專心滿足眼前需求的能力，雙雙失去信心。

我們知道氣溫驟降後不久，納圖夫人便被迫拋棄了他們建立的永久村莊，因為村莊周圍的環境不再能提供足以支撐他們度過一整年的糧食。我們也知道，經過一千三百多年的悲慘天氣之後，氣溫再度驟升，無論升降都來得一樣突然。

但除此之外，我們只能推測納圖夫人如何面對這些變化，更重要的是，他們試圖理解這些變化的努力，如何改變了他們與環境的關係。若以緊接在新仙女木期後的下一個時期的考古資料為例，這些變化影響深遠。

此時，黎凡特地區的採集者對自然環境的永恆庇佑已失去信心，第一個明顯跡象就是，考古學家發現了他們專門建造的糧倉的殘骸，其中最大的糧倉擁有至多可存放高達十噸小麥的儲存區。考古學家在約旦的死海沿岸附近挖到這些遺跡，其年代可追溯至一萬一千五百年前新仙女木期戛然而止的時候。[17] 這些糧倉可不只是簡陋的房間，而是用泥土、石頭和稻草蓋的建築，擁有高架木地板，而且地板還有專門防止害蟲及濕氣的巧妙設計。最值得注意的是，這些糧倉的所在位置緊鄰看起來像糧食分配所的地方。很顯然，這些糧倉並非被自發隨興設立的。即使考古學家尚未發現更古老、更原始的糧倉的證據，他們已經挖掘出來的糧倉，都是經過許多代實驗和調整出來的產物。

但迄今為止，關於某個發生於新仙女木期間的根本變化的證據，最有說服力的是一個比糧倉更大、更野心勃勃，而且展現出來的技術更加熟練的建築。位於土耳其東南部厄倫齊克（Orencik）附近的哥貝克力石陣（Göbekli Tepe）在一九九四年被發現，它是今日已知古代世界最古老的巨型建築，由樓房、房間、巨石和通道組成。哥貝克力石陣的興建始於西元前一萬年，證明了早在此時就曾有一大群人聚在這個地方，協力從事和覓食毫無關聯的大型計畫。

發現哥貝克力石陣遺址的德國考古學家克勞斯・施密特（Klaus Schmidt），曾把它描述成一座「石器時代的動物園」。[18]對一個可以說是最謎樣的史前遺跡而言，這樣的形容不失公允。但施密特將遺址形容成一座動物園，不僅是因為遺址挖出了不盡其數的動物骨骼（其中約有二十一種哺乳類及六十種鳥類，而且被認為是許多豪奢饗宴的剩菜廚餘），也是因為

在這裡有約莫兩百四十塊直立的巨石被仔細地排成雄偉石牆，每一塊上面都雕有動物圖案，包括蠍子、蝰蛇、蜘蛛、蜥蜴、蛇、狐狸、熊、野豬、朱鷺、禿鷹、鬣狗和野驢，集合起來宛如名符其實的古動物方舟。這些動物多數是淺浮雕。不過，當中最吸睛的一些則是深浮雕或單獨站立式的各種大小型雕像。

施密特之所以將哥貝克力石陣類比為動物園，不止是因為這些動物雕刻而已。因為站在每個環型建物中央、管理這些石製野生動物的，是化作成對T形石柱的動物管理員大隊。每一個都有五到七公尺高，最大的重達八噸。這些以精密工藝製成的石灰岩板中，最令人印象深刻的幾個，一看就知道帶有人類的特徵。它們被刻有人類的手臂和手掌，還有裝飾性的腰帶、帶花紋的衣服和纏腰布。

這個巨型建築一點也不簡樸。芎瓦西族等小規模狩獵採集社會，靠嫉妒驅使的嘲諷維繫其堅定的平等主義，但這種嘲諷顯然並未抑制哥貝克力石陣建造者的野心。他們顯然也不把從事覓食工作以外的時間，視為私人享樂的時間。建造這個由蜿蜒通道串連起長方形廳室及壯觀橢圓形圍陣（最大的一個的直徑和倫敦聖保羅大教堂的圓頂相當）而成的複合建築，需要投入可觀的時間、精力、組織規畫，以及最重要的——需要大量的人付出體力勞動。

這座遺址只有一小部分被開挖，但它的實際面積超過九公頃，不僅比英國巨石陣（Stonehenge）的規模大好幾十倍，也比雅典帕德嫩神廟（Parthenon）大上三倍。截至目前

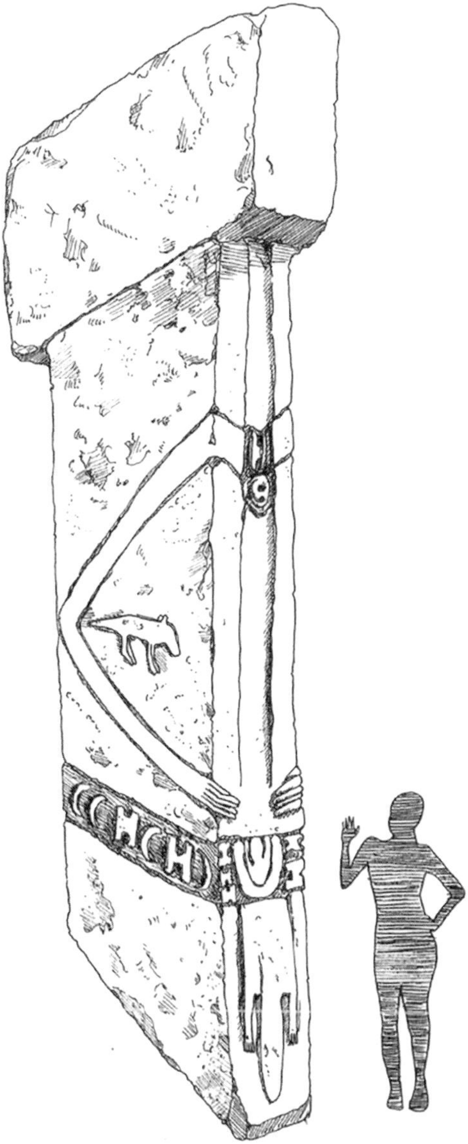

哥貝克力石陣的巨型「動物管理員」

為止，考古學家已挖掘出七個圍陣，而地球物理學調查顯示山丘裡至少還埋藏十三個圍陣。

和許多後來的巨型建築不同，這個建築群是經過多次零碎修築而來的。在為期一千年的時間裡，每隔一段時間就會增加新的圍陣，有些舊的結構被回填，然後在上面蓋新的結構。施工也幾乎可以確定是季節性的，只在冬季月份。而且，有鑑於當時的人活過四十歲要靠運氣，從頭參與較大圍陣興建的人，不太可能活著見證它完工。

在發現哥貝克力石陣之前，關於早期農業社會何以建造紀念建築的說法一直都很簡單。有人認為，這麼巨大的建築既是集約農耕創造剩餘糧食的明證，也是建造者聰明才智和虛榮心的見證，並且彰顯了建築試圖榮耀的眾神或國王的力量。這是因為興建這樣的建築，不僅需要有組織其興建之雄心與力量的領導者，還需要實際做苦工的大量專業與非專業人力。

但是，自從施密特和他的團隊於一九九四年開挖哥貝克力石陣後，這種說法很顯然太過簡單了。施密特和他不斷擴編的考古學家大軍挖掘得越深，完成定年的樣本越多，越是驚覺農業、文化和工作之間的歷史動態，遠比過去任何人想像的還要複雜、有趣得多。他們發現，哥貝克力石陣不是由成熟的農業民族建造的紀念建築。事實上，它的建造始於約一萬一千六百年前，比馴化穀物或動物骨骼出現在考古資料的時間早了一千多年。[19]

像哥貝克力石陣這樣的神祕遺址，很容易被拿來當作支持各種幻想的道具。它被多方人馬分別宣稱為《聖經》中巴別塔的遺跡、記錄登上諾亞方舟的生物的超大型目錄，以及由上帝派來守護伊甸園的古老守護天使監督興建的聖殿建築群。

由於石柱雕刻中有大量的鬣狗、禿鷹和其他食腐動物，再加上最近挖掘出土的一些人類頭骨有被操弄和裝飾的跡象，有些人推測，至少曾經有一段時間，哥貝克力石陣可能是古老的「骷髏崇拜」（skull cult）的基地。[20]考古學家對該遺址的其他可能解釋則徘徊在神聖與世俗之間，神聖如寺廟建築群，世俗如舉辦盛大宴會的古老夜總會。

哥貝克力石陣永遠不會透露它最深處的祕密。不過，至少在人類與工作的關係史上，它的重要性是顯而易見的。哥貝克力石陣不僅是人類第一波農業實驗的明證，它也證明了史上首次有人類獲得足夠的剩餘能量，而得以用連續好幾代的時間，實現一個無關乎獲取更多能量之存亡挑戰的大夢——而且，它將在築夢工人化為塵土後繼續屹立。

哥貝克力石陣在規模和複雜程度上，可能遠不及後來的農業社會建造的金字塔或瑪雅神廟。但它的建造肯定需要類似的複雜分工，以及專業的石匠、藝術家、雕刻師、設計師和木匠，也就是一群需要靠別人餵養的人。換句話說，哥貝克力石陣是人們首次獲得鐵證，得知這個地方的社會中有許多人曾從事類似全職、高度專業化工作。

第八章

盛宴與饑荒

土壤貧瘠、疾病、饑荒及後來部落衝突，是農業社會災難反覆發生的原因。但它們只是短暫拖住了農業興起的腳步。即使面臨種種挑戰，農耕最終還是比採集更具生產力，而且人口幾乎總是能在幾代之內恢復。種種因素都為下一次的崩潰播下了種子，加劇農業人口對資源稀缺的焦慮，也鼓勵他們向新的空間擴張。

在第一塊巨石於哥貝克力山丘被豎起大約兩千年後，數十名、乃至數百名古代安納托利亞人出於不明原因，齊聚到哥貝克力石陣，然後花了好幾個月（甚或好幾年）之久，有計畫性地用碎石和沙子填滿它的每個通道、廳室和圍陣，直到整個石陣變成一座不起眼的小丘。再過幾年，小丘將變得野草叢生，消失在當地本來就高低起伏的地景之中。

採集至少在哥貝克力石陣建成後的一千年期間，仍在古代安納托利亞人生活中扮演重要角色。根據考古資料顯示，起碼在最剛開始的時候，黎凡特地區許多社會對從事糧食生產的想法，哪怕只是很少量的生產，都嗤之以鼻。但漸漸地，隨著中東各地的社會越來越仰賴種植穀物，農田和農場使野生動植物失去棲地，種種轉變之下，即使最堅定的採集者也越來越難以單靠狩獵與採集維持生計。

因此，當哥貝克力石陣在九千六百年前被埋起來時，絕大部分中東地區已蛻變為由許多小型農業聚落和至少一個城鎮聚落所組成的文化網絡。這個城鎮聚落名為「加泰土丘」（Çatalhöyük），位於土耳其中南部，全盛時期據信曾有超過六千位居民。這些聚落的分布從西奈半島（Sinai Peninsula）延伸到土耳其東部，並沿著幼發拉底河和底格里斯河的河岸朝內陸發展。小麥和其他作物的馴化種，以及用於收成、加工和儲存作物的工具，散落在許多這個時期的多個考古遺址中。此外還有綿羊、山羊、牛和豬的骨頭，即使有些完全馴化的牛豬品種獨有的身體特徵，像是某些牛種的背部隆起，僅廣泛出現在考古資料中。[1]還有證據顯示，有些黎凡特人甚至已懂得航海，並在克里特島（Crete）和賽普勒斯（Cyprus）落地生根；日後，這裡將成為農業人口擴張到南歐及其他地區的跳板。

大規模掩埋哥貝克力丘動物管理員巨人，以及其沉默的石頭野生動物群，無疑是一次井井有條的破壞行為，需要耗費的精力不亞於建造者當初在修築時的投入程度。就像黑額織雀，人類似乎對破壞和製造事物都同樣地樂在其中，因此歷史不時被許多類似的重大建築毀壞行為打斷。達伊沙（Daesh）[①]憤怒的年輕人笨拙地炸毀閃族古城帕邁拉（Palmyra，距離哥貝克力石陣僅短短幾小時車程）的寺廟和陵墓，只是歷史上眾多的例子之一。

我們永遠不會知道安納托利亞人用礫石掩埋哥貝克力石陣背後的動機。但如果人們興建哥貝克力石陣，是為了頌讚其建造者在新仙女木期尾聲時，因學會集約管理野生作物，以及累積並儲存剩餘糧食而享有的豐足，我們不禁推測也許兩千年後，他們的後代深信石陣巨石上雕刻的蛇，使他們落入無片刻閒暇的生活，而決定將它摧毀。因為不管怎麼看，早期農業人口的生活都比哥貝克力石陣的建造者更艱苦。事實上，無論在何處耕種，農業人口還要再過數千年才會有足夠的精力、資源或意願，將大量時間投入為他們自己或他們崇拜的神建造

① 譯注：阿拉伯國家對「伊拉克與黎凡特地區伊斯蘭國」（Islamic State of Iraq and the Levant，或稱Islamic State of Iraq and Syria）的阿拉伯文縮寫，其發音近似阿拉伯文中的「踩踏」。

大型紀念碑。

當農業社會的生產力提高，並從周遭環境獲取更多的能量，能量似乎變得更加稀缺，而人們為滿足基本需求，就得加倍努力工作。這是因為直到工業革命之前，即便農民更加努力地工作，加上採用新的科技、技術或作物，以及取得新土地，進而促使生產力提高，但人口總是迅速增長到超過負荷的規模，吞噬了產量提升帶來的效果。因此，儘管農業社會持續擴張，榮景通常轉瞬即逝，而資源稀缺的問題則從採集者久久需要忍受一次的偶發麻煩，演變為一個近乎長期存在的問題。從許多方面來看，生活在化石燃料革命之前的數百代農民，為現代人的長壽和大肚腩付出了代價，因為他們的一生通常比我們短暫、黯淡且艱辛，而且無疑也比靠採集過活的祖先更難熬。

悲慘的長壽人生不一定比快樂的短命人生來得好。即便如此，預期壽命仍是物質寬裕和身體健康的粗略指標。人口統計學家通常使用兩種預期壽命衡量標準：出生時的預期壽命，還有十五歲以後的預期壽命。這兩個數字在工業化之前的所有社會往往相差甚遠，因為分娩時、嬰幼兒期的大量死亡數字，會使總平均暴跌。因此，以靠採集為生的芎瓦西族和哈德札

族為例來看，雖說他們出生時的預期壽命分別為三十六歲和三十四歲，那些平安長大進入青春期的族人若沒活過六十歲，依然會被認為是非常不幸的。[2]

一直到十八世紀，某些地方的人們才開始系統性地記錄出生、死亡和死亡年齡等綜合人口統計數據。率先蒐集這些數據的地方是瑞典、芬蘭和丹麥；正因如此，在許多分析歐洲啟蒙運動和工業革命之際預期壽命變化的許多研究中，都能看到這幾個國家的數據。關於早期農業人口預期壽命的數據更是不完整，因為它們主要來自對從古墓挖掘出土的骨頭的骨學分析。但古墓中的骨頭難以作為可靠的資料來源，一個最主要的原因在於，我們不知道是否人人都享有相同的喪葬權利，因此也不知道從墓地取得的骨頭有多少代表性可言。有些晚近的農業人口會為逝者刻下墓碑銘，有時甚至會留下部分人口普查數據（譬如羅馬行省時期的埃及），但這些數據通常還是不夠完整，只能粗略參考。即使人口統計學家在發表早期農業社會預期壽命的相關聲明時相當謹慎，學界普遍的共識是，在工業革命全速運轉、重大的醫學進步開始產生影響之前，農業革命對延長一般人的壽命毫無作用；而且，相較於芎瓦西族等住在偏遠地區的採集者而言，農耕的出現反而縮短了許多人的壽命。舉例來說，羅馬帝國可說是史上最富裕的農業社會，但一項針對羅馬帝國時期的人體遺骸的綜合研究顯示，活過三十歲對多數羅馬男人就是三生有幸，[3] 而且針對最早被詳實記錄的死亡率數據（來自一七五一至五九年間的瑞典）的分析顯示，芎瓦西族和哈德札族的預期壽命，比即將邁向工業革命初期的歐洲人略長一些。[4]

古代骨骼與牙齒的骨學研究，也能對理解古代人的生活品質提供一些洞悉。這些研究不光顯示早期農民必須比採集者更加努力工作，而且他們用這些繁重的額外付出換來的回報經常微不足道。因此，將養尊處優的少數菁英排除在考慮範圍之外後，就會發現世界各大農業文明的墳塚，直到工業革命之前，都共同講述了一個歷久不衰的故事，關於人類長期營養不良、貧血、不定期陷入饑荒，以及因為從事重複性艱苦勞動導致骨骼變形，並且還要承受多不勝數的工作傷害，有時甚至會致命。加泰土丘藏有最大批的早期農民骨骸。這些骨頭吐露出一幅慘澹的畫面：「在將近一千兩百年的聚居期間……由於社會仰賴並生產經馴化的植物性碳水化合物，得到疾病的機會提高，對勞動的需求提高，人口規模與密度隨生育力提升而增長，壓力也隨工作量加重越滾越大。」[5]

古代農民和採集者都會遇到季節性缺糧的問題。在這些時候，大人和小孩有時會餓著肚子睡著，而且人人都會失去脂肪和肌肉。不過，從更長期的角度來看，農業社會比採集社會更容易爆發嚴重、存亡絕續的饑荒。[6]採集社會的生產力也許比農耕社會低得多，其創造的

能量輸出也遠低於農耕，可是它承擔的風險也小得多。這首先是因為採集者傾向安分地在環境加諸的自然限制內過活，而不是不斷在危險的邊緣徘徊。其次，自給自足的農民通常仰賴一種或兩種主食作物，而採集者即使在最貧瘠、惡劣的環境，也仰賴數十種不同的食物來源，所以通常能藉由調整飲食內容，來適應生態系統本身因應環境條件的變動所發生的變化。一般來說，在複雜的生態系統中，當某年的氣候不適合某種植物生長，幾乎必定會有其他物種非常適合在這條件下生長。可是在農業社會裡，一旦作物因持續乾旱等原因而歉收，農民就大難臨頭了。

對早期農業社會而言，所謂的環境風險並不只限於乾旱、洪水和提前報到的霜期。各種害蟲和病原體也可能毀掉他們的莊稼和牲群。將精力集中在飼養牲口的人很快就會發現，選擇溫馴動物作為主要馴化對象要付出的其中一項成本，就是這些動物很容易進到掠食者的肚子裡，導致得有人近乎不間斷地看顧牠們。這也意味著他們必須為牲口的安全建造圍欄。但他們在夜間將牲口關進擁擠圍欄之舉，無意間加速了大量新的病毒、細菌和真菌病原體的進化與傳播。直至今日，在畜牧業的圈子裡，沒有什麼比口蹄疫或牛胸膜肺炎更容易教人恐慌了。

對耕種者來說，環境中的潛在威脅可以列成更長的清單。和畜牧者一樣，他們也得應付野生動物，但耕種者眼中的潛在麻煩物種，不只是那些想找頓不費功夫的午餐吃的頂層掠食者。譬如，在納米比亞北部的卡萬戈（Kavango）這類地方，耕種者會遇到的害蟲種類遠遠超出老愛打擊都市園藝家士氣的蚜蟲、鳥類、兔子、真菌、蛞蝓和蒼蠅。他們受各種動物所害，其中有些動物的體重超過一噸，最惡名昭彰的要屬大象和河馬；還有像猴子和狒狒等移動快速、動作靈巧且智商較高的動物，牠們總能突破勤奮農夫布設的保護措施。此外，大量饑餓的昆蟲也是一大問題。

在馴化一些作物時，早期農民也成為加速一系列病原體、寄生蟲和害蟲進化的關鍵。天擇幫助牠們適應農民對環境十之八九的干預，並隨著干預而生，然後不出所料地緊跟在農民屁股之後。其中，農民干預環境所帶來的最大影響，就是雜草的出現。雖說植物只是生長在錯誤的地方就會被當作雜草，世上還是有好幾種植物儘管被人類視為不受歡迎的事物，並且遭農民積極根除，仍舊展現了非凡的韌性——哪怕多年來農夫花費數不清的時間、以各種方式毒殺它們，或將它們從土壤中連根拔除。這種生命力可以歸因於它們的適應環境的能力。其中最引人注目的是在中東地區一些可耕地上生長的雜草家族；這些雜草早已遍布世界各地，迅速適應了每一種我們想得到的農業環境，而且已發展出和小麥與大麥的休眠循環相當一致的休眠周期。

早期農民的牲口和作物並非這些新型病原體的唯一受害者。農民也是。他們的牲口在內部搞破壞，悄悄引進了一整批全新的致命病原體到人類社會。目前，由動物傳播、人畜共通的病占所有人類疾病的近百分之六十，以及所有新興疾病的四分之三，這等於造成每年約有二十五億人患病，以及兩百七十萬人死亡。[7]其中一些病原體來自在人類聚落的陰暗角落繁衍不息的老鼠、跳蚤和臭蟲，但多數來自我們賴以取得肉類、牛奶、皮革和雞蛋，或者賴以用來運輸與狩獵的家畜。此外，有點諷刺的是，人類飼養貓來控制蟲害，但貓卻反過來傳播了一些病原體，包括導致胃腸道疾病的大量病原體、引發炭疽和肺結核的細菌性病原體、造成弓形蟲病的寄生蟲，以及引發痲疹和流感等的病毒性病原體。最後，我們食用穿山甲和蝙蝠等野生動物的歷史，也讓人類物種接觸到許多病原體，包括SARS病毒和新型冠狀病毒（SARS-CoV-2）。不同的是，在遙遠的過去，當人口數量少得多且分布範圍廣大時，一但病毒殺死宿主，或是宿主對病原體產生免疫力，相關疾病往往後旋即消失。

現在，這些微生物病原體不像過去那麼神祕了。我們對其中一些也有一定程度的控制力，即使演化一定會使這種控制的效果只是短暫的。但在工業化之前的農業社會中，這些隱形的殺人高手，是憤怒眾神派去造訪人類的死亡天使。然後，彷彿刻意在傷口上灑鹽一樣，由於在工業化之前的農業社會中，人類的飲食通常不太穩定，而且僅以一兩種作物為主，營養不良可說是家常便飯，使他們無法有效抵抗或熬過一些多數營養良好者大概不以為意的疾病。

古代農民面臨的另一個嚴峻環境挑戰是，同一塊土壤無法年復一年地保持穩定收成。對有幸生在沖積平原的農民而言，週期性洪水可以適時恢復表土活力，因此這不是個永久的問題。但對其他地區的人而言，永續發展面臨多重挑戰、教訓殘酷。為了解決問題，他們主要藉由移動到新的、尚未被開發的土地，從而加速了農業在歐洲、印度和東亞的擴張。許多早期農業社會都採用穀物與豆類交替的基本輪種系統，或是偶爾讓某一片田休耕，但按照順序的長週期輪作的好處，要到十八世紀才得到充分確立。正因如此，各地的早期農民在大難臨頭之前，一定都經歷過相同的挫折，亦即儘管氣候條件恰到好處，種子庫存充足，害蟲得到控制，但他們最終還是遇上歉收，不足以維繫來年的生活。

大量的書面紀錄顯示，自古典時代以來，農業社會中發生了許多災難。不過，最初六千年或不識字的農業社會，卻沒有留下類似的紀錄。直到最近，考古學家仍認為類似災難也發生在早期農業社會，因為有證據顯示，古代世界的人口會不由自主崩潰，或者拋棄城鎮、聚落和村莊。但如今，我們已在基因體內發現了這些崩潰的明確證據。舉例來說，歐洲古代和現代基因體的比較分析指出，曾有一系列災難導致四到六成既有人口滅絕，因而大幅降低了他們後代的基因多樣性。這些「種群瓶頸事件」（genetic bottleneck events）[②]顯然隨著農業社會在約七千五百年前擴張而來到中歐各地，然後也在約六千年前進入西北歐。[8]

土壤貧瘠、疾病、饑荒及後來部落衝突，是農業社會災難反覆發生的原因。但它們只是短暫拖住了農業興起的腳步。即使面臨種種挑戰，農耕最終還是比採集更具生產力，而且人口幾乎總是能在幾代之內恢復。種種因素都為下一次的崩潰播下了種子，加劇農業人口對資源稀缺的焦慮，也鼓勵他們向新的空間擴張。

熵的永恆法則是，一個物體的結構越複雜，構建它和維護它所需的工作量就越大。這法則既適用於我們的身體，也適用於我們的社會。就好像將田裡的穀物轉化為麵包需要能量，將黏土轉化為磚塊，再將磚塊轉化為建築物，都需要工作才能達成。因此，某個特定社會在特定時間的複雜性，通常有助於衡量它所獲取的總能量，以及建構和維護此複雜性所需的功。

問題在於，推斷不同社會在人類歷史進程不同時期獲取並用來做工的總能量是困難的，很重要的一個原因在於這取決於能量從哪裡取得、如何取得，以及使用效率高低。研究者鮮少對細節有共識，這一點不足為奇。譬如，究竟羅馬人在帝國鼎盛時期的能源獲取率，是否

---

② 譯注：種群瓶頸指的是某個種群由於突發災難所造成的死亡或不能生育，使得人口總數減少百分之五十以上的事件。種群瓶頸發生後，可能造成種群的滅絕，或種群在恢復後剩下有限的基因多樣性。

大致相當於工業革命前夕的歐洲農民的能源獲取率，抑或是比較接近早期農業國家，仍是眾說紛紜。[9]但研究者普遍同意，人類歷史的特徵是會在既有的能源基礎上加入新的能源，進而使人類獲取的能源連續大幅增加。他們也同意，以人均為基礎來計算的話，我們這些生活在工業化程度較高國家的人所產生的能量足跡（energy footprint），是小規模採集社會人口的約五十倍，而且比多數工業化之前的人類社會高了將近十倍。另一個廣泛的共識是，在人類最初學會用火之後，有兩個過程巨幅擴大了能量獲取率。距離今天較近的，是和工業革命相關、密集開採化石燃料的過程。不過就對工作的影響而言，農耕的發展才是最重要的能量革命。

美國成年人平均每天吃進約三千六百大卡的食物，[10]主要是精製澱粉、蛋白質、脂肪和糖。這遠比維持健康所需的每日建議攝取量兩千至兩千五百大卡要多。儘管我們傾向吞下比對健康有益更多的食物分量，但在我們目前獲取和投入工作的總能量中，來自食物的能量只占一小部分而已。但食品生產所留下的能源足跡又是另一回事。

由於植物需要二氧化碳才能生長，而土壤具有碳固存的能力，所以農業在理論上對氣候的影響是中性的，甚至可能吸收的二氧化碳量多於排放。但實際上，生產食物的過程產生了巨大的能源足跡。如果把系統性砍伐森林和把草原轉變為耕地納入計算，那麼農業現在產生的溫室氣體就占了總排放量的三分之一。其餘溫室氣體排放大多來自肥料的製造和分解，製造和運轉農業機械所需的電力，加工、儲存和運輸食品所需的基礎設施，以及從牲口鼓脹的內臟逸出的大量甲烷。

在現代工業社會，大部分的能源來自燃燒化石燃料，因此碳足跡可說是粗略的能量獲取指標。之所以說是粗略的，是因為我們今天使用的能源，有一小部分來自風力發電之類的「可再生能源」（其比例還在持續增長），而且我們在更有效地使用能源，以及減少熱能淨損失方面，表現得越來越好。這意味著在多數情況下，一磅的煤可以比過去做更多有用的功。

從學會用火到第一次試探性嘗試農業，前後約五十萬年的過程中，人類採集祖先獲取並使用的總能量，沒有很大的變化。一九六三年和李合作的芎瓦西族採集者，和在奇蹟洞穴裡用火取暖的古代人類，兩者的能量獲取率幾無差別。這不代表所有採集者的能量獲取率都一樣，也不代表他們的工作量都一樣。採集民族飲食中的肉類比例，還有他們居住的地方，都會造成差別。舉例來說，三萬五千年前生活在今日俄羅斯境內的松吉遺址、會製作象牙雕刻的採集者，一整年捕獲的總能量，比過去十萬年間任一時期住在溫暖氣候帶的任何採集民族都來得高。他們光是為了維持體溫，就得修築堅固的住所抵禦冬季風暴，製作耐穿的衣服和鞋子，為篝火添加更多燃料，並攝取能量含量更高的食物。也就是說，假如非洲南部與東部的採集者每天從食物中攝取約兩千大卡的能量，以及從其他地方（像是燃料或製作長矛等工具及鴕鳥蛋飾品所需的資源）獲取大概一千大卡的能量，那麼住在天寒地凍北方的採集者大概得捕獲約雙倍的能量，才能度過一年當中最寒冷的幾個月。

儘管今天可供人類食用的糧食產量高得驚人，我們平日常食用的動植物的種類數量卻不多。儘管多數城市人今天可以吃到來自世界各國的料理，唯有最國際化的大都會，其飲食多樣性才接近活動地盤和現代城市郊區差不多大的狩獵採集者。全球多數耕地被用來生產少數幾種高能量、高產額的作物，其中有近三分之二的耕地被用來生產穀類（主要是小麥、玉米、稻米和大麥）。第二大宗作物種類，約占全部耕地面積的十分之一，主要種植芥花和棕櫚等用於料理、化妝品和其他用途的油料作物。剩下三成左右的耕地，則是由豆類、糖料作物、根莖類、水果、蔬菜、香草、香料、茶、咖啡、棉花等非糧食作物，還有古柯葉等麻醉藥物及菸葉拼湊交織。耕種高產額穀類作物的土地面積如此大片，除了是因為穀類能提供人類低成本的高碳水化合物卡路里，還有部分原因在於穀類能加速家畜達到得以屠宰的重量，或是幫助家畜產出的奶量、肉量和蛋量大幅提升。因此，約有四分之三的農業用地，都種有穀類作物。

理論上，只要投入足夠的時間與精力，或者取得操縱基因體的科技，人類史上曾被當作糧食收成的數千個植物品種，個個都能被馴化。在世界各地的植物標本室和植物園裡，植物學家經常模擬各種植物的生長環境，成功栽育出哪怕是最難以捉摸、最敏感的植物，然後迅速研發出強壯的新栽培種，讓生活在不同環境的業餘園丁都能將它們塞進灌木叢中而無需太過擔心。不過，有些植物馴化起來特別容易，因為只要簡單的改良步驟，就能培育出大規模種植與收穫的可靠品種。有些植物的馴化也比較符合經濟效益，因為它們產生的可使用能量，比成功種植需投入的能量更多。馴化經濟學如今受到人們預期需要與否的影響，也受到變幻莫測的飲食潮流，以及願意為（繁殖起來所費不貲的）松露等珍稀產品花大把銀子的菁英影響。然而綜觀歷史，馴化經濟學幾乎全然取決於它能帶來多少能量報酬。

對生物學家而言，馴化只是生物互利共生的眾多例子之一。當不同物種之間的相互作用讓都受益時，就會發展出這種互利共生的關係。互利關係交織而成的網絡維繫了所有複雜的生態系，它發生在我們想像得到的每個層次，小到細菌，大到樹木或大型哺乳類等生物。雖然並非所有互利共生關係對每個物種的生存都不可或缺，但許多關係都是建立在相互依存的基礎之上。最明顯的一些例子像是植物和蜜蜂、蒼蠅及其他幫忙授粉的生物之間的關係；動物界則有水牛和幫助其清除蜱蟲等寄生蟲的白鷺和啄木鳥；還有數以千計的樹種也仰賴動物來吃果實，然後讓種子透過其糞便進入土壤。其他不那麼明顯的例子，則像是我們和住在我們腸道裡的許多不同菌種之間的關係，後者幫助我們消化纖維素。

毫無疑問，農民和他們種植的小麥之間的關係，大不同於多數其他互利共生。為了繁殖馴化種小麥，農民首先需要將其脫粒，釋放被花序軸（rachis，纖維外殼）包住的種子。只有少數物種像小麥一樣，仰賴與自己基因截然不同的另一物種的介入或關注，幫助它們渡過生命週期的重要里程碑。但儘管相當罕見，栽種通常是特別成功的一種互利共生模式，少數會「耕作」的其他物種的成功也證明了這點，譬如種真菌的白蟻。

有些植物品種幾乎是等不及被馴化，譬如安納托利亞的野生小麥和大麥，還有東亞的原生小米。每個構成今天人類飲食基礎、而且在數千年前就被馴化的作物，幾乎都有的一個特點是，由於它們本來就是高產額作物，而且自花授粉，它們完成馴化特有的突變所需的時間比較短。以小麥為例，易碎花序軸的出現，是由多數野生小麥群常見的一個突變基因控制，該基因也控制了種子變大與否。

同樣重要的是，有些古代環境比其他環境更適合馴化植物。現在被我們視為主食的大部分植物，發源於舊大陸[3]北緯二十到三十五度之間、美洲的南緯十五度至北緯二十度之間。這絕非巧合所致，因為這些地區全都屬於溫帶氣候帶，降雨模式有明顯季節性，而且既適合種多年生植物，也適合種一年生植物。因此當農業擴張時，並不是碰巧在這個廣泛的緯度範圍內擴散，至少最初確實是如此。

雖然世界上有些地方的人們也馴化了一些作物，但在沒有高產額且富含能量的原生穀類的情況下，人們很難獲得建造及維持大城市或中央集權國家必不可少的剩餘能量。在大洋洲、拉丁美洲及東亞的「粗耕者」（horticulturalist）④文化中，許多馴化的作物產額相對較低，而且能量獲取率鮮少高於採集者的水準，這多少說明了他們的農業從未真正脫離萌芽階段，以及人口始終較少、相對分散且流動的原因。但與主要或完全依賴農業的社會相比，這些地方的人享有更多空閒時間。這就是參加庫克船長遠航的歐洲水手覺得美拉尼西亞群島（Melanesian islands）宛如天堂的原因；他們發現，當地人除了採摘樹上的水果，以及捕捉豐饒海洋裡的魚，幾乎不需要做更多的事情。

某些植物的馴化栽培種，需要經過數千代極度緩慢的人擇，才能生產出可媲美中東穀物生產者或東亞水稻及小米農民的產量。這就是為什麼，儘管現代玉米的祖先「大芻草」（teosinte）約在九千年前就出現了五種相對常見的基因突變，形成了玉米的基本型態，但還要再等將近八千年，人類才終於有規模地生產玉米作物，維繫規模類似七千年前左右在地

③ 譯注：舊大陸（Old World）是與哥倫布發現的「新大陸」相對的概念，範圍包括歐洲、亞洲和非洲。在考古學中，舊大陸也被用來指稱從青銅器時代開展就有文化上的接觸，使得早期文明並行發展的地區。

④ 譯注：粗耕是小規模、低密度的耕作模式，也被稱為游耕，耕作者會從一塊農地轉移到另一塊農地，但不見得會舉家遷移，而是維持定居。

中海欣欣向榮的人口與城市。

但如果人類歷史的軌跡，是由種植產額最高、生產力最大、富含能量的作物的農業社會塑造的，為什麼在這些社會生活比當採集者還要辛苦得多？這個疑問一直掛在湯馬斯．羅伯特．馬爾薩斯牧師（Reverend Thomas Robert Malthus）的心頭。馬爾薩斯是啟蒙運動時期最有影響力先驅經濟學家之一，他和亞當斯密與大衛．李嘉圖（David Ricardo）[5]一樣，想要理解為什麼在十七世紀的英格蘭，儘管糧食生產有所進步，貧窮問題卻依然存在。

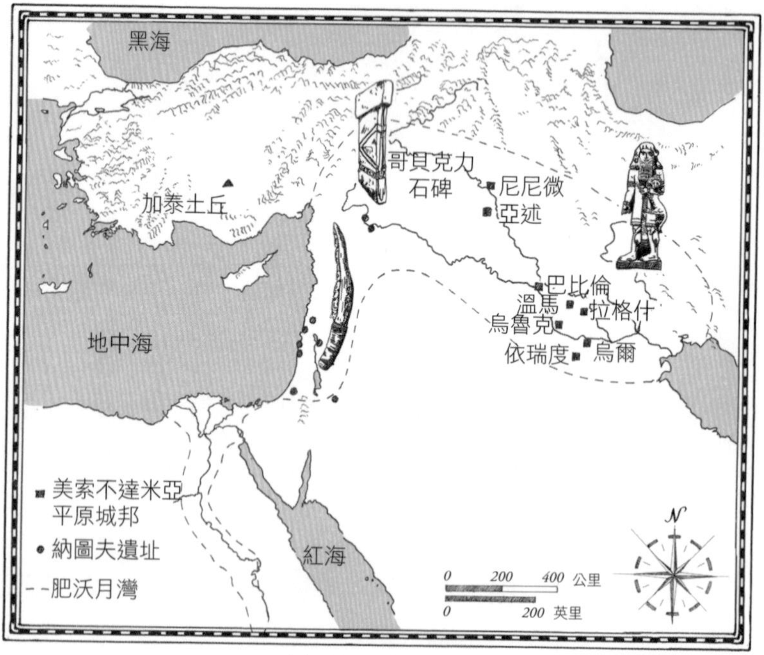

新石器時代的中東

馬爾薩斯患有併指畸形。罹患此遺傳病的病人常有手指和腳趾黏在一起的情況，這使他從一八〇五年開始擔任歷史和政治經濟學教授時，被東印度公司學院（East India Company College）的學生們取了「蹼腳趾」（web-toe）的綽號。但更糟的還在後頭。在馬爾薩斯於一八三四年過世後的幾十年內，他最重要的著作《人口論》（*An Essay on the Principle of Population*，該書辯稱人口過剩會導致社會崩潰），一再被嘲笑為宛如人們因面對末日來臨而發了瘋才寫下的著作，而他的名字也淪為毫無根據的悲觀主義的同義詞。

歷史對馬爾薩斯是殘酷的。他並不總是悲觀，儘管外界常如此描繪他。即使他最著名的論點有許多細節是錯誤的，支撐它的簡單原則卻是正確的。不僅如此，他在生產力與人口增長關係方面的論點極富洞見，幫助我們了解朝農業轉型一事如何重塑人類與稀缺性的關係，從而導致凱因斯所謂的「經濟問題」的出現。

馬爾薩斯想要解決的主要問題很簡單。他想知道，為什麼農業生產力在幾個世紀的進步

---

⑤譯注：大衛・李嘉圖（1772—1823），英國政治經濟學家，對貨幣理論與政策，以及國際貿易理論諸方面有卓越貢獻。尤其，他的地租理論奠定邊際生產力分配理論的基礎，因此他也被視為現代邊際分析的先驅。

後提高，多數人仍舊過著胼手胝足的貧困生活？他提出了兩個答案。第一個是神學的答案：馬爾薩斯相信，邪惡存在於世界上不是為了「製造絕望」，而是為了「創造人的活動」；他的意思是，讓人類保持忙碌一直都是上帝盤算的一部分，足以確保祂在人間的信徒永遠不會成為坐享富貴的遊手好閒之人。至於第二個答案，則是從人口統計學出發得出。

馬爾薩斯發現，農業產出向來都是呈「等差式」成長，但根據他的（錯誤）計算，人口每二十五年會自然地成長一倍，因此是呈「等比式」成長。他相信，由於這個失衡，每當農業生產力的進步增加了總糧食供給，農民無可避免會創造更多嗷嗷待哺的小生命，導致任何人均剩餘迅速消失。在他眼中，土地是限制人類糧食產量的終極因素。他也注意到，在農業領域，額外勞動帶來的邊際效益會迅速下降，這是因為本來由一個人輕鬆管理的一小塊麥田，不會因為有十個人在上面耕作，就產出十倍量的小麥，反而會使在田間工作的每個人能瓜分的成果減少。馬爾薩斯的觀點是，人口與生產力的關係最終會自我調節，因此每當人口成長超越生產力時，饑荒或其他形式的崩潰將使人口迅速減少，直到人口數降回比較好掌控的水準。根據計算，馬爾薩斯堅稱當時正經歷工業革命帶來的人口激增的英國，即將面臨迫在眉睫的嚴厲校正。

馬爾薩斯在今天聲名狼藉，不只是因為他堅稱即將發生的崩潰事件並未發生，也因為他的警告受到法西斯主義者的熱烈擁抱，被用來合理化對種族滅絕和優生學的投入。另一個重要的原因是，以當代觀點來看，他的論點嚴重激怒了政治光譜上的各個族群。譬如，馬爾薩斯堅信經濟成長有明確極限，這就激怒了那些支持自由市場不應受到約束，以及認為經濟會持續成長的人；但這樣的說法也成為關注永續發展的族群耳中的天籟。此外，馬爾薩斯堅信多數人將永遠是窮人，因為不公平和苦難是上帝神聖計畫的一部分，這種說法在正中某些宗教保守派的下懷的同時，也嚴重冒犯了許多世俗左派。

馬爾薩斯嚴重低估，化石燃料時代的糧食生產跟上全球人口激增步調的能力，也沒預料到工業化社會的出生率在他的論文發表後，幾乎是立刻進入了穩定下降的趨勢。針對這兩點，人們幾乎毫無爭議。儘管如此，他的觀點仍是正確的，從歷史上來看，人口增長吞噬了生產力提高所帶來的任何好處，而且這點自從人們開始生產糧食和創造剩餘，一直到工業革命之前都是正確的。這也有助於說明，為什麼經濟生產力最高的社會在擴張時，往往會以犧牲那些經濟生產力不佳的社會為代價。

馬爾薩斯的知識遺產有兩個部分經久不衰。首先，當一個社會的農業或經濟產量提升因人口增加而被稀釋，我們今天習慣將其描述為「馬爾薩斯陷阱」。老愛將世界史簡化為以乏

味的「實際收入」為單位來衡量的經濟史家發現了大量證據，證明在工業革命前，馬爾薩斯陷阱在世界各地困住了許多毫無戒心的社會。他們指出，在每個掉進馬爾薩斯陷阱的社會，每當巧妙的新技術帶來農業生產力激增，使一兩個幸運世代得以茁壯，人口增長便迅速將一切恢復到可憐的起點。他們也注意到，當疾病或戰爭導致人口驟減時，會產生相反的效果。舉例來說，在十四世紀中葉，歐洲黑死病造成大量人口死亡，而一旦最初的震驚平息下來後，之後幾代人的平均物質生活水準和實際工資卻有了顯著的提升，接著人口數量逐漸恢復，生活水準也連帶回到歷史平均值。

其次，馬爾薩斯特別指出農業社會民眾不得不如此努力工作的主因。馬爾薩斯認為，農民熱中於生育，是因為擁有不受控制的原始欲望。但還有另一個更重要的原因，那就是農民們太清楚，他們有多努力工作，一整年下來的收成就有多好。在確保能有足夠的收成和牲畜健康方面，有很多農民無法控制的變數，譬如乾旱、洪水和疾病，但也有很多變數是他們可以管理的。他們還可以採取一些措施，來應對近乎存亡危機的衝擊，而這一切都需要靠他們的努力。問題是，社會上幾乎沒有多餘的勞動力，於是對多數農民而言，解決這個問題顯而易見的辦法就是生育。但這樣做的時候，他們就跌進了馬爾薩斯的陷阱。因為他們多生下一個人，固然讓他們多了一個勞動力，但也多一張嘴要養。久而久之，隨著人口越來越多，在超過某個臨界點後後，就會導致人均糧食產量顯著下降。

這讓農民只有幾個選擇：挨餓、奪取鄰居的土地，或是擴張到還未開發的處女地。農業在亞洲、歐洲和非洲迅速傳播的歷史證明，在許多情況下，他們選擇了最後一個選項。

柴爾德還在愛丁堡和倫敦任教的時候，多數考古學家相信農業之所以傳播開來，是因為採集者羨慕他們耕作的鄰居豐衣足食，於是熱情採納農業。畢竟，有大量證據顯示，人類老祖宗面對新奇事物時就像我們一樣興奮，而且好的（有時是壞的）想法會從一個相對孤立的人群，以驚人速度傳播到另一個人群。這種擴散方式和技術擴散的方式很像；根據考古學紀錄，將岩石敲擊成刀刃和銳器的新技術，幾乎一口氣在許多不同地點同步發生。而在美洲某些地區，農業顯然也以這種方式擴散。

近年來，懷疑農業也許不是以這種方式傳播的唯一理由是，有少數小規模的狩獵採集族群（例如剛果的姆巴提人和坦尚尼亞的哈德札族），儘管已經和農業社會接觸了數千年，仍繼續過著狩獵採集的生活。就像關於遠古的許多謎團，古遺傳學家提出的演算法為農業的擴張提供了新見解。結合考古數據和口述歷史後，在多數情況下，他們講述的故事是，那些人口快速增長的農業社會為了逃離馬爾薩斯陷阱，在多數情況下會驅趕狩獵採集部落，搶占他們的土地，甚至帶來種族滅絕。

比較歐洲早期農民骨骼中提取出的DNA，[11]和歐洲古代狩獵採集者骨骼中提取出的DNA，我們得知農業在歐洲的發展是拜農耕人口拓展到新土地所賜，而且在此過程中，導致既有的狩獵採集人口被迫遷移或被取代，[12]而不是被農民同化。比較結果也顯示，大約八千年前開始，不斷壯大的農民社會經由賽普勒斯和愛琴海群島，跨出中東地區，前進歐洲大陸。東亞也發生類似進展；大約五千年前開始，種稻人口從長江流域盆地不斷擴張，最終占據了東亞大部分地區，並在三千年後來到馬來半島。[13]而在非洲，明確的基因體證據如今顯示，從東非到非洲中部和南部的原生採集族群，幾乎都在過去兩千年間被接二連三地驅趕和取代了。在此之前，非洲經歷了本土農業革命和農民的擴張，這些農民在非洲各地建立了一連串的文明、王國和帝國。

納圖夫人開始嘗試務農時，全球總人口大概在四百萬人上下。一萬兩千年後，當工業革命下第一家由化石燃料驅動的工廠準備動土，全球總人口已增至七億八千兩百萬人。一萬兩千年前，世上沒有人從事農耕，但到十八世紀時，全球只剩極少數的人口比例仍仰賴採集為生。

除了能住在為數不多的大城市，然後從鄉村吸走能量資源的少數幸運兒，或者是能頤指氣使地剝削勤奮農奴的貴族，對大部分人而言，生活經常像是一場鬥爭。儘管人們的預期壽命下降，人口仍逆勢迅速成長。

換句話說，對於自給自足的農業社會而言，凱因斯所謂的「經濟問題」和稀缺性問題往往是生死攸關之事。而唯一顯而易見的解決之道，就是更加努力地工作，以及朝新的地盤不斷擴張。

這樣看來，儘管現代人幾乎不再親自生產糧食，人們把稀缺性問題看得無比重要，再加上起源於農業社會的經濟制度與規範，這兩項因素依舊決定了我們今天組織經濟生活的方式，也許並不足為奇。

第九章

時間就是金錢

雖然採集者不總是擁有充足的食物，卻擁有充足的時間，因此時間的價值從未與稀缺性產生掛鉤。換句話說，對採集者而言，時間不能「花用」、「節省」、「累積」或「儲存」，而儘管浪費機會或精力都是可能的事，時間本身卻不可能被「浪費」。

班傑明・富蘭克林（Benjamin Franklin）是美國的開國元勳，是不畏在閃電打雷時放風箏的勇者，也是雙焦眼鏡、富蘭克林壁爐（Franklin Stove）①和導尿管的發明者。他和工作之間有著相當矛盾的關係。一方面，他感嘆自己是「世上最懶惰的人」，並打趣說他的發明不過是為了讓自己日後不用努力的省力裝置。誠如一百五十年後的凱因斯，他也相信人類的聰明才智可能讓後代免於做苦工。

「如果每個男人和女人，每天都花四個小時做有意義的工作，」他熱情地說道，「那些勞動力的產能，將足以保障衣食無缺又舒適愜意的人生。」[1]

另一方面，由於從小接受嚴格的清教徒教養，富蘭克林也認為遊手好閒是「吞噬一切美德的死海」，[2]而且人類生來就是罪人，唯有那些蒙上帝恩典、既勤奮又節儉的人才能得到救贖。因此，他覺得一個人若有幸不必在睡眠以外的時刻，分秒必爭地去保障生活「衣食無缺又舒適愜意」，就應該好好利用時間，找一些有用的、有生產力的，以及有意義的事情去做。

為了鞭策自己堅守正道，富蘭克林總是隨身攜帶一份寫著十三項「美德」的清單，用來記錄自己每天的行為，而其中最神聖的一項美德是「勤奮」。他解釋說，勤奮意味著「抓緊時間，總是做有意義的事」。[3]他還堅守嚴格的日常作息，每天早上五點先下定當日的「決心」，然後把一個個時間區塊分配給工作、用餐、家務，最後在一天即將結束時，從事某種令人愉快的「娛樂活動」。每天晚上十點，他會花點時間反思當天的表現，並在睡前感謝上帝。

到了一七四八年，年僅四十二歲的富蘭克林已相當富裕，得以將大部分的時間與精力投入令靈魂得到滿足的工作，而不是養胖他荷包的工作，譬如他就參與政治、製造各種小工具、從事科學研究，以及主動提供建議給他的朋友們。他之所以能這麼做，是因為有《賓州公報》（*Pennsylvania Gazette*）訂閱戶帶來的穩定收入。《賓州公報》是他二十年前購買的報社，由他的兩名奴隸（富蘭克林在晚年終於熱情擁抱廢奴主義後，還了他們自由）負責日常營運。那年，他撥了點時間寫信給一位剛入行的年輕「商人」，並提供一些建議。

「別忘了時間就是金錢。」富蘭克林說道。接著，他提醒這位年輕商人謹記，金錢顯然有隨時間增長的有機力量，無論是化為貸款利息或資產增值。「錢可以生錢，」他警告道，「而滋生的金錢又可再生更多，但誰若把有繁殖能力的母豬殺了，就等於摧毀她成百上千代的子嗣。」

富蘭克林如今常被認為是第一個說出「時間就是金錢」這句話的人，而美國財政部發行的每張百元鈔票上都有他向外凝視的臉。但這句話的起源，遠比富蘭克林馳名中外的那

① 譯注：一七四二年發明，其設計利用倒虹吸的原理，希望能產生更多熱能並減少燃燒產生的煙。

封信古老得多。這句話最古老的使用紀錄出自《商業和完美商人》（*Della Mercatura et del Mercante Perfetto*）一書；該書由克羅埃西亞商人班尼迪托．科特魯利（Benedetto Cotrugli）於一五七三年出版，而他也是世上第一個向讀者詳細描述複式記帳原則的人。「時間就是金錢」這一觀點似乎不言自明，但它的背後藏有歷史更為悠久的情感，而且也是源自於農業，和當代人對工作的態度一樣。

時間、努力和回饋之間的基本對應關係，對狩獵採集者和倉庫裡拿最低工資的封箱包裝工一樣直觀。蒐集木柴和野果或獵豪豬，都需要付出時間和努力。儘管獵人常在追逐的過程中得到樂趣，工作在採集者眼中往往不太有心靈上的回饋，這和多數現代人對在超市走道間來回走動的觀感差不多。但狩獵採集者在工作中獲得的立即回饋，和賣漢堡的快餐廚師或股票經紀人進行交易的立即回饋之間，存在兩個重大差異。第一，狩獵採集者可以立即享受勞動帶來的回饋，譬如一頓飯和餵養他人的榮幸，但倉庫包裝工卻只會獲得以代幣為形式的未來回饋承諾，而他們之後可以拿代幣交換有用的東西或用來償還債務。第二，雖然採集者不總是擁有充足的食物，卻擁有充足的時間，因此時間的價值從未與稀缺性產生掛鉤。換句話說，對採集者而言，時間不能「花用」、「節省」、「累積」或「儲存」，而儘管浪費機會或精力都是可能的事，時間本身卻不可能被「浪費」。

巨石陣是英國最著名的新石器時代遺跡。對考古學家而言，巨石陣由直立石頭構成的神祕圓圈，有很大一部分仍是個謎。為什麼古代英國人從約莫五千一百年前開始，在橫跨一千年的期間，堅信從採石場拖出多達九十塊重達三十噸的巨石板是個好主意？他們又是如何做到的？這些至今仍是學界爭論不休的問題，畢竟採石場最遠遠至威爾斯的普雷西尼丘（Preseli Hills），以及位處現在的通勤帶的威爾特郡（Wiltshire），兩者之間相距兩百五十公里。此外，他們也不確定古代建築工是如何將沉重巨石橫置在直立的巨石柱上。

不過，可以確定的是，在西元前四千年到前三千年期間，建造英國巨石陣以及在法國、科西嘉島、愛爾蘭和馬爾他建造其他幾座宏偉建築的族群，必然是數千年來農業生產力緩慢地提升的受益者，成為第一批穩定產出充足剩餘糧食，而能從田地一次出走數個月的農民。於是，他們才能投入大量的時間與精力，將巨石拖過高山低谷，然後組裝成巨大的建築結構。

同樣可以確定的是，巨石陣是一個巨大（但較難判讀）的年曆，它是專為掌握季節來去，以及標誌夏至和冬至而設計。這是巨石陣和許多新石器時代的偉大建築的共同特點。但季節更迭成為農業社會紀念建築相當常見的主題是意料中的事。農業首重時機。在能控制氣候的溫室農業出現之前，所有農民都受到季節的擺布，受制於莊稼和牲畜的生長週期，以及地球繞行太陽之規律。多數農民今天仍是如此。對於仰賴一年生作物的農民而言，每年都有特定的、通常為期短暫的時期，能讓他們鬆土、施肥、種植、澆水、除草、清除害蟲、修剪和收穫。用來收割並處理收穫，然後將它們妥善儲存、保存，或在農產變質之前送到市場，也都對應著特定的時期。肉類生產的工業化改變了過去的標準程序，但直到二十世紀的下半葉之前，對多數畜牧業者而言，季節也是同樣不容變通的主宰。他們必須按照牲口的繁殖與生長周期來安排工作時間，而牲口的繁殖與生長周期又同步配合著飼養牠們的環境。

在所有傳統農業社會裡，每年的行事曆都有幾段可預期的時間，人們不會有太多急迫的工作，即使這些假期有時必須透過神諭強力執行，亞伯拉罕諸宗教孜孜矻矻的信徒就是一例。對多數農業社會而言，在漫長的季節性節慶期間規律工作是不應該的，甚或是被禁止的。這些時期是為宗教慶典、獻祭犧牲、尋找愛情、吃吃喝喝和爭吵而保留的。遇到好年歲時，這是人們頌讚自己的胼手胝足和神明慷慨庇佑的機會。遇到壞年歲時，這是喘息的時刻，人們在此期間藉酒精忘卻煩惱，哪怕咬緊牙關過日，也要向神明吐出無聲的謝意。

在北歐和中國內陸這類的地方，即使夏季酷熱、冬季嚴寒，也會有急迫工作量減少的季節。但這些時期並非農民的休息時間，而是在完成緊迫、分秒必爭的任務之後，有幾週可以把節奏放慢，讓他們有機會做一些同樣必要、但時間上不那麼敏感的工作，譬如重建破舊的糧倉。在某些地方和某些年份，農閒時期的長度足以讓農民拋下他們的田地和牧場，齊心協力將巨石拖過山川大地，拿來建造宏偉建築。在另一些地方，農民則需要這段時間，以便為來年的耕作做準備。但在農閒期之外，每當有工作需要趕緊完成時，沒能及時完成的後果，對農民幾乎總是比對採集者要嚴重得多。舉例來說，芎瓦西人常願意自發地休息一天不覓食，只因他們覺得沒有心情。即使他們感到饑餓，他們也知道，一天偷懶不去覓食，不會帶來任何嚴重後果。對照之下，對農民來說，只因覺得需要休息就一天不工作，幾乎從來不是一個選項。沒有及時完成緊急工作，十之八九會產生大量成本，並產生額外的工作。譬如，若他們沒把破損的柵欄修補好，就可能招來連日在鄉間尋找迷途羊隻的代價，還要花時間採購修補圍欄所需的材料。沒有在第一時間灌溉乾渴的作物、處理害蟲或清除雜草，就可能決定了今年將會豐收、歉收，還是一無所獲。此外，假如沒幫乳房脹奶的奶牛擠奶，牠先是會感到不舒服，然後因而出現感染，而且要是太久沒擠奶，奶牛將不再分泌乳水，直到再度懷孕。

但人類被死板的季節週期綁住的乏味事實，並不是時間與工作關係在早期農業社的全貌。向農耕過渡影響最深遠的其中一個餘澤就是，農業改變了人們感受和理解時間的方式。

採集者幾乎將一切注意力集中在當下或不久的將來。他們餓了就去採集和打獵，一旦水源乾涸，或者步行距離內的食物資源需要時間恢復，就會搬遷營地。除了想像某個孩子長大後會是什麼樣子，自己老了之後會有什麼樣的病痛，或是同齡人之間誰會最長壽，他們幾乎不浪費心思去想遙遠的未來。由於他們只擁有一些很容易滿足的欲望，而且生活在爭名逐利者會被蔑視的社會，他們不會被過分的野心挾持。他們也不覺得祖先的生活和自己的有什麼實質差別，而且普遍認為他們的世界大致一如往昔。對採集者而言，環境本來就會改變——發生在起風時、降雨時、大象踩踏出新路徑時，發生在每分每秒。但他們總是對周遭世界的連續性和可預測性抱持強烈信心：雖然環境會發生變化，而且每個季節都和過去不一樣，但這些差異總是落在一個可預測的變化範圍內。因此，對芎瓦西族而言，當他們仍可以像祖先一樣自由採集時，背負著歷史的重量就像揹著房子走動一樣不方便，而拋棄連綿不斷的歷史，使他們能自在地應付周遭世界，不受陳舊先例或未來志向的拖累。基於這個原因，芎瓦西人也不在乎或花時間計算家族譜系，不會去引用祖先的名字和成就，也不會重溫過去的災難、乾旱與英雄事蹟。事實上，哀悼過後，亡者在一兩個世代內就會被遺忘，而埋葬他們的地方荒煙蔓草，再無人問津。

生產糧食這件事，需要一個人同時活在過去、現在及未來。在農場上，幾乎每項任務都著重於吸取過往經驗，以期實現未來的目標或管理未來的風險。農民必須整地鬆土、翻犁、挖灌溉溝渠、播種、除草，以及修剪並培育他們的作物；如此一來，在一切順利的情況下，當季節轉換，他們最起碼會得到足夠的收成量，支撐他們生活到下一個季節週期，並有足夠的種子庫存以供隔年繼續種植。在從事某些工作時，他們無疑帶著更長遠的眼光，放眼未來。當建造巨石陣的英國早期農民參與興建時，他們期待巨石陣會屹立好幾年，甚至好幾個世代。當農民帶一頭母牛去配種時，他是希望在四十個星期左右之後，母牛會生下一頭小牛：如果照顧得好，不僅小牛未來會產牛奶，還會創造更多小牛，成為不斷擴大的牛群的一分子，直到最終在屠宰場結束生命。

但要集中精力為日後的回饋而努力，等於安身在一個有無限可能性的宇宙中——有些可能性是好的，有些難以判斷好壞，還有很多是不好的。因此，在農民們想像滿溢的糧倉、新鮮出爐的麵包、儲藏室裡的醃肉、桌上的新鮮雞蛋，以及可以即食或加工保存的一籃子水果蔬菜時，這些令人愉快的未來情景也同步召喚出一些令人卻步的畫面：乾旱與洪水爆發，老鼠和象鼻蟲在歉收時爭搶發霉食物，病懨懨的牲口被掠食者追捕，菜園有著除不盡的雜草，以及果園內爛果掉了滿地。

如果說採集者堅忍不拔地接受生活偶有艱辛，遇到困境的農民則是會說服自己，只要再更努力一點，事情總會好起來。漸漸地，投入更多時間的農民通常比懶惰的農民表現得更好；後者只對他們認為最有可能發生的一兩種風險，制定應急措施。因此，在卡萬戈河岸、與芎瓦西族相鄰的農業部落，最富有的那些部落通常也最厭惡風險——他們全力以赴地建造堅固的圍欄，保護牛羊在夜間免受掠食者侵害；在漫長的夏日，他們勤奮地追趕被吸引到田地的鳥類、猴子和其他動物；他們把種子種得比別人更深；他們不辭勞苦，從河裡提取一桶桶水來灌溉作物，以防雨季來晚了（偶爾會發生）。

在很大程度上，就好像廚師用火將生的原料轉化為食物，或是鐵匠用他們的鍛爐將鐵加工成工具，農民則用他們的勞動將野生森林變成牧場，將貧瘠土地變成肥沃的農田、花園和果園。換句話說，農民透過工作把野生的自然空間，轉化為人為的文化空間。

相較之下，採集者不區分自然和文化，也不區分野生和馴養，至少不像農民和我們這些城市人那樣簡單二分。例如，在芎瓦西語中，沒有任何詞語可直接被翻譯為「自然」或「文化」。從他們的角度來看，他們和所有生物一樣，都是大地的一部分——他們稱之為「泥土表面」，而使「泥土表面」生生不息的責任在於眾神，而非他們自己。

但農民若要耕種，就必須將自己與周遭環境劃分開來，並擔起一些曾經專屬於神明的職責。這是因為對農民而言，環境只有潛在的生產力，必須努力耕耘，才能引出生產力。

因此，農業社會習慣將周遭地景劃分為文化空間和自然空間。他們成功透過勞動創造出有生產力的空間，像是農舍、院子、糧倉、穀倉、村莊、花園、牧場和田地，都是人為的文化空間。而那些不受他們直接控制的空間，他們則認為是野生的、自然的空間。此外關鍵的是，人們經常以柵欄、大門、牆壁、溝渠和樹籬來劃分不同的空間。若依此類推，則生活在人們控制下的動物是被馴養的，四處遊蕩的動物就是「野生的」。但重點在於，每個農民都清楚知道，任何空間若要保持馴化後的模樣，必須不斷投注心血。沒人照顧的田很快就荒煙蔓草。沒有妥善維護的建築很快就東倒西歪。沒人看管的動物可能重拾野性，也可能一命嗚呼，通常是因為遭野生動物捕食而歿。儘管農民意識到其生計取決於駕馭自然力量及順著自然循環運作的能力，在他們的眼中，「自然」不請自來地侵入經馴化的空間也是一件討人厭的事。這也是為什麼不受歡迎的植物若生長在經過耕犁的田裡，會被定調為雜草，而不受歡迎的動物則被定調為害蟲、害獸。

農民投注勞動力到它們的土地上，生產「生活必需品」，在這段過程中，他們看到自身和環境之間有著一種交易關係。採集者鮮少如此看待環境，因為在他們眼中，環境無條件地和他們分享資源，於是他們也和他人分享自己的資源。相較之下，農民覺得他們是用勞動和環境交換一個有食物可吃的未來。在某種意義上，他們認為自己為了讓土地有生產力所做的工作，代表土地「欠」他們一次收成。換句話說，土地等於實際上是他們的債務人。

不出所料，農民傾向將他們和土地的勞動／債務關係，延伸到農民與農民之間。他們彼此分享，但在直系血親或核心親屬之外，分享被當作一種交換，即便是不平等的分享也是如此。在農耕社會裡，天下沒有白吃的午餐。工作是社會對每個人的期待。

亞當斯密不確定我們和彼此「換物、易貨和交換」東西的衝動，是人類貪婪本性的結果，還是人類智力的副產品，即他所謂的「推理能力及言語能力的必然結果」。但他確信，對交易之道的理解，是人類與其他物種最顯著的區別之一。

「從來沒有人見過一隻狗刻意拿一根骨頭，和另一隻狗公平地交換另一根骨頭。」他解釋道。[4]

他也深信，貨幣的主要功能是促進貿易，而發明貨幣是為了取代原始的以物易物系統。雖然在說明貨幣從原始的以物易物演變而來這方面，亞當斯密的論述是最縝密的，但他絕非提出這論點的頭一人。柏拉圖、亞里斯多德、阿奎那和許多人，早已提出類似論點來解釋貨幣的起源。

亞當斯密相信，貨幣起源於貿易行為之中，而且其主要功能是幫助人們和彼此交換東西。這並不教人意外。亞當斯密從小與寡母在位於蘇格蘭法夫海岸（Fife coast）的柯克卡迪（Kirkcaldy）相依為命長大，如今這個小鎮見證了蘇格蘭製造業的衰落。但在亞當斯密的童年時期，柯克卡迪是一座商人和小販熙來攘往的港口小鎮。它有繁忙的市場，以及蓬勃發展的紡織業，小時候的亞當斯密經常看著一波波三桅商船，幾乎不間斷地橫渡黑綠色的北海水域，前來港口存放亞麻、小麥、歐陸啤酒和漢麻等貨物，然後載著裝滿煤和鹽的貨艙或堆滿亞麻布的甲板，再次揚帆出航。

在劍橋、格拉斯哥（Glasgow）和歐洲學習與教學數十年後，年邁的亞當斯密回到童年故鄉，寫下他最為人稱道的作品《國富論》（*An Inquiry into the Nature and Causes of the Wealth of Nations*，於一七七六年出版）。受到「重農主義」（Physiocracy，一個法國知識運動，主張不事生產的貴族應該為國王承擔更高比例的奢侈稅，而且這些人相信政府和貴族都不該干預市場的自然秩序）的影響，亞當斯密深信理性可以讓人揭露人類經濟行為的基本原則，就像牛頓用理性揭露了一些支配天體運動的基本定律。

《國富論》有一種聖經的氣質，這主要是因為亞當斯密相當善於用簡單的寓言故事呈現複雜思想，其結構類似各地的牧師每週日在教堂布道壇上宣講的寓言。

他最常被引用的寓言談論的是「分工」。這個故事講述了一個「野蠻」的獵人部落，其靈感來自美洲原住民的故事。在這個部落裡，每個人只照顧自己和直接受他們撫養的人。但有一天，某個獵人發現他非常善於製作弓箭，於是開始幫其他人製作弓箭，藉以換取鹿肉。不久後，他意識到待在家裡製作弓箭的話，他能吃到的鹿肉比當獵人能獲得的還要多。不愛追逐獵物的他於是徹底放棄了狩獵，當起專業的「兵器師」，做這一行讓他衣食無缺、心滿意足。受到他的榜樣啟發，其他「野蠻人」認定專業化是未來的趨勢。很快地，某個人高掛弓箭成為木匠，某個人成為鐵匠，某個人成為皮匠，結果這個曾經效率不彰的獵人村落，從人人都是萬事通但學無專精，老是複製其他人的工作成果，變成由技術熟練的專業人士組成的高效率社會，樂於用自己的勞動成果，換取他人的勞動成果。

「每個人因而都靠交換過活，或在某種程度上變成了商人，」亞當斯密總結道，「然後社會本身就變成了扎扎實實的商業社會。」[5]

但亞當密斯指出，以物易物經濟在一個簡單的問題上碰釘子。假如獵人希望木匠為他做一把新的弓，而木匠吃肉吃到膩了，不過真的很想要一把鐵匠製作的新鑿子，該如何是好？亞當密斯論稱，解決之道就是他們對一種「共同的商業工具」達成共識。這種工具就是經濟史家今天常說的「原始貨幣」，它可以是某種商品或任何其他商品，無論是牛、鹽、釘子、糖，或是我們最終看到的黃金、白銀和硬幣。

在十九世紀絕大多數時間，以及二十世紀初期，人們相信富蘭克林和亞當斯密是朋友，而且亞當斯密曾受益於富蘭克林對《國富論》早期初稿的批評指教。這個啟蒙運動時期的知識分子相互合作的故事之所以有吸引力，主要是因為《國富論》在一七七六年出版，不僅時間點上和美國向英國王室爭取獨立一事重疊，而且該書還可以被解讀為對關稅、稅收和海關稅的圓滑批評，激發了北美殖民者擺脫英帝國統治的桎梏。但更重要的是，《國富論》闡明了自由企業的企業家精神，後來被美國人認定是美國成就的核心敘事。

事實證明，這兩位啟蒙巨人之間的跨大西洋友誼是假的。富蘭克林和亞當密斯有一些共同友人，讀過很多相同的書。甚至，富蘭克林在一七七〇年代以麻薩諸塞州和賓夕法尼亞州議員身分拜訪英國王室期間，他們說不定也曾在社交場合見過面。但除了亞當斯密購買了一本富蘭克林描述他做電實驗的書，沒有任何跡象顯示兩人還有其他知識上的交流。[6]

倘若他們的友誼故事不是幻想，亞當斯密可能就會寫出完全不同的寓言。因為儘管富蘭克林也相信金錢的發明一定是為了克服以物易物的不便，他從和「易洛魁聯盟」（Iroquois Confederacy）[7]的印第安人談判條約的經驗中發現，像他們這樣的「野蠻人」對透過貿易累積財富不感興趣。他相信他們看待事物時有不一樣的輕重緩急，這甚至讓他對自身看中的一些優先事項提出質疑。

「我們過著需要付出許多時間與努力的生活……這在他們看來是盲從和卑賤的。」富蘭克林在談到他的印第安鄰居時說道。他指出，他和他的殖民者同胞受制於「無止盡的後天需求，不亞於那些天生就有的渴望」，而這些需求往往難以滿足；反觀，印第安人只有少少的需求，而且「如果在獵物如此豐盛的情況下，狩獵及捕魚真的稱得上勞動的話，那麼他們的需求全都可以由大自然自發性地生產，再加上很少的勞動，輕易獲得滿足」。因此，富蘭克林語帶羨慕地指出，和殖民者相比，印第安人享有「大量的空閒」，他們將閒暇時間用於辯論、自省和精煉他們的演說技巧，[8]也似乎和他一樣認為閒閒無事是不可取的惡習。

誠如人類學家大衛・格雷伯（David Graeber）所言，亞當斯密筆下具有企業家精神的野蠻人寓言，已成為「我們經濟關係體系的奠基神話」，[9]而且幾乎每本入門教科書都不加批判地重述這個神話。問題是，它完全沒有事實根據。劍橋大學人類學教授卡羅琳・漢弗萊（Caroline Humphrey）地毯式地回顧民族誌和歷史文獻，尋找亞當斯密所描述的那種以物易物社會，但她最終放棄並總結道：「（文獻）不曾記載任何純粹而簡單的易物經濟案例，更不用說貨幣從易物經濟中誕生的相關記載了。」此外，她還補充道：「所有現存可找到的民族誌，都顯示從來沒有這回事。」[10]

富蘭克林筆下的易洛魁聯盟六國（人們認為亞當斯密在想像「野蠻」企業家時，心裡想的就是易洛魁人）會根據性別、年齡和性格進行明確分工。人們各有各的專業，譬如種植、收割，以及加工玉米、豆類和南瓜，或者狩獵和布置陷阱、編織、蓋房子，以及製造工具。但他們不會和彼此交換或交易自己努力的成果。事實上，他們共同擁有在「長屋」（longhouse）裡的大部分資源，並將資源分發的責任交給婦女會議（councils of women）。不過，他們的確會和鄰居進行經過精心策劃的儀式性交換，只是這些交換既不像亞當斯密想像中的那種隨心所欲地以物易物，也不是他堅稱的那種分工後理當會發生的、基於原始貨幣的交易。這些交換的重點在於象徵性物品的貿易，而且主要目標是透過償還「道德債務」以換取和平，譬如某部落一群年輕人遇到並殺死另一部落某個年輕人時，前者的部落就會透過以物易物來消除矛盾，償還欠下的道德債。

———

當其他領域的人對經濟學基本假設提出令人尷尬的問題，經濟學家經常會充耳不聞。即便如此，他們也越來越難忽略如今排山倒海而來的證據，也就是雖然金錢主要可能是用來「保值」和充當交換媒介，但它並非起源於以物易物，而是源自農民（其實就是等待土地為他們投注到土地裡的勞動力提供報酬的一群人）和仰賴農民生產的剩餘糧食者之間產生的信用與債（credit and debt）的約定過程。

大約在古代英國人忙著將巨石從威爾斯拖到威爾特郡的同時，中東和北非開始出現第一批擁有國王、官僚、祭司和軍隊的農業國家。這些國家的養分來自幼發拉底河、底格里斯河的肥沃沖積土壤，以及後來的尼羅河谷。

最早的美索不達米亞城邦，像是烏魯克，幾乎可以肯定是第一批農民生產力足以維持大量都市人口的社會（這些都市人不想要或不需要赤腳在田裡挖掘）。這些城邦也是最早有證據顯示金錢存在的地方；在這裡，金錢化為黏土雕刻的帳簿。雖然這種貨幣以白銀和穀物作為計算單位，但它很少以實物形式易手。許多交易採取借據的形式，由寺廟的會計記錄在冊，使價值可以虛擬地交換，很類似在數位時代，幾乎無現金流通的城市如今正在上演的情況。

這些城邦裡的人以信用為基礎進行交易的原因，和古代農業社會喜歡建造巨大時計的原因相同。農民的生活受到農業行事曆的支配，並以期待夏末時節會有意料之中的收成為運作基礎，這批收成將供給他們度過一整年。因此在這一年中，當農民向啤酒釀造者、商人和寺廟官員借貸時，他們實際上只是先預支了土地欠他們的債。再加上，由於經濟活動幾乎都建立在延遲報酬的基礎之上，這就意味著所有人都是在信用的基礎之上交易，而債務向來只在收成入袋時會被暫時結清。

換句話說，採行立即報酬經濟的採集者，將人與人的關係視為人與自然環境的關係的延伸：大自然和他們分享食物，所以他們也和彼此分享食物。至於採行延遲報酬經濟的農民，則將人與人之間的關係視為他們和需要他們投入心血耕耘的土地的關係的延伸。

富蘭克林認為「時間就是金錢」的觀點，反映他相信勤奮付出總會得到一些獎勵。他解釋，貿易「說穿了就是用勞動交換勞動」，因此「一切事物的價值……用勞動來測量最公正」。[11]

勤奮能創造價值的訊息被灌輸或強加到幾乎世界各地的孩童腦袋裡，目的是希望能培養他們擁有良好的工作倫理。即便如此，在當今世界幾個最大的經濟體中，工作時間和金錢回饋之間幾乎沒有明顯的對應關係，反而可以看到一種幾乎已經成為舊聞的慣例，也就是最高收入者每年往往以股息和獎金的形式獲得大部分收入，中高收入者按月領取薪俸，而低收入者往往領的是時薪。畢竟，經濟學家堅稱價值最終是由市場分配，而「供需」僅在某些時候和勞動付出工整對應。

勞動付出和金錢回饋之間的對應關係，並非總是那麼失調。在化石燃料能源革命到來之前，除了少數貴族、富商、將軍和神職人員之外，幾乎所有人都相信勞動與報酬之間存在一個明確的、有機的對應關係。而且不足為奇的是，工作創造價值的大原則，在古典歐洲、中東、印度、中世紀基督教、儒家哲學與神學中，占有重要地位。例如，古希臘哲學家可能鄙視辛苦的體力勞動，但他們仍然承認它的根本重要性，即使他們有奴隸替他們做體力勞動。阿奎那等十四世紀學者的著作中，也討論了這項原則——阿奎那堅持，任何商品的價值都應該「依照其形成過程中消耗的勞動量等比增加」。[12]

當亞當斯密回到柯克卡迪寫《國富論》時，這個想法在西歐各地仍然相當盛行。當時，西歐有一半以上的人口仍屬小農，因此覺得努力程度和吃飽程度的對應關係是顯而易見的。

亞當斯密很清楚，多數人覺得勞動和價值之間存在有機的關聯。但他也指出，買賣東西時，一個商品的價值取決於人們願意支付的價格，而不是製造商為他的商品訂定的數字。因此，在他看來，一把弓或任何東西的勞動價值，不是由製造它的人所投入的勞動量決定，而是由購買者為了獲得它而願意付出的勞動量所決定。

在其他持不同看法的勞動價值論中，最著名的兩個分別出自和亞當斯密生活在差不多時代的經濟學家李嘉圖，以及大名鼎鼎的卡爾．馬克思（Karl Marx）。李嘉圖的版本是對富蘭克林觀點的深入闡釋。他主張，任何物品的勞動價值，必須納入製造它所需的全部心血投注。這代表物品的價值必須考慮到為取得材料所做的付出、製造物品時需要投入的心血，以及學習相關技能及製作生產商品所需之工具的勞動量。因此，李嘉圖認為，一名技藝高超、使用昂貴工具的工匠在一小時內製作出來的商品，其創造的勞動價值可能相當於一名沒有專業技術的工人花一週挖水溝的價值。

想想馬克思主義後來被多少人視為一切反美事物的化身，很多人大概沒料到馬克思非常仰慕美國的開國元勳們，而他最欣賞的人就是富蘭克林。在《資本論》（*Das Kapital*）的許多章節中，馬克思經常讚許富蘭克林。他還感謝「譽滿天下的富蘭克林」促使他踏上發展原創的勞動價值論的道路；他把他的理論稱為「價值法則」（the law of value），和亞當斯密或李嘉圖提出的版本相比，價值法則的理路更彎曲而複雜。此外，它也有不同的用途。除了將勞動重新確立為公正的價值衡量指標之外，馬克思發展這套價值法則，是為了展示資本家藉由強迫勞工在工作場所創造高於其工資的價值來為自己創造利潤，從而揭露他認為最終將導致資本主義不可避免之崩潰的其中一個根本矛盾。他這樣做是為了揭示在資本主義下，任何商品的「交換價值」都變得與其「使用價值」脫節——所謂的使用價值，指的是一個產品（例如一雙鞋）實際上能滿足的基本人類需求。

如今，「錢（透過利息的形式）可以生錢」，或者錢可以透過投資「再利用」產生收益，對多數人而言是習以為常的事，感覺幾乎就像時間、努力和回饋之間的關係一樣直觀。然而，對於仍試圖弄懂貨幣經濟基礎知識的芎瓦西族和其他採集者，這想法一點也不直觀。在他們看來，這很荒謬。如果說政府官員與其他負責經濟發展的人員認為，他們相信大象的死亡或孩子的出生可以改變天氣這一說法很荒謬，那麼他們對貨幣經濟也有同樣的感覺。

像芎瓦西族這樣的採集者認為，錢可以生錢的想法很詭異，但他們住在喀拉哈里沙漠周邊、水量較豐沛的地帶的牧牛鄰居卻不這麼認為。這些人是在第二個千禧年期間散落非洲南部、中部和東部各地的複雜農業社會的後裔，但綜觀其歷史，他們不使用金錢，不聚集到大城市，也不太關心貿易和以物易物。不過，他們倒是關心財富、影響力和權力，並且會根據擁有牛隻的質與量，以及妻子數量的多寡，來衡量一個人的地位。牛群不同於黃金或白銀，因為牛群若管理良好，其帶來的財富就永遠不會停止成長。雖說今天絕大多數的牛在兩歲前就被送進屠宰場，少數得以自然退休的幸運牛隻，其完整自然壽命通常介於十八到二十二歲。而牠們一生中很大部分時間都有繁殖力。因此，一頭普通的母牛在整個生命週期裡，可能會產下六到八頭小牛，一頭優質公牛則可能繁殖出上百隻小牛。換句話說，就像任何投資級資產，只要農民不做任何會破壞資本的事，而且有空間能夠放牧，他們就可以期望看到自己的資本生資本，因為他們的牛會生牛。如此一來，在幾乎所有放牧社會中，借出牲口通常都會產生某種利息，而且放貸者期待不僅出借（或身價類似的）動物會被歸還，還能獲得出借動物在另一人照顧下繁殖的部分後代。

雖然歐洲、中東和東亞的農業社會，通常不像移動性高的非洲文明那樣對牛如此著迷，但在思索如何使財富自發增長時，也同樣受到牲畜繁殖能力的影響。歐洲語言中大部分金融詞彙的根源都源於畜牧業，這絕非巧合之事。譬如，capital（資本）這個詞源於拉丁文*capitalis*，而*capitalis*又來自原始印歐語單字*kaput*，意思是「頭」，至今仍是計算牲畜時使用的主要術語。Fee（費用）這個字，大概也是古老的原始日耳曼語和哥德語中指稱牛的單字*feoh*的變化，就像pecuniary（與錢相關的）一詞和披索（peso）這類貨幣，也都有拉丁文字根*pecu*，意思是牛群或羊群。此外，*pecu*本身被認為與梵文*pasu*有相似的起源，*pasu*也是指牛群。

但這些社會多數更依賴大規模種植，而不是食用動物產品，因此牛群的價值完全不在於牠們的肉，甚至不在於牠們的奶。反而，牛群的價值來自牠們做的體力勞動，為人們拉犁和其他重物。正因為牠們具有這樣的價值，牛不僅透過生小牛產生價值，還透過所做的工作創造價值。至少在這一點上，牠們和我們今天仰賴的機器沒有太大不同。

第十章

機器問世

科學怪人體現了我們對機器人和人工智慧的恐懼。但若是從工作演化史的角度來看，我們對人工智慧機器轉而攻擊主人的焦慮，也不是沒有先例。因為儘管瑪麗·雪萊的寓言講述的是當代的故事……事實上，這寓言在任何透過將被奴役者視為非人，以合理化奴隸制的社會都會有所共鳴。

十八歲的瑪麗・雪萊（Mary Shelley）想像維克多・法蘭克斯坦博士（Dr Victor Frankenstein）被他親手賦予生命的怪物追著跑時，她是想要編個「鬼故事」嚇唬她的詩人丈夫珀西・雪萊（Percy Bysshe Shelley），而且要巧妙到能讓浪漫主義運動中爭議不斷的大人物拜倫勳爵（Lord Byron）感到驚豔。一八一六年多雨的夏天，他們一起在瑞士度假。但在編造法蘭克斯坦博士「非自然」的野心成真的故事時，她也創造出一則關於進步的危險寓言，以及一個代表顛覆性科技（像是人工智慧）的傳奇符號，隨時準備懲罰其傲慢創造者。[1]

法蘭克斯坦博士的人工智慧怪物是由「神一般的科學」、「機械學」和「一些強大蒸汽機」造就的產物，這絕對不是純屬巧合。四年前，其他強大的蒸汽機，具體來說是英格蘭北部的強大蒸汽機，引燃了一個「起義狀態」，這件事被《里茲水星報》（*Leeds Mercury*）宣稱是「自國王查理一世（King Charles I）的動盪歲月以來，前所未見的情況」。起義者是「盧德分子」（Luddites），這個團體的名字將變得和瑪麗・雪萊的寓言一樣經得起時間考驗、流傳於世，而且瑪麗・雪萊的旅伴拜倫勳爵，就是少數支持盧德運動的名人之一。讓盧德分子勃然大怒的對象是固定式蒸汽機、由它們驅動的自動紡紗與織布機，以及擁有這些機器的人，因為他們集體扼殺了英格蘭北部曾經欣欣向榮的家庭紡織業命脈。

盧德分子以奈德・盧德（Ned Ludd）為他們的運動命名。奈德・盧德是一家棉紡廠的年輕學徒，傳說一七七九年的某天，他在盛怒下拿木槌將兩個針織機敲成扁條狀。自從這起事件發生後，任何在工作過程中不小心損壞工廠機器的人，都習慣宣稱自己是無辜的，並且面無表情地說：「不是我，是奈德．盧德做的。」

起初，盧德分子只是召喚這個同名鬼魂上身。他們用木槌砸碎一些紡織機，然後心滿意足地回家，覺得自己已傳達了一個強烈的訊息。但工廠主非常清楚發動機賦予他們超群出眾的政經影響力，僅次於最重要的世襲貴族，備受挫折的盧德分子最終訴諸系統性的蓄意破壞、縱火和暗殺。行動的升級，標誌著盧德運動告終的起點。一八一七年，英國議會即時宣布砸毀機器為死罪，並派遣一萬兩千名士兵前往動亂地區。不幸落網且罪名成立的盧德分子，不是被送往流放地，就是被送上絞刑架。叛亂於是戛然而止。

盧德主義在今天成了「科技恐懼症」的代名詞，但盧德分子不覺得自己是懼怕科技的人。他們的運動有雙重目標。首先，他們想保護不再能與聰明的機器競爭的專業工匠的生計和生活方式；其次，他們想改善越來越多迫於無奈而到工廠工作的人，在勞動時承受的悲慘條件。就第一個目標來看，他們失敗得一塌糊塗，但在第二個目標上，他們產生了一個長遠的影響。盧德主義再過不久就會蛻變成勞工運動，在接下來兩個世紀期間，深刻地形塑西歐及其他地區的政治生活。

自《科學怪人》（*Frankenstein*）在一八一八年出版以來，瑪麗．雪萊的寓言引起了新世代讀者的共鳴，他們為了適應一波波技術浪潮，不得不調整自己的生活。這些新技術帶來的改變越來越劇烈、越來越令人歎為觀止，而且偶爾還很嚇人。如果在瑪麗・雪萊虛構世界初登場近兩個世紀後，科學怪人今天似乎終於達到最佳賞味狀態，那是因為它體現了我們對機器人和人工智慧的恐懼。但若是從工作演化史的角度來看，我們對人工智慧機器轉而攻擊主人的焦慮，也不是沒有先例。因為儘管瑪麗・雪萊的寓言講述的是當代的故事，在某種程度上，這寓言也會引起凱撒統治時期的羅馬元老與平民、加勒比海地區及美國南方州的蔗糖與棉花種植園主、中國商朝貴族、古老的蘇美人、瑪雅人和阿茲特克人等的共鳴。事實上，任何透過將被奴役者視為非人，以合理化奴隸制的社會都會有所共鳴。

如果法蘭克斯坦博士要在今天打造一個類似科學怪人的怪物，它的認知迴路將會以模仿人類思維的可塑性、創造力和橫向思維能力來設計。儘管他還沒辦法讓死去人體復活，但他製造的機器身體想必會和人類或其他動物的身體相差無幾。在躁動不安的機器人領域，工程師在打造最多功能、最靈巧的自動系統時，越來越常向自然界尋求啟發。新的無人機技術模仿黃蜂、蜂鳥和蜜蜂的飛行機制，新的潛水器模仿鯊魚、海豚、魷魚和魟魚，而最靈巧、最敏捷、表面上最沒有威脅感的機器人則以狗為模仿對象。

在目前市場上大規模販售的家用機器人中，唯有索尼的「愛寶小狗」（Aibo）能做比吸地板更有趣的事。這個索尼售價三千美元的二〇一八年版數位寵物，和它曾上遍各大媒體、早在一九九九年就出現的笨重始祖相比，簡直是栩栩如生。不過這款機械狗動起來宛如得了關節炎的姿態意味著，一旦真的小狗出現，即使是最新版的寵物狗也很快會失寵。

儘管並不完美，但不可否認的是，索尼小狗有一天可能會成為第一個被廣泛使用的家用機器人。這是因為人類依賴具有自主智慧生物的故事，可追溯到兩萬多年前，當時人類就開始嘗試利用活生生的小狗來幫助自己。

一九一四年，工人們在德國波昂（Bonn）郊區的奧伯卡塞爾（Oberkassel）挖溝渠時，發現了一座古老的墳墓，古墓裡有一男一女已經分解的遺骸，以及少量的鹿角和骨製裝飾品作為陪葬品。後來，這座古墓被認為可追溯到約一萬四千七百年前。工人在這裡還發現了後來被證實為二十八週大幼犬的骨頭。根據骨骼與牙齒的骨學分析，小狗在死前幾個月感染了犬瘟熱病毒；即便到了今天，這個病對感染的家犬仍有高達五成的致死率。[2]撇開這隻小狗是世上任何地方已知最古老的馴化犬類的鐵證，[3]這座古墓最不可思議的

地方在於，若沒有受到人類的照顧，小狗染上犬瘟熱後不可能活那麼久。換句話說，這隻小狗沒什麼工作的價值，但主人還是在牠生病時花力氣照顧牠。

忙碌的基因體演算法，為我們人類和狗兒源遠流長的關係，添加了更多交疊的故事細節與不確定性。牛津大學的研究人員在二〇一六年宣布，他們對古代與現代犬類的骨頭及基因體素材的分析，支持狗曾被獨立馴化兩次的觀點。[4]隔年，另一團隊宣布，在分析一大批出自德國的狗骨後，其基因體的詳細數據顯示，馴化可能只發生過一次，在兩萬到三萬年前之間的某個時間點。[5]儘管有些古老的粒線體DNA暗示人類最早馴化狗的地點在歐洲，但從現代狗的粒線體和基因體數據的分析來看，東亞、中東和中亞也是馴化的中心。

奧伯卡塞爾小狗和愛寶小狗

狗是所有生物當中最早被人類馴化的，而且至今仍與人類保持最密切的夥伴關係。這個事實提醒我們，儘管多數家畜如今是人類的食物，在動物馴養歷史的大部分時間裡，多數家畜的主要工作是幫忙幹活，然後透過在工作過程中形成的親近感，有時關係被轉化為一種忠於彼此的關係、甚至是愛。

一萬五千年前，當人類和狗的夥伴關係開始變得比友好互助更特別時，人類和家畜僅占地球上哺乳動物生物總量的百分之一，比例小得微不足道。然而，自那時起，人類及其家畜讓地球上哺乳動物生物總量增加了約四倍，得益於農業將其他形式的生物量轉化為活生物的能力。基於這個原因，以及其他哺乳動物棲地被挪用來從事農業和供人類居住，人類及其家畜現在構成了地球上所有哺乳動物生物總量的百分之九十六。其中，人類占百分之三十六，而我們培育、飼養，然後送到屠宰場的牲畜（主要是牛、豬、綿羊和山羊）則占了百分之六十。數量不斷減少的野生動物占剩下的百分之四；牠們今天蜷縮在人造樹籬中為遊客表演，在人類設立的自然保護區、國家公園和越來越少的野生動物保護區躲避盜獵者。野生鳥類的情況也好不到哪裡去。每年約有六百六十億隻雞被產下，然後宰殺供人類食用，因此家禽在今天任何時候的總活體生物量，約是野生鳥類的三倍。[6]

家畜在決定哪些農業社會能獲取最多能量、成長得最快，以及養活最多人口方面，也發揮至關重要的作用。第一，牠們食用人們不喜歡的植物，並將這些能量轉化為肥料（和肉類）；再來，牠們被用來幫忙拉犁、拖曳樹幹、載人，以及分配剩餘糧食。儘管一頭活的小公牛達到最佳屠宰重量後，價值如今低於其肉、皮革與其他動物產品的總和，可是直到工業革命前，牛只要還能拖犁，在任何地方都是活的比死的更有價值。

———

自納圖夫人最初嘗試馴化野生種小麥以來的一萬兩千年期間，只有極少數技術上的創新有助於顯著提升個人獲取並投入工作的能量總數。譬如，輪子、滑輪和槓桿都帶來了很大的改變。和金屬製品相關的技術，也幫助人們製造出更堅固、更精密且耐用的工具。但直到水車在西元前三世紀、風車在西元一世紀的羅馬埃及行省被發明出來之前，截至當時為止，最重要的非食物能量來源是動物，如駱馬、駱駝、驢、牛、亞洲象和馬，牠們被迫為人類服務，而在蒸汽機和後來的內燃機發明之前，這就是除了人力以外的主要動力來源。

關於現已徹底馴化的每個物種，當初如何被人類引進柵欄內，我們目前尚不清楚。人們普遍認為動物的馴化有多種途徑，其中有些一開始並非靠著棍棒與胡蘿蔔。就像家貓和家犬一樣，豬可能是因為在聚落周圍遊蕩、尋找食物殘渣，然後逐漸進入人類的世界中，或者也可能是因為被獵人抓來養肥。

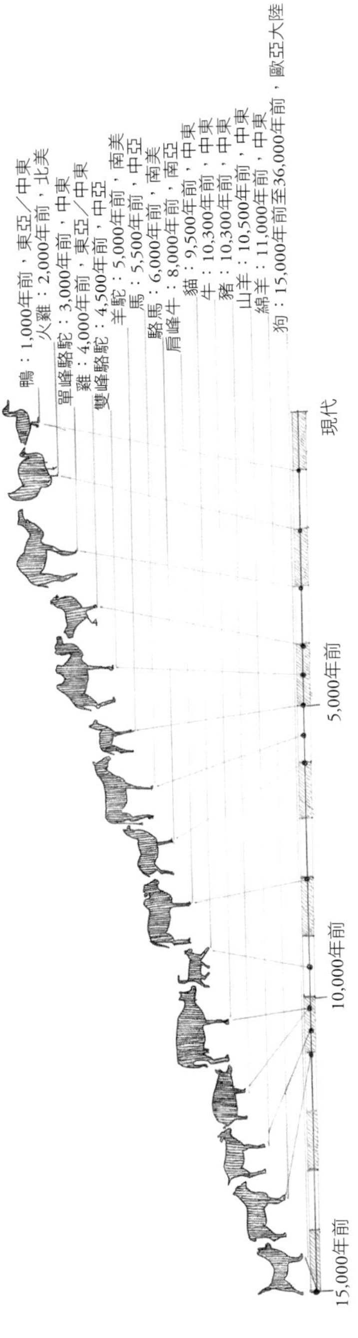

重要動物的馴化時間與地點

犬隻之外最早被馴化的動物，大概是綿羊和山羊。牠們出現在中東考古資料裡的時間約和馴化小麥同期。而草食性動物的首次馴化，很可能是在狗的幫助下實現的，因為使野生山羊和綿羊變得友善並傾向群居的基因，也是使牠們對被牧羊犬猛咬距關節有所反應的基因。

綿羊和山羊味道鮮美，而且有豐富的脂肪。牠們也產羊奶，某些品種甚至還產羊毛，但若是論實際幹活這塊，綿羊和山羊其實用處不大。在所有被馴化的動物的中，轉變最大的幾乎可以肯定是一萬零五百年前開始馴化的五種牛。大多數畜養的家牛都是原牛的後代，原牛是一種長腿、有著大角的巨型牛隻，成群結隊地遊蕩在歐洲、北非和中亞地區。牠們最早在約一萬零五百年前的中東被馴化，然後六千年前在印度再被獨立馴化一次，可能在幾千年後於非洲又被馴化了一次。其他被馴化的牛種還有犛牛和爪哇野牛（banteng），但最重要的要屬沼澤水牛。沼澤水牛的馴化約發生在四千年前，被認為是少數由人們專為工作而刻意馴化的物種之一，因為沼澤水牛被馴化的古老證據，和東亞水稻生產集約化的時間大致吻合，當時的人們用耕犁深溝取代了過去費時費勁的鋤地。

如果非洲東部、中部和南部的「牧牛文化」將他們的牛視為財富和權力的象徵，那麼在最早形成的農業國家裡，牛比較是被當作通往財富和權力的途徑，因為在犁地之類的繁重勞動方面，一頭健康的牛就可以做五名壯漢的工作。換句話說，牛隻馴化的重要性不在於為人們提供蛋白質，而是因為牛使穀物種植更加集約化，而且是將剩餘糧食從鄉村運輸到城市的工具。更重要的是，牠們主要從人類無法食用的植物獲取並轉化能量，然後透過牠們的勞動、糞便，以及最終化為牛排，將蘊藏在植物中的能量轉化為人類可食用的形式。

另一種溫順且易於訓練的大型草食性動物的馴化，加速了牛在許多地方從備受尊敬的工作夥伴，最終被降級為食物的命運——這個動物就是馬。馬不僅比牛更有長途載人的能耐，而且大型役馬的工作量是大型公牛的兩倍，工作速度則快了三成到五成。[7]牛唯有在熱帶不會因為馬的馴化而遭降級。在熱帶地區，肩峰牛（humpback cattle）①比馬更

① 譯注：肩峰牛又稱瘤牛，是一種肩部長有肉瘤的黃牛亞種，原產於印度。

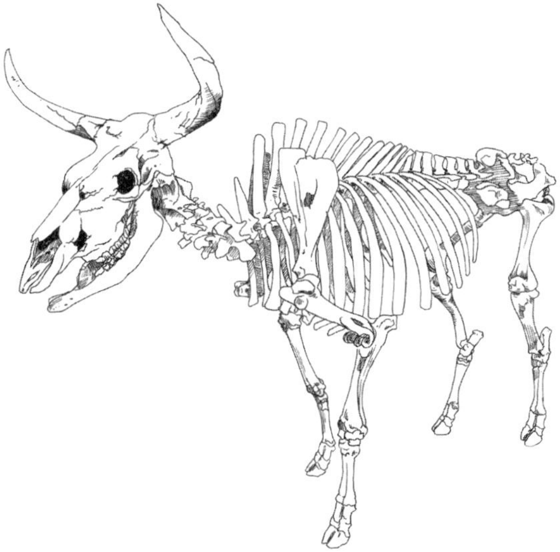

一九〇五年在丹麥比戈（Vig）挖掘到的骨頭，有一萬年歷史，屬於一頭一千公斤重、兩公尺高的原牛。

能應付高溫，而且水牛特別適應在泥濘水稻田的移動，也比較能抵抗熱帶病原體。

一六一八年，二十二歲的笛卡兒（René Descartes）在日後被稱為「三十年戰爭」（Thirty Years War）的小規模勘查戰鬥中，自告奮勇替新教拿騷親王（Protestant Prince of Nassau）的軍隊作戰。頭腦發達勝過四肢的他被派去和軍事工程師一起工作，聚精會神地解決數學問題，譬如計算砲彈的軌跡和軍隊所需的馬匹數量。輕重裝騎兵在戰鬥中往往有決定性的作用，但其重要性並未勝過將大砲、帳篷、糧車、火藥、鍛鐵爐、彈藥、攻城器械和將物資從甲地拖到乙地的大型役馬，或是運載間諜和信差的小型馬。一六一九年，在德國諾伊貝格（Neuberg）附近的一次演習中，笛卡兒經歷了他赫赫有名的「幻象之夜」——一連串的夢使他相信，他的推理能力就是他存在的證明，於是有了名句「我思故我在」（*cogito, ergo sum*）的誕生。這些夢還使他相信，人體不過是「塵土做成的雕像或機器」，而動物（譬如撐他所屬軍隊運作的戰馬）缺乏推理的能力，因此動物充其量是以大麥和燕麥為燃料驅動的精密自動機。[8]

細數將動物世界想像成有許多索尼愛寶小狗裝在外表不同的有機機械軀殼裡的哲學家，

笛卡兒絕對不是史上第一人。動物乃生物界自動機的想法，呼應著比笛卡兒更早的神學與哲學論點，這些論點主張唯有人類軀體是由靈魂賦予生命，而動物僅僅是存在著。

幾乎所有依賴狩獵取得肉食的社會，都認為動物擁有某種靈魂，即使那種靈魂和人類的靈魂不完全相同。許多社會甚至認為，獵人其實形同靈魂收割者這件事在道德上令人感到不安，於是想出一種不同的方式將殺戮合理化。這就是為什麼因紐特人和凍原尤卡吉爾語族（Yukhagir）等西伯利亞採集者堅信，他們獵殺的動物經常是自己送上門，自願變成人類的食物和其他動物產品。而獵人如芎瓦西族則認為，他們追捕的多數動物都是會思考的複雜生物，因此牠們的靈魂也擁有尊嚴，借用芎瓦西族的話來說，至少擁有某種生命的力量。

拿長矛或弓箭徒步狩獵動物所產生的親密感，在從事肉類生產的農民或屠夫身上沒有見容之地，動物靈魂的情感重量對他們是太過沉重的負擔。然而，人類已進化出選擇性展現我們社交本性中的同理心的能力。幸運的是，對大型屠宰場的工人而言，否認同理心相對容易，因為不同於獵人常看到獵物處於牠們的最佳狀態，屠夫看到牲畜時，牠們常是處於最糟糕的狀態，站在屠宰場外的圍欄裡，呼吸死亡的氣味。

即便如此，農業社會採用了各種不同的途徑來處理殺害動物的倫理問題。有些社會乾脆地把可怕的真相藏了起來。這就是我們今天在許多城市採取的方法：活生生的動物在遠離公共視線之處，被屠夫變成了排骨、烤肉串和漢堡。在神學與哲學傳統並未擺脫動物有靈魂說的社會，這種眼不見為淨的辦法經常獲得採用。譬如，在印度教傳統中，動物的靈魂被認為低於人類靈魂，因此肉類和動物產品的屠宰與準備工作被委派給社會中的低種姓成員，如皮革工人「恰馬爾」（Chamar）和屠夫「卡提克」（Khatiks），而社會中位階較高、較純潔的種姓成員會刻意避開這些人的社區和工作場所，以免被動物的血玷汙。

除了隱藏真相之外，另一種途徑是訂定規則。這也是許多現代工業社會特有的情況。這些社會制定了許多有關動物福利的規則和指示，管理著這些社會的動物飼養及飼養後的屠宰。這是亞伯拉罕諸宗教信徒採行的方法。因此，傳統猶太教主張如下：在動物還活著的時候割其四肢食用，是對上帝的冒犯（《創世記》9：4）；屠宰過程中一定要快速劃破喉嚨，減少動物的痛苦；絕不能在同一天殺死母牛及其牛犢；孩子的肉絕不能用母親的奶烹煮（《利未記》22：28和《申命記》14：21）；工作的牛（和人一樣）有權在安息日休息一天（《出埃及記》20：10、23：12）；而且人類必須確保他們的動物不挨餓。

但還有最後一種選擇是採用笛卡兒觀點，想像動物不過是比機器再有生命一點，進而假設即使是在牠們還活蹦亂跳的時候，牠們也已經死了。這代表農民和士兵不用擔心將動物活活奴役到死的道德問題。

除了哲學之外，笛卡兒對塑造現代世界最重要的貢獻在解析幾何領域。譬如，用來計算三角形斜邊長的畢達哥拉斯定理，正是借用他在水平 x 軸和垂直 y 軸的平面繪製坐標的方法，而能以簡單的慣用數學符號表示為 $x2+y2 = z2$。不過，雖然笛卡兒自認是畢達哥拉斯在幾何學方面的繼承人，他不可能贊同畢達哥拉斯公開承認的素食者習慣——畢達哥拉斯老是到當地市場購買活體動物，只為讓牠們免受屠刀的侮辱。

畢達哥拉斯對動物的多愁善感在古希臘是不尋常的，亞里斯多德人等的觀點比較能夠反映古希臘社會的常態。即使亞里斯多德相信動物擁有低等的靈魂，他和笛卡兒一樣堅持動物缺乏理性，因此人們可以心安理得地宰殺來食用。在他看來，這都是自然秩序的一部分。他說：「植物是為了動物而生，而其他動物則是為了人類而生。」[9]

主張動物是為人類而生的時候，亞里斯多德指的不只是動物為人類提供食物而已，也是指牛、馬和獵犬等生物所做的工作。這也是事物自然秩序的一部分。或許並不令人感到意外的是，他以類似的推論合理化奴隸制。他認為奴隸制是一種自然狀態，雖然有些男女因不幸厄運而淪為法定奴隸，但其他人，尤其是從事體力勞動的人，是「天生的奴隸」。

亞里斯多德解釋，「奴隸的用處與動物的用處沒有太大區別」，因為兩者都「用體力換取生活之必需」。此外，由於亞里斯多德覺得奴隸制既自然又合乎道德，他心想除非沒有工作可以給奴隸做了，否則沒有終止奴隸制的理由。而唯一可能導致奴隸沒工作可做的情況是，倘若人類發明出可自主工作的機器，而這些機器「服從並會預測人類的意願」，在這種情況下，「工頭們不會需要雇員，主人們也不會需要奴隸」。[10]不過，對他來說，那情況只可能發生在幻想中，還有宗教人士間流傳的虛假故事中，就像匠神赫菲斯托斯（Hephaistos）在故事裡用青銅鑄會噴火的公牛，用黃金造會唱歌的少女。

亞里斯多德的名聲也許來自用理性質問不確定性的本質，但他毫不懷疑奴隸之所以存在，正是為了讓像他這樣的人可以把時間花在解決數學問題、伶牙俐齒的辯論，而不是生產及準備食物。他對奴隸制的辯護提醒我們，每個社會都堅信它們判若天壤的經濟、社會規範及制度反映了自然。

在古希臘城邦，如雅典、底比斯（Thebes）、斯巴達和科林斯（Corinth），奴隸制和農奴制支撐著以農業生產為主的經濟。不過，雖然多數的奴隸都在田間勞作，讓奴隸做比較花腦力的工作，也被認為是適當的、甚至是可取的。的確，在古希臘社會，政治工作是唯有自由人才能從事的工作。儘管奴隸無權要求他們的勞動獲得任何報酬，因為根據定義，他們不能擁有任何個人財產，但那些擔任律師、官僚、商人和工匠的奴隸，經常享有遠遠超過其官方身分的影響力。

亞里斯多德這類的人可能對體力勞動者嗤之以鼻，但在古希臘歷史上，有很長一段時間，努力工作被視為一種美德。詩人赫西奧德（Hesiod）在《工作與日子》（*Work and*

Days）描述西元前七〇〇年的希臘農民生活，述說了希臘版的人類墮落的故事。在故事中，憤怒的宙斯懲罰人類，向他們隱瞞了如何靠一天工作維持一整年生活的祕密。赫西奧德還堅稱，眾神對「遊手好閒的人」感到憤怒，而且唯有透過努力工作，「人類才能興旺致富」。[11]

一九八二年，生於牙買加的歷史社會學家奧蘭多・帕特森（Orlando Patterson）發表了關於六十六個奴隸制社會的重量級比較研究，舉凡古希臘羅馬、中世紀歐洲、殖民時期以前的非洲和亞洲的奴隸社會都在其列。這是帕特森多年努力的成果，目標是確立奴隸制在社會學上的定義，而不是奴隸制在法律或財產層面的定義。[12]他在研究中總結，被奴役首先是一種「社會死亡」，接著指出在每個奴隸制社會裡，無論履行何種職責，奴隸都不同於其他被邊緣化或受剝削的社會階級，因為奴隸無法訴諸支配自由人之間行為的社會規則。他們無法結婚、欠債或被欠債，也無權向司法機構上訴。如果傷害他們，就等於傷害他們的主人。他們不能擁有任何東西，因為他們擁有的一切在法律上都屬於他們的主人。這代表即使不同於笛卡兒心目中宛如機器的動物，而是擁有推理能力的人，他們仍經常被當作沒有靈魂的自動

機對待，就像法蘭克斯坦的怪物一樣，只能巴望有一天能被當成完整的人。因此，當羅馬軍團的士兵在戰爭中被俘虜，他的家人會被要求為他舉辦一場宛如他已戰死沙場的儀式。

對某些奴隸而言，肉體死亡往往比他們所承受的社會死亡來得更好受一些。在羅馬，奴隸有時會攻擊他們的主人，儘管他們完全清楚此舉的下場是唯一死刑。然而，有些奴隸咬緊牙關，盡其所能地善用自己的處境，經常和其他奴隸形成某種共同體，彼此稱兄道弟、團結一心，有時甚至拉近和主人的關係。他們被剝奪了太多東西，但很多人也在工作中找到了目標、自尊和意義，特別是那些除了體力之外還能提供其他服務的少數幸運兒。

富裕的羅馬人比希臘人更可能因為奴隸犯下微不足道的行為失檢，進而殺害與折磨他們的奴隸。但除此之外，羅馬人對奴隸制和工作的態度與古希臘人相似，而且他們和近兩千年後的維多利亞時代英國人一樣，自詡為古希臘文明的繼承者。他們也認為從事體力勞動有辱人格，覺得為了生活而工作是庸俗的。公民只適合從事商業、政治、法律、藝術或軍事活動。

在羅馬帝國，奴隸是用來將元老、執政官和皇帝的雄心壯志變成龐大帝國的力量，也是將羅馬的輝煌凝聚在一起的砂漿，以及部分平民實現以富裕地主之姿退休的手段。但在早期的羅馬共和國，羅馬人擁有的奴隸比晚期要少。隨著羅馬帝國擴張，在軍事行動中俘獲的奴隸大量湧入之後，供養羅馬的農業模式才從小規模的自由人農民負責供應大部分糧食，轉變為由大型農莊（*latifundia*）控制農業生產。這些大型農莊幾乎完全靠奴隸運作，而在農莊的存貨清單上，奴隸和牲口相同，都只是一筆財產。

從西元前二〇〇年到西元二〇〇年的四個世紀裡，據信羅馬和整個義大利有四分之一到三分之一的人口是奴隸。多數奴隸在農場或採石場當工人，其生產的多餘產品被運往城市。但在羅馬城，就像在古希臘一樣，技術工作十之八九也是出自奴隸之手。除了格鬥士和娼妓，以及奴隸在顯赫家庭和普通家庭從事的八十九種留有紀錄的工作，[13]奴隸從事幾乎所有我們想像得到的職業。事實上，從軍是他們唯一被禁止的職業。雖然不像古希臘那樣普遍，羅馬奴隸確實偶爾會擔任重要的官僚和祕書角色，其中有些公僕（*servus publicus*）不屬於個人，而是屬於羅馬城本身。

在多數公民眼中，支撐羅馬的經濟的廣大奴隸可說是一種由有智慧的工作機器。這樣的事實造成了一些經濟挑戰，類似於後來大規模自動化機器帶來的問題，其中之一就是財富不平等。

早期羅馬由遍布義大利的小農網絡餵養，因此家庭的勞動與經濟回饋之間存在相對密切的對應關係。但當大部分工作開始交由奴隸完成時，這樣的經濟對應關係就變得難以維持。擁有大量資本與奴隸的人能累積的財富，比起沒有雄厚財力的羅馬公民多好幾十倍。貧窮的公民必須在勞動力市場謀生，但在這個市場裡，最經濟實惠的選擇永遠是能幹的奴隸。[14]這也使得小規模農民難以和大規模農民競爭，於是許多人將農場賣給大地主，動身前往城市，希冀能在那裡討個生活。事實上，根據一些人的計算，在羅馬帝國的最後一個世紀，有三個家族「可能是史上最富有的私人地主」。[15]

與奴隸競爭工作機會的羅馬人並非束手無策。一如倫敦地鐵的司機如今依靠工會保護他們的工作，以免被自動駕駛或遙控火車取代，羅馬百姓組織同業公會以確保奴隸不會損害他們的利益。這些混合宗教、社會和商業功能的組織被稱為「工匠聯盟」（*collegia*），經常像遭黑幫滲透的會員俱樂部一樣運作，後來逐漸演變成在中世紀歐洲擁有相當大權力的「行會」（guild）。除了利用他們的人脈力量為會員爭取有利可圖的公共合約，許多組織還以犯罪集團的形式運作，確保至少有一些財富流向底層的勞動者。織布工、漂布工、染工、鞋匠、鐵匠、醫生、教師、畫家、漁民、鹽商、橄欖油商人、詩人、演員、車夫、雕塑家、牛販、金匠和石匠等職業，紛紛成立各自的同業公會，使得在羅馬首都上演的事幾乎與某個公會有關。

雖然工匠聯盟神通廣大，但他們基本上也只是爭奪著從宛如衣食父母的富裕貴族桌上掉下來的殘羹剩飯。羅馬帝國內部根深柢固的不平等充滿腐蝕性，最終加速了帝國的瓦解。

在羅馬人派遣軍團在歐洲和地中海大部分地區強行建立「羅馬和平」（*Pax Romana*）之前，許多城邦已靠著征服建立了龐大帝國。他們只是不太擅長將帝國凝聚在一起。譬如，有薩爾貢大帝（Sargon the Great）統治的阿卡德帝國（Akkadian Empire）曾在大約兩千兩百五十年前的美索不達米亞短暫綻放光芒；埃及帝國一度沿著尼羅河一路延伸到現代的蘇丹；居魯士（Cyrus）、薛西斯（Xerxes）和大流士（Darius）的波斯帝國後來被馬其頓的亞歷山大（Alexander of Macedon）打敗，併入了後者幅員廣大但曇花一現的帝國。此外，還有孔雀王朝（Muaryan Empire）這樣的帝國，在擊敗了亞歷山大之後，於西元前三二二到西元前一八七年間，統治起印度次大陸的大部分地區。而在現代中國土地上，則曾有秦朝與漢朝。然而，這些古老帝國可說是興也勃焉、亡也忽焉，反觀羅馬帝國前後共屹立了五百年之久。

古典學者至今還為羅馬帝國例外論的解釋爭辯不休，但多數人都同意條條大路通羅馬，是支撐羅馬帝國的眾多要件之一。由於在整個義大利地區及其帝國，奴隸為羅馬提供了源源不絕的資源，鼎盛時期的羅馬擁有一百萬名公民，而且能夠透過吸取帝國各地農民生產的剩餘資源，來維持其軍團、官僚大軍、元老、奴隸、公會和馬戲團。

如同當今蓬勃發展的國際大都會，生活在羅馬大城市的人的能量足跡遠遠超越在土地上耕作的人，而且其中很大一部分就來自奴隸。這些能量被用於修建溝渠、道路、馬戲團和大街，保持羅馬市場貨物暢通，並維持一些超級鉅富豪奢的生活方式。儘管在羅馬骯髒街道上謀生的平民，反覆被提醒他們和貴族比起來有多貧困，但因為他們住在資源不斷流入的中心，和在各省田間勞作的農民相比，他們還是非常富裕的。因此，有些古典學者認為，即使是羅馬帝國各個行省的下層階級，都「享有很高的生活水準，西歐直到十九世紀才比得上」。[16]

羅馬將其軍事征服得到的地盤轉化為殖民地，由羅馬人駐軍和管理，建立羅馬式城鎮與大型農莊。這些農莊在抽取財富的同時，還向羅馬運送大量掠奪物、稅收和貢品，其中有些財富化作黃金、白銀、礦產、紡織品和奢侈品，但主要還是化為農產品和其他食物。因此，住在首都和各大省城的百來萬人口，愉快地食用來自葡萄牙的橄欖、西班牙的魚醬（garum）、布列塔尼的牡蠣、地中海和黑海的魚、迦太基的無花果、希臘的葡萄酒，以及來自帝國各地的蜂蜜、香料、奶酪、乾果和香料。但最重要的是，他們食用由小麥或大麥製成的麵包和粥。這些食物被當作每個月的口糧，定期分發給多達二十萬名貧窮的羅馬人，由羅馬財政官支付相關費用。下達指令的執政官和皇帝意識到，若要在這個擁擠的城市遏制公民異議，需要確保平民不會餓肚子，而且偶爾要以奢華的凱旋勝利、馬戲表演和其他公共娛樂分散他們的注意力。

羅馬領導人不遺餘力只為讓他們的公民分心，以及羅馬工匠聯盟為保護自己行業免受奴隸侵害所做的努力，都在在提醒我們人類工作史的下一個重大變革：在最初擁抱農業之後，越來越多人聚集到大城市和城鎮，在這些地方，多數人的工作並不專注於獲取生存所需的能量——這是人類史上頭一遭出現這樣的情況。

第四部

城市生物

Creatures of the City

第十一章

萬家燈火

城市如同生物體，其誕生、維繫和成長也是透過獲取能量，並將能量用於工作才達成的。當城市基於某種原因，不再能獲得運作所需的能量，宛如生物被剝奪空氣、食物和水，它們就會屈服於熵，衰落並消亡。在人類都市史的早期歲月，這種情況比人們一般以為的還要常見。

二〇〇七年八月，塔迪厄斯・古里拉布（Thadeus Gurirab）將衣物和一張護貝過的畢業證書裝進單薄的大手提包裡，從納米比亞東部的小家庭農場前往首都溫荷克（Windhoek）。古里拉布的父母一直都知道，他們的小農場只能養活一個家庭，所以堅持要身為四個孩子中的老二的他去上學，這樣一來，他最終可能會得到一份「城市工作」。

抵達首都後，古里拉布搬進他叔叔家，和嬸嬸、三個孩子，以及嬸嬸的母親同住。他們住在滿地石頭的浪板鐵皮小屋裡，這區叫做哈瓦那（Havana），是蔓延整個丘陵地市郊的非正式聚落。

十多年後，古里拉布仍住在哈瓦那的同一塊土地上。他的叔叔和嬸嬸在二〇一二年搬走了，把這塊地留給了他。現在，他在眾多福音派教堂的其中一間「身兼二職」，擔任保全和清潔工；每週日，許多城市移民都會在此齊聚一堂、祈求好運。他還將自己蓋的另一間鐵皮屋出租，以賺點額外現金。小屋的空間可以放一張單人床，裡面住著兩名年輕人，都是最近剛從東部搬來的城市移民，兩人也都從事保全工作。一個白天睡在小屋裡、上夜班，另一個則晚上睡，上日班。

古里拉布對這安排很滿意。這代表他的土地上總是有人在，能提防宵小。自二〇一二年以來，哈瓦那的面積幾乎擴張了一倍，而且不像以前那麼安全了。他指出，在他初來乍到時，小屋俯瞰的山丘仍荒無人跡，現在卻和他居住的山谷這側一樣擁擠了。由於新來的人幾乎都找不到工作，他們別無選擇，只能乞討或偷竊。

人口只有五十萬人的大溫荷克地區，其占地面積和世上許多大城市相比是小巫見大巫。儘管規模較小，發生在大溫荷克地區的事，和發展中世界絕大多數地方發生的事大同小異。一九九一年的時候，近四分之三的納米比亞人依然生活在農村。此後經過二十五年多，納米比亞的總人口幾乎增加了一倍。不過農村人口僅增加五分之一，城市人口與此同時則成長了四倍。這主要是因為像古里拉布這樣的人在農村人滿為患的情況下前往城市發展，於是今天住在城市的納米比亞人，幾乎和一九九一年的全國人口一樣多。由於政府沒有足夠的償債能力實施大規模住宅計畫，而且年輕人的失業率徘徊在百分之四十六左右，多數新移民不得不湊合著住在哈瓦那這種非正式聚落。

二〇〇七年，全球估計有七千五百萬人搬入都市，[1]古里拉布就是其中一人。這些人有很多都像他一樣，離鄉背井到大城小鎮追求財富。他們每個人都在推動人類跨越一個重大歷史門檻方面發揮了小小的作用。二〇〇八年初時，城市人口在人類史上頭一次超越了農村人口。[2]

人類從一個不太在乎改變周遭環境的物種，轉變成居住在無邊無際、錯綜複雜的人為聚落的物種，這種轉變的速度之迅速，在生物演化史上堪稱獨一無二。白蟻、螞蟻和蜜蜂經歷了數百萬年才建構了類似人類都市的居住環境，反觀人類的都市化在演化的一眨眼間就形成了。

人類也許直到最近才成為芎瓦西族口中的「城市生物」。即便如此，自從中東地區、中國、印度、中美洲和南美洲最早的一批小規模古城開始合併以來，城市一直是創造力、創新、力量和多樣性的熔爐。過去，城市的人口占比雖然不高，但它們對人類事務產生莫大影響。工業革命之後，世界各地的城市才常態性地占地區總人口的五分之一以上，可是到那時，城市發生的事早已主宰人類歷史的軌跡超過五千年了。

在智人轉變為城市生物的故事中，許多最新的章節都寫在隨興亂蓋、經常毫無秩序可言的擁擠棚戶區。就像哈瓦那，這些棚戶

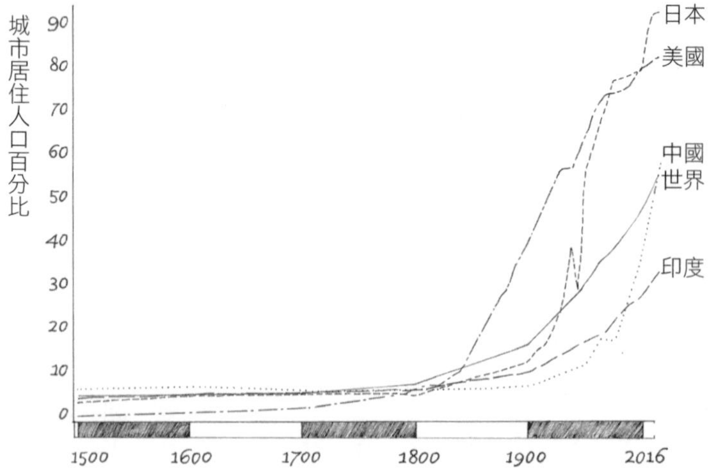

一五〇〇至二〇一六年間住在都市地區的人口比例[3]

區在發展中世界的城鎮邊緣遍地開花。今天，生活在貧民窟和棚戶區的人口多達十六億。最大的幾個，如肯亞的基貝拉（Kibera）、墨西哥城外的內薩城（Ciudad Neza）、巴基斯坦的奧蘭吉鎮（Orangi Town）和孟買的達拉維（Dharavi），其人口數以百萬計，而且在某種程度上是城中之城。他們的道路不在都市計畫內，四通八達地不斷向外延伸好幾公里，而且發展得相當迅速。這就導致當地市政當局最好的規劃方式，就是手拿寫字板，拚命地跟在他們後頭四處疾走，嘗試估算加裝自來水、下水道和電力等基礎設施可能需要花費的成本，以及究竟可行與否。

然而，在其他人類漂流到都市的故事裡，有些新章節則是根據比較井然有序的劇本上演。令人印象最深刻的，是現代中國都市計畫者和建築師的超大型計畫。四十年前，五分之四的中國人生活在農村；現在，每五個中國人有三個在由玻璃、水泥和鋼筋製成的房屋和工作場所裡起居生活。這些建築很多都被安排在寬闊、筆直的柏油路四周，並擁有完善的水、能源、廢棄物處理和通訊基礎設施。一九七九至二〇一〇年間，兩億五千萬中國農村人口湧向城市，投入正快速發展的製造業就業市場，是人類史上規模最大的一次人口遷徙事件。這不僅導致全新建造、入住率卻偏低的「鬼城」幾乎一夕間出現，也見證既有城市在朝鄉村擴張的過程中，吞沒了一連串死寂的村鎮、村莊、農場和城鎮。

對考古學家柴爾德而言，「都市革命」（urban revolution）是農業革命中關鍵的第二階段。第一階段是人類用無數世代的時間，極其緩慢地逐步馴化牲畜、穀物和其他作物。它的特點在於人工灌溉、耕犁、役用動物、製磚與冶金等簡單技術的逐步發展和完善，這些技術「透過促使人口倍增，明顯地促進了人類的生物福祉」。[4]

相較之下，他主張都市階段到來的前提是，農業生產力必須跨越某個關鍵門檻，而且農民能持續產生足夠的剩餘糧食，餵養一群唯有他們心胸夠寬大才不會想作「寄生蟲」的官僚、藝術家、政治家及其他人。這個階段的特點是城市的出現，由商人供給、君主統治，並由神職人員、士兵和官僚負責管理。

至少就工作的歷史來看，柴爾德的看法幾乎可以說是正確的。唯有當地農民能產生足夠的剩餘能量，穩定地養活無需在田間工作的大量人口，古代城市才會出現。在能量充沛的地方，人們就像黑額織雀一樣，先是拿這些剩餘能量建造宏偉的巨型建築（如哥貝克力石陣或英國巨石陣），接著興建起城鎮和城市。

在亞洲、中東地區和美洲誕生的第一批城市，既是地理上的意外，也是當地人聰明才智的證明。舉例來說，住在巴布亞紐幾內亞和中國的人，皆在一萬到一萬一千年前期間開始嘗試農耕。但在四千年前，中國農民因幸運地馴化了高產額的稻米和小米，持續產生充分剩餘糧食，因而建立並維繫了第一波奠基在都市的中國王朝；反觀，巴布亞紐幾內亞農民靠種植芋頭、山藥和養豬所產生的能量較低，因此只能發展出大型村莊。事實上，一直到殖民時代，稻米等高產額穀物輸入巴布亞紐幾內亞後，當地才有辦法支撐起一個規模像樣的城市。中美洲人也是因為缺乏高產額的糧食作物而發展無力。他們直到幾百年前才生產出足以維繫城市運作的剩餘糧食，因為從那時起，玉米終於在經過數千世代的人擇後，變得類似我們今天所知的高產額作物。

除了培育原生栽培種時運氣很好之外，在地理因素方面的另外兩個重要變因，分別是氣候和地形。中東地區、東亞和印度次大陸的第一批城市，皆出現在特別適合穀物生產的氣候帶，以及受季節性洪水影響的大河系統泛濫平原，這絕非巧合。在人類發現肥料的價值或建立起井然有序的輪作原則之前，這些地區的人口仰賴河神派洪水用豐富的沖積層，以及上游的有機物質，為表土重新注入活力。

就好像有些科學家推測，熵意味著生命出現在地球上幾乎不可避免，歷史顯示一旦某個

地方的人口成為多產的糧食生產者，城鎮的出現也是不可避免的。

城市如同生物體，其誕生、維繫和成長也是透過獲取能量，並將能量用於工作才達成的。當城市基於某種原因，不再能獲得運作所需的能量，宛如生物被剝奪空氣、食物和水，它們就會屈服於熵，衰落並消亡。在人類都市史的早期歲月，這種情況比人們一般以為的還要常見。城市和城鎮有時毀於被敵人團團包圍，有時則因乾旱、瘟疫和其他天災而衰亡。在考古學家眼裡看來，許多古老大城市、城鎮和聚落幾乎都是在一夕之間就被無緣無故地拋棄了。

直到工業革命之前，即使在最先進和生產力最高的農業文明（譬如古羅馬），社會上五分之四的人口仍住在鄉村，在土地上勞動。但剩下的五分之一城市人口，卻堪稱是全新工作方式的先驅。

身為第一批不花任何時間或精力從事糧食生產的人群，他們在環境形勢、好奇心和無聊等各種因素的驅使下，尋找其他有創意的事來揮霍他們的能量。一如吃飽喝足的織雀聽從熵的要求去做工，城市從周遭農田取得的能量越多，它們的規模就越大，市民也就越忙碌。這些能量很大部分都用於尋找興建、維護和更新基礎設施的材料。這導致許多新行業的出現，像是木工、石匠、建築、工程、水文和汙水處理。此外，人們也投注許多精力以建造寺廟和維持宗教秩序，用犧牲和貢品來奉承、安撫難伺候的神靈。與此同時，人們面臨一個全新挑戰，也就是維持都市中的社會秩序。三十萬年來，這些都市人的祖先一直生活在四處移動的小型遊群中。但人們聚集到都市以後，就需要官僚、法官、士兵，以及其他專門維護秩序，而且擅長用共同價值、信仰和目標，將人們團結起來的人。

講述古城起源的傳說填補了我們集體歷史中的空白。譬如，關於羅馬這座城市的起源，就與被遺棄的雙胞胎兄弟羅穆盧斯（Romulus）和瑞摩斯（Remus）的傳說有關：兩兄弟喝狼奶長大，後來羅穆盧斯謀殺手足，建立了羅馬。不過，除了農業創造的剩餘能量使擴張成為可能之外，有關小村莊如何以及為何迅速發展成大城小鎮的一切細節，我們在多數情況下都只能憑空臆測。毫無疑問，像雅典、羅馬、成周（即今日的洛陽）、埃及的孟斐斯（Memphis）、非洲南部的大辛巴威（Great Zimbabwe）與馬蓬古布韋王國（Mapungubwe），以及遺跡隱身在墨西哥城地底下的特諾奇提特蘭（Tenochtitlán）等古代大都會的創建，一定有許多不同的途徑，就像進出這些城市的道路一樣多不勝數。有些城市想必一開始是作為儀式中心，或是地理位置優越的聚會場所，人們在特定季節聚集到那裡進行社交、崇拜，並交換禮物、想法、恐懼、夢想和配偶。有些城市則十之八九是在動亂期

間，於容易防禦的地點合併而來的。在這樣的城市裡，強者可能會為弱者提供庇護或保護，於是人們被具有雄心壯志、自命不凡的非凡領導者所迷惑。

城市的生死是基於共同的行為規則，以及城市公民藉共同經驗、信仰和價值將彼此凝聚在一起的能力，然後將這些延伸到餵養他們的農村。

隨著農業人口因額外能量而增長，地盤和獲得良好土壤和水等資源的管道也變得更有價值。但除此之外最重要的是，在收穫後食物充足又沒有大型建築需要修築的時期，男人有時間思考如何吸引女人、如何表現給其他男人看，並針對在他們忙於工作期間惡化的積怨、不合和侮辱採取行動。因此，人們不僅經常一起建造巨石陣之類的建築，以消耗特定季節產出的剩餘能量，也經常聚在一起打鬥。正因如此，對新石器時代早期的歐洲遺址感興趣的考古學家，很多時間都花在挖掘被掩埋的防禦要塞和大規模的墓葬，後者向我們展示了酷刑、殺人祭神和零星同類相殘曾在此地發生過的證據。[5]

即使被山谷另一頭的村民屠殺的可能性，讓許多新石器時代早期的人時時保持警戒，他們當中卻沒有太多人會自認是士兵，也不覺得偶有一兩個村莊的農民在身上塗顏料、怒氣沖沖地出征，就是一支軍隊。新石器時代早期的多數武裝衝突，肯定很類似發生在許多殖民時期以前的非洲農業社會的衝突。這類部落包括像努爾人（Nuer）和丁卡人（Dinka）的社會，以及南美洲森林粗耕者如亞諾馬莫人（Yanomamo）的社會，或是巴布亞紐幾內亞那些彼此敵對的村莊。換句話說，在新石器時代早期，可怕的屠殺遠比儀式化的戰鬥少得多，後者的重點比較在於打扮、昂首闊步、裝腔作勢和辱罵叫囂，而不是實際的流血事件。

隨著城市和國家的出現，一切都改變了。城市居民的工作是由消耗能量的需求決定，因此能源的首要用途之一，就是建立正式的常備軍，以便維持城牆內的和平，並且保護能源或是擴展獲取能源的管道。

隨著城市居民不再受制於糧食生產的挑戰，第一批城市催生了新職業的蓬勃發展。在城市中，有些新職業取得了一定的社會重要性，這對不斷移動的採集者、乃至住在小村莊的農民而言，絕對是無法想像的。

在我們所知最古老的城市，也就是美索不達米亞的烏魯克，多數人的職業生活可能和在工業革命之交的巴黎、倫敦、孟買或上海等城市沒有太大區別。烏魯克遺址位於肥沃的幼發拉底河河灣，距離今天伊拉克的薩馬瓦（Samawah）以東約三十公里處。這座城市興建於約六千年前，直到西元七世紀伊斯蘭征服美索不達米亞才終於被遺棄。據信烏魯克在五千年前的全盛期，曾有多達八萬名公民。和後來出現的多數大城市一樣，從事類似行業的烏魯克人傾向在同一區生活與工作。

舉例來說，當代倫敦許多街區都和特定行業保有緊密的歷史關聯。雖然這些行業有些已經消失，而且許多老街區因為購物中心、線上零售、超市和中產階級的出現，已失去和特定行業的獨特關聯，其中有些街區依然保有原來的歷史淵源。倫敦的哈雷街（Harley Street）、哈頓花園（Hatton Garden）、塞維街（Savile Row）、蘇活區（Soho）和「平方英里」（Square Mile）都和延續了好幾世紀的行業保有緊密關聯。[1] 其他也有一些街區則是和較新的行業相關，像是肯頓（Camden）以另類都市時尚聞名、托特罕宮路（Tottenham Court Road）則可以找到許多電子產品。

特定街區與固定行業的歷史關聯，並不是某種分區規定的巧合，或是縝密都市計畫造成的結果。也不是因為對於尋找特定商品的消費者來說，能夠到城裡的某一區比較相關商品是很好的商業安排。而是因為在維繫大城市脈動的多個心臟地帶，人們在同行之間得到了陪伴和安慰，並因而擁有類似的經歷，於是乎，城市人的個別社會認同往往和他們從事的行業合而為一。

墓誌銘和羅馬帝國的文書紀錄，描述古羅馬人有兩百六十八條不同的職業道路可以選擇。在行政官僚、建築、工程、手工業、商業和士兵等工作之外，羅馬人的許多工作都是當代服務業工作的前身，在今天構成了英國這類都市化現代國家的大部分就業機會。而在羅馬服務業大隊中，有律師、抄寫員、祕書、會計師、廚師、管理員、顧問、教師、妓女、詩人、音樂家、雕塑家、畫家、演藝人員和高級應召公關，假設這些人能獲得合適的贊助或在經濟上獨立而富有，就可以將畢生職涯都致力於精進他們的一技之長。

在新石器時代早期和採集社會裡，多數人的歸屬感、社群意識和認同感，是由住在同樣的地方、說同樣的語言、有同樣的信仰，以及親近的血緣關係塑造而成。此外，人們做類似工作，而且往往一起工作，也帶來了一些保障。

在古代城市，人們沒有安全感，因為這裡無法形成那種出現在單一地區、由親族關係維繫的社群，而人們也沒有餘裕認識在城市裡遇到的每個人。就像今天的都市居民，他們多數時間都是和徹頭徹尾的陌生人摩肩擦踵。他們也許效忠於同一個領袖，說著相同的語言，受同樣的法律約束，而且生活在同一個地方，但卻過著截然不同的生活。而且，城裡不同行業之間的日常人際互動，很多都發生在各行業的人各司其職的脈絡中。因此，舉例來說，一名古羅馬的廚師固定會和享用他烹調的香草榛睡鼠的貴族，以及露宿野外的榛睡鼠獵人和提供他其他烹飪材料的商人打打交道，或者至少也會有短暫的互動。在工作之外，廚師和前述這

①譯注：哈雷街是著名的醫療街，哈頓花園是珠寶商的集散地，塞維街可以找到許多訂製服商店，蘇活區則為紅燈區。此外，「平方英里」一詞為倫敦市的別名，因其面積大約為一平方公里。

些人幾乎沒有太大關聯，甚至可能會覺得在社交集會上碰到他們有些尷尬。可是他和同事們在廚房裡相處的時間很長，可能比他和家人在家相處的時間多，或許也比他有時利用休假與熟人在廣場一起玩擲距骨（knucklebones）[②]的時間還多。他應該也會和其他廚師相處，這些人對世界的觀點受到他們在廚房裡學到的技術影響，而手臂上的燙傷傷疤就是他們的共同符號。簡言之，廚師與廚師之間臭味相投的程度，遠遠勝過他們和士兵、元老、侍酒管家和全職棒睡鼠獵人。對於任何專業領域來說，同樣的道理也適用。

就和今天的情況一樣，在古羅馬成為廚師、詩人或砌磚工，形同加入一個「同業社群」（community of practice），這個社群是由共同經驗和經歷漫長學徒過程後精通的同一技藝為基礎。而在羅馬及其他許多城市，從事類似行業的人們往往會形成跨世代的小型社區，這些社區的孩子們一起玩耍、通婚，享有同樣的宗教信仰、價值觀和社會地位。事實上，隨著都市社會變得更加成熟，人們的職業和其社會認同、政治認同，甚至宗教認同的融合程度也越來越高。這個過程在印度社會最為顯著。在印度，個別行業與嚴格的種姓密不可分，種姓制度規定人們應該住在哪裡、與誰為鄰，也規定他們應該崇拜什麼神，以及社會上其他人如何對待他們，以及他們的後代從事什麼職業。

在羅馬，這些同業社區是工匠聯盟的基礎，這除了有助於保護關鍵行業的工人免於被奴隸邊緣化，還賦予個人一種社群意識、公民認同和歸屬感。因此，儘管當前的敘事將市場描述成你死我活的競爭溫床，但在歷史上多數時候，類似行業的人通常相互配合、互助合作，做彼此的後盾。

這些緊密結合的社區會形成，是因為人們若擁有相同的技術，以及專屬於各行各業的共同經驗，從而往往以類似的方式理解世界。另一個原因是，他們的社會地位通常也是由各自的行業決定。不出所料，這情況至今依舊存在。我們許多人不僅在工作之際與同事相伴，在職場以外的生活中，也有一定比例是和同事度過。

在人類聚集到城市後出現的無數新職業中，有兩個全新的工作分類尤其重要。第一個是文字發明之後出現的一系列新職業；第二個則是商人的崛起，他們控制了鄉村生產的能量及其他資源的分配和供應。

所有採集社會與新石器早期社會都有豐富的視覺文化，並透過許多富有意義的符號和彼此交流。但直到城市出現之後，才有人開發出像文字這樣多功能的視覺表達系統。

---

② 譯注：擲距骨相當於古代的骰子遊戲。

書寫系統和農業一樣，都是由世界不同地區、沒有血緣關係的族群，在相對較短的時間內獨立發展出來的。至少有三個全然獨立的書寫系統分別來自中東地區、東亞和中美洲，而今天我們熟悉的多數當代書寫體都發源於這三個系統。墨西哥灣的奧爾梅克人（Olmecs）在西元前六〇〇至前五〇〇年左右所使用的圓潤象形文字與符號，一千年後被納入瑪雅文銘的書寫系統裡，但其起源與意義至今不明。起源同樣不明的，還有刻在中國最古老書寫範本上相當成熟的標準化記號與符號，它們是三千五百年前被刻在獸骨和龜甲上的商代文字。

但追索已知最古老的書寫系統的起源，也就是烏魯克的蘇美人的書寫系統，就容易多了。他們獨特的楔形文字共經歷了三個階段的演化。最早的第一階段，前後跨越四千五百年，大概從一萬年前開始；在這個階段裡，交易使用代表商品單位的黏土代幣來計算。這些立體代幣在下一階段被轉變為黏土板上的象形文字，一樣是做會計用途。最後一個階段則是始於約五千年前，人們開始使用象形文字系統性地演繹口語，這種象形文字就是字母的前身。

讀寫能力對人類認知方面的具體影響仍是眾說紛紜。就像我們在年輕且認知仍具可塑性時學習並精熟的複雜技能，讀寫能力顯然對形塑大腦的組織方式，以及我們如何看待與感受世界有所影響。爭辯的重點不在於認知是否受到影響，而是其影響有多深遠。有些人堅信，讀寫能力為人類帶來的認知及心理變化至為關鍵。他們主張，這項能力導致人類的視覺優於其他感官，並鼓勵人們在理解世界時，培養出一種更科學、更視覺化且「理性」的方式。相較之下，有些人則持高度懷疑態度，並認為讀寫所需的根本智力結構，和我們用來翻譯有意義的語音、詮釋沙地上的動物足跡及其他有意義的視覺標誌所需的智力結構，沒有什麼差別。

然而，眾人一致同意，即使以書寫符號忠實表達口語和複雜觀念的能力，並未徹底改變人們認知周遭世界的方式，但若沒有讀寫能力，我們不僅會失去歷史、哲學和詩歌，也不會擁有發展複雜、抽象模型所需的工具。正是這些模型，才使人類有可能在數學、各種科學和工程領域獲得一些最重要的發現。眾人異口同聲的看法還有，文字的發明催生了一些過去難以想像的全新文書工作與職業，諸如抄寫員與建築師，其中很多是地位崇高的職業，主要是因為精通讀寫需要投入大量精力和努力。西元前三千年，一名埃及父親送兒子去上學時，曾如此對兒子說道：「把文字記在心裡，你就能免於任何體力勞苦。」他還補充：「抄寫員不必做體力活，而是發號施令。」[6]

顯然，讀寫能力也徹底改變了權力的性質與行使方式。因為它提供了早期國家建立有效官僚體制和確立法律制度的手段，而國家可藉此組織及管理更多人口，並施行目標更遠大的計畫。精通讀寫的人還因而得以宣稱，他們擁有取得神之意旨的特殊管道。

毫無疑問，讀寫能力透過促成貨幣正規化、複雜的記帳工作、金融及銀行制度的誕生，以及使過去只存在帳簿上的財富得以實際被人累積，進而改變了商業世界的樣貌。

考古學家已發掘超過十萬份蘇美楔形文字的寫作樣本，包含信件、食譜、法律文件、歷史紀錄、詩歌和地圖，以及許多商業相關的文件，其中包括一份有五千年歷史的薪資單，顯示口渴的烏魯克公民和建造埃及金字塔的工人一樣，接受以啤酒作為工作報酬。此外，還有好幾份有四千年歷史的收據，記錄從動物飼料到紡織品的商品交易，以及約寫於西元前一七五〇年的史上最古老客訴信——作者是某位怒氣沖沖的顧客，向某商人抱怨送來的商品不符合他的標準。

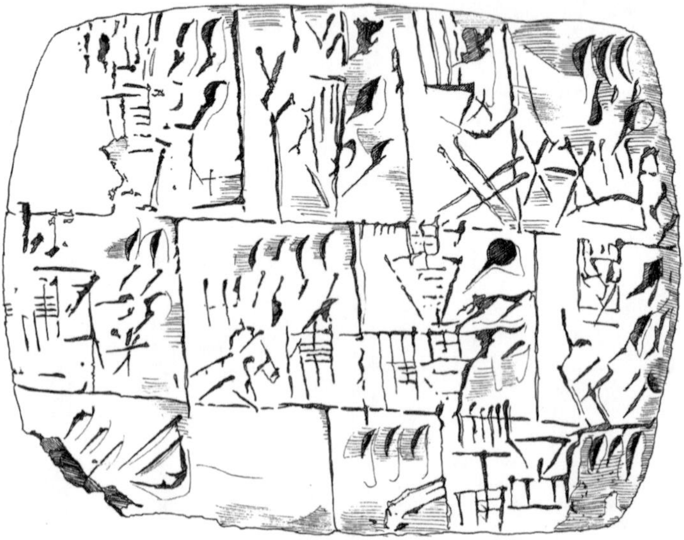

大英博物館展出的記錄西元前三〇〇〇年左右用啤酒當工資的楔形文字泥板，可說是世上最古老的工資紀錄。

在城市，物質保障的基礎不是建立在糧食或其他原物料之上，而是在於控制其分配與使用。從無規則地向外蔓延的雅典市場，到宛如精品店的店鋪整齊林立的羅馬廣場，每個古老城市都有自己的集市。

烏魯克這些古城發展出市場的部分原因是，小型農業聚落裡常見的人與人之間的交換關係，在城市根本無以為繼。農村社區的人主要傾向和他們認識的或有親戚關係的人互通有無及分享，但城市裡的多數交流都發生在陌生人之間。這代表，處理互惠和相互義務的傳統規範和習俗不適用於城市。

從這些農村中才有的義務解放出來的城市商人很快了解到，貿易是有獲取財富和權力的潛在途徑。而貿易之所以很重要，是因為在農業社會裡，人們全神貫注地滿足自身的基本需求，但在大城小鎮中，基本溫飽以外的其他需求及欲望形塑了人們的抱負，因此也形塑了他們工作的方式和理由。

第十二章

無限抱負之病

許多人僅把他們從事的工作視為購買更多東西的手段。如此一來，生產與消費的閉鎖循環就被創造了出來……事實上，在接下來兩百年，勞工運動和工會將把他們的大部分資源，都集中在為會員爭取更好的薪資，以及更多能揮霍薪水的空閒時間，而不是試圖讓他們的工作變得有趣或充實。

從古里拉布在哈瓦那的小屋開車到溫荷克市中心，如果能避開早晚尖峰時刻堵塞道路上的破爛計程車大亂鬥的話，大約需要二十五分鐘。這趟車程首先會帶乘客穿越兩座舊市鎮，那是黑人和「混血兒」在種族隔離期間被規定居住的地方；接著，在經過溫荷克的中產階級西北郊區後，最後才會抵達被美化過的市中心。從位於市中心的希爾頓酒店的頂樓露臺，可以看到大型購物中心、餐廳、有裝空調的辦公大樓，還看得到遠處哈瓦那的裊裊炊煙。從哈瓦那往市中心移動時，人們可以根據停在車道上的車輛越來越豪華，以及房屋、商店和辦公樓越來越華麗，看出財富的增長。此外，保全系統的周密程度也是一項指標。在哈瓦那，社區安全基本上仰賴鄰居之間彼此相互信賴與看顧。在鎮區，以矮牆圍繞簡單水泥磚房，並裝上鐵窗和用掛鎖鎖住大門，就算安全了。但進入市區後，人們首先會看到小透天厝四周圍繞著加裝鐵絲網或碎玻璃的矮牆，再往前走則會看到有如高牆大院的豪華別墅，不僅有危險電網、紅外線動作感應器、閉路攝影機的加持，還配備了手持棍棒、鞭子，有時還有配槍的制服保全。保全人員有很多都來自哈瓦那，就像古里拉布。他們在市中心保護民宅、商店和企業，不受其他來自哈瓦那的人入侵。

在溫荷克，沒有人認為自己的保全措施做過頭了。儘管在鄰近的南非城市，搶案往往伴隨冷血暴行，溫荷克當地的搶案卻鮮少如此。然而在溫荷克，人不論貧富，幾乎都曾是搶劫案或行兇搶劫案的受害者。雖然溫荷克的富人不斷抱怨罪犯無法無天，並將這情況歸咎於種族、世風敗壞和警察無能，他們同時也清楚，城市治安在短期內不會有什麼改變。

溫荷克有些搶案之所以會發生，純粹是因為犯案人太餓了。假如侵入者成功突破屋主家中的保全系統，他們第一個洗劫的地方就是廚房。但很多搶案常是出於另一種不同的匱乏：城市人常會遇到其他人擁有比自己更多（且更好）的物質財富，因而出現了一種後天形成的稀缺問題。

從這個意義來看，溫荷克和世上任何城市都是一樣的。自從聚集到城市以來，人類的野心就被某種稀缺性左右。這種稀缺性不同於形塑自給自足農民的野心的稀缺性，它會激發人們的抱負、嫉妒和欲望，而不是說明人類的基本需求。這種相對稀缺性是多數人加班工作、在社會中向上流動，以及和鄰居比東比西的動力。

多數經濟學家都不會逕自推論使某事物顯得稀缺的原因，一定來自某種特定需求或欲望。相反地，他們提出了所謂的「價值悖論」（paradox of value），以解釋像是鑽石等非必需品比水這種必需品還要昂貴的原因。而且，他們基本上不覺得有必要追根究柢，也不在乎驅使不同需求的因素是什麼，因為那些需求的相對價值將由市場裁決。

凱因斯在提出自動化技術可以解決經濟問題時，便和許多經濟學同僚在這方面意見相左了。他主張，經濟問題由兩個不同的部分組成，而自動化只能解決他所謂的滿足人類「絕對需求」之衝動的部分。這類需求，像是食物、水、溫暖、舒適、陪伴和安全，是普遍而絕對的，在手銬腳鐐的囚徒和宮殿裡的君主身上，不會有所不同。而且，儘管滿足這些需求至關重要，凱因斯相信它們並非無窮無盡。畢竟，當你感覺夠溫暖時，給火堆再添一根薪柴，會讓你變得太熱；或者當你已經吃飽了，再吃更多食物，會讓你感覺不舒服。經濟問題的第二個部分是我們渴望滿足凱因斯所說的「相對需求」。他相信，這類需求確實是無窮無盡的，因為每當我們滿足任何相對需求，它很快就會被野心更大的另一個相對需求取代。就是這些需求讓人們亟欲「和左鄰右舍比排場」，在職場取得升遷，買更豪華的房子，開更名貴的汽車，吃更高檔的美食，以及成為更呼風喚雨的人。他也相信，正是這些需求激勵我們在絕對需求得到滿足後，仍毫不鬆懈地加倍努力。

凱因斯沒有明確表示絕對需求在他心目中是否包括根據餐時搭配合適的葡萄酒、週末能到鄉間別墅度假，或是用菸斗享用上好的土耳其菸草。但在區分絕對需求和相對需求時，他發現社會背景和地位對人的欲望有重大影響。在這方面，他的思考比較像社會人類學家。不同於經濟學家，社會人類學家有興趣了解為什麼在某些環境裡（例如城市），鑽石比水更珍貴，而在其他環境裡（例如喀拉哈里沙漠的傳統採集社區），鑽石一文不值，但水卻是無價之寶——實際上，喀拉哈里沙漠有著人類迄今為止開挖過最豐富的兩座鑽石礦場。

不平等是自然且不可避免的，這觀念在吠陀、儒家、伊斯蘭和歐洲古典哲學的教義中，以及許多政治家的雄辯中都經常被提出。打從人類在城市生活並以文字記錄想法以來，就有人堅信不平等是生活中不可避免的事實，亞里斯多德就是一例。當然，也有很多反對的聲音，這些人宣揚平等，而他們的聲音在身處經濟、社會或政治底層的人之間引起共鳴，並且在動亂、叛亂和革命時期，偶不時會被擋在臨時路障後頭的人大聲疾呼出來。

芎瓦西族這樣的採集者提醒我們，人類既有能力為自己規劃出極度平等的社會秩序，也有能力把自己束縛在僵化的階級制度裡。因此許多史學家主張，即使不平等不是人性的原初事實[1]，而是有跡可循的，但連同人畜共患疾病、專制統治和戰爭，不平等大概也是人類擁抱農業的直接與立即後果。他們推論，只要一有大量剩餘糧食可以囤積、交易或分送，人類本性中的悲慘天使就會出面當家。

---

① 譯注：在當代哲學中，原初事實（brute fact）指的是那些無法予以說明的純粹事實。

但極度不平等並非我們的祖先踏進農業社會後，立即且自然發生的後果。許多早期農業社會遠比現代都市社會更加平等。在古代的農村和小村莊裡，人們常互助合作，公平地分享勞動的成果，而且只會為集體利益囤積剩餘糧食。也有大量證據顯示，這種類似「吉布茲」（kibbutz）②的平等主義經得起時間考驗，是因為它能有效應付快速增長的農業人口經常遭遇的週期性物資短缺。因此，西元前一千年左右，在今日西班牙和葡萄牙境內扎根的小規模農民，被一些考古學家認為是「堅定的平等主義者」——直到羅馬軍團在西元前一世紀出現。[1]

有趣的是，目前已知最古老的準都市聚落，也就是土耳其的加泰土丘，在物質分配方面大概也奉行平等主義。但它和往後的其他古代城鎮都不一樣。它的遺址主要是由數百個大小相近的住家緊挨在一起所構成，幾乎就像蜂窩裡的巢穴，代表沒有誰遠比其他人富有。此外，這裡也沒有明顯的公共空間，沒有市場、廣場、寺廟或露天廣場，也沒有公共通道、小徑或道路，考古學因而推論人們從一地到另一地是靠爬屋頂，然後由天花板進到自己和其他人的家。

從個別住宅的格局和大小來看，沒有證據表明加泰土丘存在過極端的物質不平等，但這並不代表當地曾存在過芎瓦西族這類小規模採集社會特有的堅定平等主義。舉例來說，若純以居家住宅的格局為依據，在過去一千五百年間擴散到非洲中部、東部和南部大部分地區的班圖文明（Bantu civilisations），乍看之下可能顯得高度平等。但這絕非事實。幾個世紀以來，這些班圖人的社會由雄心壯志、政治陰謀和權力遊戲所推動，並以年齡分組、性別階層，和以牛群來計算的巨大財富差異作為組織社會的骨幹（牛群常在牧童的監督下，到遠離村莊地盤的地方吃草）。事實上，在許多農業社會中，住家面積被認為是不重要的（但對我們這些生活在高度商品化房地市場的人而言，住家面積卻是財富的明確指標）。同樣地，在許多階層社會中，酋長、貴族、平民和奴隸常住在同一棟樓房裡。儘管這些階層社會不在意住家面積，但卻不代表它們沒有衡量財富的方式。在這些社會中，財富常被以高度抽象的方式衡量。譬如，在許多美洲原住民文明中，使用特定羽飾、表演特定歌曲，或是舉行特定儀式的權利，是評斷地位和權力的仲裁，就好像在許多非洲社會，掌握儀式相關知識就是權力的象徵。無論部分新石器時代的小規模農業聚落是否高度平等，世界級大城市的生活一直都是不平等的，儘管有革命性思想的人不定期地試圖解決這個問題。

---

② 譯注：吉布茲是以色列特別的社區。自第一個吉布茲於一九〇九年成立以來，成員們過著平等互助的生活，不僅收入平等分配，社區內的財產與生產資料也為集體所有。過去的吉布茲以務農為主，如今則轉型兼事工業與高科技產業。

史上最古老的關於城市的文字記載是一部史詩，描述烏魯克一位早期國王吉爾伽美什（Gilgamesh）的成就。吉爾伽美什因建造城牆而聞名，而且後來被世人認定是天神。《吉爾伽美什史詩》（*The Epic of Gilgamesh*）以楔形文字書寫，而眾多版本中最古老的一個約寫於四千一百年前，並且幾乎可以肯定是一部代代相傳、精心修撰的口述歷史的銘文。不過，《吉爾伽美什史詩》當然是神話的成分多過歷史，虛言諂媚多過事實。若搭配同時代的其他楔形文字史料，就會發現它們詳細敘述了一般公民在蘇美國王烏魯卡基那（Urukagima）四千五百年前實施改革時的權利與義務，因此更能對世上最古老的都市生活提供鞭辟入裡的見解。

透過這些史料，我們不僅看到烏魯克及其他美索不達米亞早期城邦居民追求的各種職業，它們也證明烏魯克絕不是平等的，就像今天的紐約、倫敦或上海。此外，史料也表明，這些古代城市中的商人和金融家和紐約、倫敦或上海的一樣，能利用他們對於供應和經銷剩餘的控制，獲得和貴族與神職人員平起平坐的地位。

四千五百年前，烏魯克的公民分成五個不同的社會階級。排在最頂端的是皇室和貴族；他們因為是吉爾伽美什等古代國王的後裔，或是和諸神有親族關係，而獲得特權地位。緊接在他們之後的是聖職階級，即祭司和女祭司。他們聲稱自己的權力來自和國王的親近關係，還有他們作為人神媒介的角色、聖地和聖物看管者的角色，以及作為負責管理最重要都市空間的官僚這個較為世俗的角色。除了不被當成真正的人看待的奴隸，社會最底層的那批人就是今天可能被稱為「工人階級」的那些人。他們若不是替他人工作，就是自己經營小本生意，包括主要居住在城外的農民，以及在城內從事各行各業的男女，譬如屠夫、漁夫、侍酒管家、製磚匠、釀酒師、酒館老闆、石匠、木匠、調香師、陶匠、金匠和拖車司機。而夾在他們和聖職階級之間的是士兵、會計師、建築師、占星家、教師、高級妓女和富商。

在烏魯克這樣的地方，普通人若不靠煽動革命，成為富商幾乎就是消弭他們與貴族之間的鴻溝的唯一途徑。換句話說，對那些工作最努力、運氣最好而且最狡猾的人來說，積攢財富提供了向上流動的機會。

說來也許不足為奇，但古代蘇美城市的考古學讓我們看到，對於有意在社會階梯上步步高升的人而言，釀啤酒和賣啤酒都在最有前途的行業之列。這有一部分是因為啤酒是一種貨幣，就像小麥和白銀。同時也是因為啤酒屋提供貸款給身無分文的農民，而後者往往接受了清醒時絕不可能同意的利率及違約處罰。雖然不確定酒吧老闆向上流動的機會有多高，古代蘇美君主列表上的唯一女性庫巴巴女王（Queen Kubaba）在接管基什城（Kish）以前，只是一介卑微的酒館老闆。這絕對是個強而有力的正面訊息。根據記載，庫巴巴女王在基什城的統治長達一百年。

──

農業人口比例通常是衡量國家財富的一項重要指標。農業人口占比最高的國家，通常也是最貧窮、農業生產力及工業化水準都最低的國家。世上有十個擁有超過四分之三勞動人口仍自稱農民的國家，全都位在撒哈拉以南的非洲。相較之下，美國今天只剩不到百分之二的工作人口，受雇於固定產生龐大剩餘糧食的高科技農業，而其剩餘龐大到每人每年約有三百公斤的食物在從產地到餐桌的運送過程中被浪費掉。[2] 這是多數工業化國家的常態，這些國家的農業在過去三個世紀從勞力密集轉變為資本密集的事業，因為有一系列的新技術與新做法大幅提高生產力，同時顯著縮減了對人力勞動的依賴。

到了十八世紀，英國北方城鎮迅速擴張成為工業革命的中心。但這種擴張不光是為了滿足新興紡織廠、鑄造廠、礦坑和工廠的勞動力需求，也不是一群樂觀的鄉下人帶著發財或嫁入豪門的野心搬到城市的結果。事實上，它是由技術發展促成農業生產力突飛猛進所帶動，再加上較為富裕的農民將農地財產陸續合併，這代表在鄉下快速成長的農村人口中，有很多人根本沒有工作可做。

最早的農業國家的農民生活和歐洲文藝復興時期的農民生活，兩者並沒有太大差別。他們用於耕作、種植、收割、除草、灌溉和加工作物的基本技術，可能與時俱進，而且有時非常巧妙地為不同的環境做調整；但它們在很多方面根本上是沒有改變的，直到十六世紀末，一系列近乎同步發展與普及的新技術與新科技，大幅提升了歐洲農場的糧食產量。其中最重要的是採用了效率極高的荷蘭犁，它比過去的犁耙更好翻動長草土層，而且可以只用一頭役畜拖拉。此外，這時的農場還大量地使用了天然與人工肥料，更注重育種，也採用了更複雜成熟的輪作系統。在一五五〇至一八五〇年之間，英國每英畝小麥與燕麥的淨產量成長近四倍，黑麥與大麥成長三倍，豌豆和豆類的產量則增加了一倍。[3]生產力的提高促使人口成長急劇攀升。一七五〇年，英國的人口約為五百七十萬人，但拜農業生產力暴增所賜，人口到一八五〇年成長三倍，變成一千六百六十萬人，然後到一八七一年又再增加了一倍。此外，在一六五〇年，英國約有半數勞動力是農民，到了一八五〇年，這數字已下降到五分之一。

奴隸制度、殖民主義，以及和新世界的貿易，進一步加速了這個進程。來自奴隸貿易的利潤資助了英國紡織工廠的建設；不僅如此，到了一八六〇年的時候，美國約四百萬名非洲奴隸，也為英國的第一個大規模工業提供近九成的原物料——也就是棉花業。

在工業革命前的一個世紀裡，當時由英國東印度公司實質控制的蒙兀兒印度（Mughal India），是世上最大的商品製造暨出口國。蒙兀兒印度相對便宜的印花棉布、棉布和白棉布織品，在歐洲城市富人間掀起了一場消費革命，結果導致英國以羊毛服裝為主力產品的家庭手工業逐漸陷入困境。一七〇〇年，由於憤怒的牧羊人、織工、染工和紡紗工糾纏地方政治人物和任何願意傾聽的人，議會通過了英國的第一部《棉布法案》（Calico Acts）；根據該法案的規定，棉花成品進口和銷售到英國先是受到限制，而後全面遭禁。這起初對牧羊人、織工和染工似乎是好消息，後來卻為他們帶來最不樂見的結果。生棉從北美種植園大量湧入，填補棉花成品遭禁的空缺，恰巧給了紡織工廠徹底推翻家庭紡織手工業所需的一臂之力。

對英國工業革命來說，加勒比海的數百萬名奴隸也一樣重要。在北美南方州的奴隸撕著手工採收的棉花時，加勒比海的奴隸每天都在甘蔗田裡砍進砍出，不斷給火添薪柴，將新鮮甘蔗熬煮成糖蜜、糖和蘭姆酒。糖製品很快成為英國殖民時期最重要的一項從新世界進口的食品。在加勒比海殖民地大量生產與出口糖之前，糖是一種時髦的奢侈品，唯有歐洲各大城市最豪華住家裡的居民消費得起。假如普通百姓渴望吃甜食，他們得拿成熟的水果充數，或者如果他們夠幸運的話，也許可以吃上一勺蜂蜜。

但在十八世紀晚期和十九世紀的英國，隨著糖的價格越來越親民，人們吞下肚的糖量也越來越驚人。有些人很快發現，一杯甜滋滋的熱茶，配一片塗抹超甜廉價果醬的麵包，就可以維持他們值十二小時輪班所需的能量，從經濟角度來看也非常划算。因此，到一七九二年時，就連志在終止加勒比海種植園奴隸制的律師威廉·福克斯（William Fox）這樣的廢奴主義者，也接受糖不再是一種「奢侈品」，而是在人們的持續使用下成了生活必需品。到二十世紀初時，英國的人均糖消耗量為每天四分之一磅。[4]英國人一直維持這教人牙疼的消費量到二十一世紀。

英國工業革命期間，糖為許多工人的身體提供了「燃料」。但英國的工廠、駁船、鐵路和輪船都是由煤炭驅動的。

早在七萬五千年前，有些採集部落就發現煤炭可以當燃料燃燒，而中國古代的青銅鑄工從四千六百年前就常態性地使用煤炭。[5]但在東亞以外的地區，直到高耗能機器與蒸汽機問世前，鮮少有人想要利用煤炭。畢竟，煤炭不是隨時唾手可得的。此外，採煤礦也是辛苦、危險重重的工作，運輸起來充滿挑戰，而且燃燒時會產生惡臭的含硫廢氣，以及黏黏的黑色煤灰。更重要的是，在多數地方，人們四周仍有足夠的木材能提供家庭用火。只有在那些淺層煤藏能輕易開採，而且人口密集的地區，煤炭才有可能超越木柴，成為家庭燃料的來源。在這些地方，大部分的森林都已被人們燒掉了。[6]在其他地方，煤炭和其他化石燃料都是在蒸汽機被廣泛使用後，才成為重要的能源。這不僅是因為對可燃燃料的需求，隨著人類意識到其潛力而一飛沖天，也是因為蒸汽機最早也最普遍的用途，就是負責將濕透煤坑的積水抽乾，讓礦工能挖出比過去更多的煤。

在啟蒙運動時期的科學家思忖如何衡量這些機器能做多少工作的很久以前，第一臺原始蒸汽機早已問世。在羅馬帝國統治下的埃及亞歷山大港，一位名叫希羅（Hero of Alexandria）的工程師，在西元一世紀造出了一臺簡單的旋轉蒸汽機，他稱之為汽轉球（*aelopile*）。但就像他發明的由風力驅動的風琴，他想不出這個汽轉球除了能在聚會上表演旋轉和吹口哨來娛樂達官顯貴之外，還能做什麼用途。但即便到了今天，這種簡單的加壓蒸汽渦輪機，每年仍在成千上萬的學校教室被複製，呈現在學生面前。

一千多年後，鄂圖曼土耳其和後來正值文藝復興時期的法國，也都有工程師嘗試打造原始蒸汽機，但直到英國軍事工程師湯馬斯．薩弗里（Thomas Savery）在一六九八年為「一項透過火力推動提水和為磨坊提供動力的新發明」申請專利，蒸汽才終於被拿來善加利用。他的蒸汽機，綽號「礦工之友」，是沒有任何活動零件的簡單冷凝器。它們透過熱蒸汽在密封室冷卻時創造部分真空來汲水。但它們很容易爆炸，導致操作員被從天而降的灼熱彈片侵襲，令人不勝其擾。不過，這種蒸汽機雖然效率奇低，它們產生的能量卻足以抽出礦坑積水，幫助礦工挖出更多的煤，而且新增的產量遠遠超過維持機器運轉所需的煤礦量。

由希羅在西元五〇年發明的汽轉球，是史上第一臺蒸汽機。

薩弗里的大型固定式的蒸汽機為他在史書上贏得了崇高的地位。但這也許是因為他說服英國議會延長他的獨家專利，不久之後，就有其他人根據不同的設計，提出了更有效的新蒸汽機。

最重要的新設計於一七一二年由湯馬斯．紐科門（Thomas Newcomen）揭曉。紐科門是五金商人，專為煤、錫礦工製作設備。他設計的蒸汽機引擎驅動一顆獨立活塞，因此比薩弗里的更有效、更強大。即便如此，紐科門的蒸汽機主要也是用來從煤礦坑抽水，以及讓被抽上來的水可以重複利用於驅動水車。

紐科門蒸汽機的各式版本被廣泛使用，直到一七七六年，花了二十年實驗新蒸汽機設計的詹姆斯．瓦特（James Watt）意識到，藉由將冷凝器和活塞分開，他可以製造出更有效、更多功能的蒸汽機。在整個十八世紀期間，煤在鑄造廠的廣泛使用提高了鐵生產的規模與質量，促成設計更精密、結構更堅固的蒸汽機誕生。這對於那些不得不為這些蒸汽機添燃料的人來說，可謂一大好事，因為這讓蒸汽機在高壓下運作也不會爆炸。於是，我們在十九世紀看到瓦特發明的蒸汽機被不斷改良，效率越來越好、功能越來越多元的新型蒸汽機接連問世，而且迅速被採用。自一七八〇年起，歐洲各地的工廠都安裝了固定式的蒸汽機，用於驅動工廠地板上有時令人眼花繚亂的複雜系統，這些系統由滑輪、槓桿、齒輪和絞車組成。此外，移動式的蒸汽機則負責驅動速度越來越快的運輸設備，用於運送大型貨物，和一個世紀前相比，其速度快得驚人。

在一七六〇至一八四〇年間，以蒸汽機為動力的大型紡織廠從數十家增加到數百家，為流向英國城鎮的農民創造了數千個新工作。但起初，它並沒有創造出很多新的職業或行業。真要說的話，工業革命初期主要導致從織工到蹄鐵工等各式各樣發展成熟、有時甚至是古老的職業遭到淘汰，同時也為懷抱大志的工程師、科學家、設計師、發明家、建築師和創業家等新一類勞工創造了機會，他們幾乎都屬於曾在私立學校、牛津或劍橋大學接受教育的都市階級。對於注定要在工廠工作的人而言，他們固有的技能並沒有被列在雇主開出的特質清單上。工廠主需要的是可以訓練來操作珍妮紡紗機（spinning jennys）、水力紡紗機和動力織機的肉體。

即使受雇於最開明的雇主（這裡說的開明是以當時令人沮喪的標準為依據），如理查·阿克萊特（Richard Arkwright），工人的生活還是相當辛苦。阿克萊特是細紗機（一種用於捆紗線的機器）的發明者，一七七一至一七九二年間，他在英格蘭北部建造了一系列紡織廠，當時是盧德運動反抗的主要目標之一。今天，阿克萊特通常被認為是「工廠管理制度」

的發明者。在他工廠工作的人必須在一周內完成六次輪班、一次十三個小時，而凡是遲到者都會被扣兩天工資。他允許員工有一週的（無薪）年假，前提是他們在休年假時不能離開城鎮。

在工業革命的最初幾十年，農民大概是自古代城市在幼發拉底河谷出現以來，頭一次有理由覺得自己過得比許多城市人更好。他們在鄉下呼吸新鮮空氣、喝大抵乾淨的水，反觀城裡的人工時較長、伙食較差，呼吸被廢氣汙染的空氣，喝品質有問題的水，並罹患肺結核之類的疾病（在一八〇〇至一八五〇年間的英國，紀錄中的總死亡人數的三分之一都是因肺結核致死）。在當時，這些疾病在他們擁擠、咳嗽聲四起的合住樓房中擴散。儘管工廠工人的實際工資在十九世紀上半葉緩慢升高，男性和女性的平均身高及預期壽命卻雙雙下降。

也許更重要的是，農民每天在農場上運用一生累積的技能解決問題，至少能得到一些立即的滿足感，多數工廠工人卻得忍受無止盡的重複勞動，直到心智麻木。

工廠主們很幸運，因為從鄉下移民到城市的前農民早就習慣了做苦工。此外，當他們找不到成年人填補空缺時，或是需要嬌小的身體在狹窄空間工作，以及靈活的手指修理大型機器繁瑣零件時，還有很多兒童可以被招進工廠，其中很多是來自當地孤兒院的兒童。孩童是相當順從且用途多廣的勞動者，以至於在十九世紀之交，全英國的工廠工人近半數在十四歲以下。但工廠對兒童的常態剝削並沒有得到普遍認可。因此，英國皇家政府在一八二〇年通過了《工廠法》（Factory Act），禁止工廠全職雇用九歲以下的兒童。法案隨後在一八三三年進行修訂，規定所有九至十三歲的兒童每天必須接受最少兩小時的教育，而且雇主不得要求十三至十八歲的兒童一次輪班超過十二小時。

——

對那些在紡織廠和工廠工作的工人來說，工業革命最初的幾十年可能是令人痛苦的，但沒過多久，蒸汽動力也為他們帶來了一些顯著的好處。

起初，工業化創造的巨大財富主要流向經濟階層的頂端和中層，進一步讓不平等在一個已過度執迷階級的社會更加被鞏固。但到了一八五〇年代，其中一部分的財富開始以工資提高和居住條件改善的形式，向下涓滴到在工廠做工的階層。

由於政府除了修訂《工廠法》，並沒有做出其他有實質意義的干預，因此財富向下涓滴的過程是透過幾位非常富有的工廠主推動的。他們所倡導的，就是今天所謂的「企業的社會責任」的早期版本。在這些工廠主當中，有人覺得給予工人更好的支持，是他們身為基督徒該做的事；但多數工廠主則是已經意識到，若想要工人有好的生產力，他們也需要像樣的居住環境、充足的食物，以及足以讓他們偶爾奢侈一下的收入。作為新的商業領主，他們開始效仿過去的封建貴族，從令人眼紅的大量財富撥出一部分資金，為旗下工人建造步行可達工廠的大規模住房及公共設施。

十八和十九世紀英國的經濟數據參差不齊，因此研究人員對於前述情況如何以及何時開始，看法並不一致。但有些經濟學家以實際工資（將通貨膨脹納入考量的調整後工資）為衡量標準，主張在一七八〇年後的七十年間，英國工人的家庭收入增加了一倍。其他人則堅稱數據不支持這樣的論點；[7]他們主張一直到一八四〇年代，工廠工人真有可能察覺的唯一數據成長，就是堆在他們身上的貧困和苦難。[8]即便如此，自十九世紀中葉起，多數工廠和紡織廠工人無疑開始注意到，他們的物質生活品質有明顯的上揚趨勢，而且他們這輩子頭一遭有少許閒錢可以花在奢侈品上。對他們而言，直到不久之前，奢侈品向來是中上階級的專屬享受。

這也標誌了一個現象的起點：此後，許多人僅把他們從事的工作視為購買更多東西的手段。如此一來，生產與消費的閉鎖循環就被創造了出來，而這個循環如今是支撐當代經濟的中流砥柱。事實上，在接下來兩百年的大部分時間裡，勞工運動和後來的工會將把他們幾乎所有的資源，都集中在為會員爭取更好的薪資，以及更多能揮霍薪水的空閒時間，而不是試圖讓他們的工作變得有趣或充實。

在十七和十八世紀期間，農業生產力的提高、手工製造業的相應成長，以及從殖民地進口的亞麻布、瓷器、象牙、鴕鳥羽毛、香料和糖等異國新奇事物，在歐洲比較繁榮的地區點燃了「消費革命」的火苗。

起初擁抱炫耀性消費的人僅限於貴族與富商階級，但隨著越來越多人變得依賴現金工資而不是自身的勞動成果，消費在後來所謂的工人階級的命運與抱負方面，變得更具影響力。

撇開物品賦予主人的地位，許多推動歐洲消費革命的新奢侈品都是實用的東西。譬如，輕棉質襯衫遠比扎人的羊毛背心舒適，尤其是在悶熱的夏季月份；一小杯上好的蘭姆酒遠比妓院裡的一杯非法琴酒來得不傷胃；陶瓷器皿遠比粗糙木盤和白蠟杯更容易清潔和存放，即使它們也更為脆弱，因此需要更頻繁地替換。不過，也有很多奢侈品只對那些追求社會地位的人有吸引力，實用價值並不大。人們想要這些物品不為什麼，純粹因為想要模仿那些擁有它們的人。因此，貴族試圖模仿皇家，有抱負的商人和受過教育的知識階級成員試圖模仿貴族，小店主試圖模仿商人，而在底層的人則試圖模仿在他們之上的中間階級。

在英國工業革命期間，服裝和織品是第一批被大規模生產的商品。這並非機緣巧合。古往今來，當農民為一天的工作打扮時，他們往往只考慮實用性，但都市居民，即便是古老城市裡的居民，穿著打扮經常是為了給人留下深刻印象。畢竟，在繁忙的城市廣場人群中，如果碰巧穿著相同的服裝，旁人不可能分辨得出誰是貴族、誰是平民。綜觀歷史，世界各城市社會地位與階級低下的族群老是喜歡模仿社會地位較高者的傾向，向來給執意維護階級地位的菁英造成很多煩惱和不滿。有些都市菁英，譬如在太陽王路易十四統治時期，戴誇張假髮、穿亮片華服在凡爾賽宮花園裡昂首闊步的朝臣們為達目的，於是追求起極其精緻昂貴的時尚，讓窮人連一點複製的機會都沒有。其他都市菁英則索性藉由頒布法律，對不同階層能穿的衣服種類施加限制，羅馬人就是一例。

這也是中世紀歐洲大部分地區採行的方式，並在注重身分地位的英國受到熱情擁抱。從愛德華三世（一三二七至七七年）到工業革命，英國頒布了一系列法律，以防農民與商人表現得像貴族一樣。這些「反奢侈法」經常充斥著經濟民族主義的民粹語言。一五一七年，英國議會頒布了一項法案，規定除了世襲貴族以外，所有六歲以上的男性必須在每個星期天和所有的聖日必須穿戴特別的羊毛帽，違者則會遭到罰款。這項法案顯然是為支持英格蘭當地的羊毛生產商、織工和染工而頒布。於是，獨特扁帽就成了英國階級身分的重要標誌，一直持續到二十一世紀，才又被時髦潮人再挪用為繁榮的象徵。

問題是，反奢侈法的執行幾乎不可能監督，而且常使不安於位的人更堅決地裝扮成比他們「高級的人」。在十七世紀末葉的英國，這催生了一個熱絡的二手衣市場，販售的都是那些被上流階級丟棄的衣服。而這甚至讓一些煩惱的貴族為了和盛裝打扮的下層階級有所區隔，穿起有失身分的服裝，令歐陸遊客震驚萬分；譬如，法國神父讓·勒布朗（Jean le Blanc）就曾尖銳地指出：「在英國，主人打扮得宛如他們的貼身男僕，公爵夫人則是抄襲她們的女僕。」[9]

除了家世，衣著打扮可能是最明顯且直接的地位標誌，但隨著英國城市在十七和十八世紀逐漸膨脹，有志向上的家庭也試圖模仿富裕階級的家。家居用品成為地位的重要標誌，特別是當人們住在一排排為容納城市移民而建造、外觀幾乎如出一轍的樓房時。不出所料，雄心勃勃的企業家立刻探索起大規模生產的機會，像是價格實惠的瓷器和陶瓷家居用品、鏡子、梳子、書籍、鐘錶、地毯，以及各式各樣的家具。

在十七和十八世紀期間，歐洲各城市中不那麼富裕的族群渴望消費曾經只有超級富人才能享受的奢侈品。這對人類工作的未來演變的影響，不亞於那些利用蘊藏在化石燃料中的能源的新技術。因為若沒有這種消費上的渴望，大規模生產的商品就不會有市場，而若沒有市場，工廠就永遠不會出現。此外，這種渴望也改寫了經濟賴以運作的很多規則。譬如，英國的經濟成長越來越仰賴受雇於製造業及其他行業的人，他們會將工資用於購買他們和其他工廠工人製造的產品中。

一八八七年，當艾彌爾・涂爾幹（Emile Durkheim）被任命為波爾多大學有史以來第一位社會學講師時，他深信新時尚經常很快被窮人和邊緣群體接受，是因為他們希望模仿權貴階級。他也深信轉瞬即逝是時尚的本質，並指出：「某個時尚一旦被所有人採用，它的價值就蕩然無存了。」[10]

涂爾幹有充分理由對時尚的瞬息萬變感到不安，特別是在變幻無常的學術界，剛流行起來的理論常隨著季節變換來了又去。畢竟，僅僅五年前，身為二十多歲且剛畢業的學生，他才開始說服法國和德國知識界的大人物，希望讓他們理解社會研究不僅不只是新奇知識，而且值得被公認為一門科學。自封為社會學建築師的涂爾幹發現，自己追求的目標和亞當斯密一個世紀前創立經濟學時，有許多相似之處。巧合的是，一如亞當斯密，涂爾幹的許多目標也是受到對「分工」堅定不移的興趣影響。但不同於亞當斯密，涂爾幹對換物、貿易和易貨不特別感興趣。他也不特別關心重新組織工廠生產過程可能實現的經濟效率。當他思考分工時，對於「工作」塑造個人生活與整體社會的作用有更廣闊的想像。就他看來，生活在複雜都市社會面臨的挑戰，很多都和現代人在城市從事五花八門的工作有關。

涂爾幹認為，「原始」社會與複雜的現代社會之間的一個重要區別在於，簡單的社會像一臺基本的機器，有許多能隨意互換的零件，而複雜的社會在運作上則更像活的生物體，由許多截然不同的、高度專業化的器官組成，譬如肝臟、腎臟和大腦，不能相互替代。因此，在簡單的社會中，酋長和巫師可以同時是採集者、獵人、農民和建築工，但在複雜的社會裡，律師不可能兼職當外科醫生，海軍上將也不可能兼職當建築師。涂爾幹還認為，原始社會的人通常比生活在複雜的都市社會的人，具有更強的社群意識和歸屬感，因此他們更快樂、也更自信。他推論，假如在原始社會中，每個人扮演的角色都可以互換，那麼他們就會被凝聚成某種「機械連帶」（mechanical solidarity），而這份團結很容易透過共同的習俗、規範和宗教信仰加強。他把這種生活拿來和當代都市社會的生活做對比。在都市裡，人們扮演往往大不相同的許多角色，於是對世界產生了非常不同的看法，同時他深信這不僅使人們更難團結在一起，而且還會誘發一種具有潛在致命性、而且注定會削弱整體社會的弊病，他稱之為「失序」（anomie）。

涂爾幹在第一本著作《社會分工論》（*The Division of Labour in Society*）初次提及失序的概念，但在第二本專著《自殺論》（*Suicide: A Study in Sociology*）才進一步建立這個概念。他想證明，儘管當時的人普遍認為自殺反映的是個人的徹底失敗，自殺的背後往往有社會原因，因此大概也能從社會面著手解決。他用失序形容強烈的錯位感，以及焦慮乃至憤怒的感受，它驅使人做出反社會的行為，而且一旦感到絕望，就可能會結束自己的生命。涂爾幹這樣描述失序時，他是想要理解工業化帶來的快速變化如何影響個人的健康福祉。他特別感興趣的一項事實是，在法國，工業化帶來的社會繁榮竟導致更多人自殺和更大的社會壓力，這兩種現象幾乎是相互矛盾的。他因而得出結論，和都市化與工業發展相關的種種變化，就是造成社會失序的一大驅動因素。他舉傳統工匠為例，由於科技進步，傳統工匠的技能突然變得派不上用場，於是他們失去了作為有價值的、有貢獻的社會成員的地位。過去，他們能從工作中找到目標，如今卻被迫忍受目標被剝奪的生活。涂爾幹不僅把自殺歸罪於失序，還將許多當時被普遍當作品行不良導致的社會問題，像是犯罪、逃學和反社會行為，也歸罪於失序。

涂爾幹相信，失序不僅止於工業革命相關改變所引起的深刻的個人錯位感。他認為失序的特點在於他所謂的「無限抱負之病」。這是當「人們的抱負沒有極限」時會出現的疾病，因為他們「不再知道什麼是可能的、什麼是不可能的，什麼是公正的而什麼又是不公正的，以及哪些要求和期望是合理的、哪些則是過分的」。[11]

儘管揭露這些問題不是他明擺的意圖，可是透過提出「無限抱負之病」的概念，涂爾幹對稀缺性問題提出了獨創一格的解讀，有別於經濟學家所採用的觀點。當亞當斯密以降的一代代經濟學家深信人類永遠是無限欲望的人質，涂爾幹則認為承受無法實現的期望是不正常的，而是一種只出現在危機與變動時期的「社會偏離」（social aberration），譬如社會由於工業化等外部因素而失去方向時，或者他所身處的那個時代。

儘管涂爾幹研究的主題經常相當嚴肅，他的大部分作品都流露出濃厚的樂觀情緒。他相信，在診斷出失序的原因後，足以治療無限抱負之病的強效社會藥方遲早會被開發出來。他也相信自己正經歷一個獨特的過渡時期，之後人們就會漸漸適應工業時代的生活。在此期間，他認為採用一種良性的民族主義（就像他對法國彬彬有禮的忠誠），再加上建立類似古羅馬「工匠聯盟」的行業工會，為忙碌的都市人提供歸屬感和社群意識，也許都能有助於減輕無限抱負之病。

事後看來，涂爾幹認為這個病很容易治癒顯然是錯的。在分析變化引起的社會疏離時，失序的概念被反覆再三地提出，但很少有人像涂爾幹一樣對解藥感到樂觀。我們有充分理由認為，當涂爾幹在一九一七年去世時，他自己也不再如此確定了。一九一四年，他相信能治癒失序之人的民族主義已蛻變成相當醜陋的模樣，再加上歐洲領導人無邊無際的野心，以及大規模生產更具破壞性武器的新能耐，凡此種種，使歐陸陷入工業時代爆發的第一場戰爭。這場戰爭迅速奪走涂爾幹許多愛徒的生命，並在一九一五年奪走了他的獨生子安德烈

（André）。涂爾幹被喪子之痛擊垮，並於一九一七年中風後不久辭世。

自此之後，涂爾幹心目中工業化後終將出現的穩定性，已變得像是另一種無限抱負，每當似乎觸手可及之際就溜得更遠，教人沮喪。相反地，隨著能量獲取率飆升、新科技陸續上線，以及我們的城市不斷膨脹，持續的變幻莫測已成為世界各地的新常態，而失序越來越像現代社會的永久狀態。

第十三章

頂尖人才

有那麼一瞬間，大企業高階主管的膨脹高薪和巨額分紅，似乎是一個即將被高調戳破的神話泡泡……然而，人才敘事此時已深植制度結構……當許多企業為削減成本開始緊縮人事費用和關閉營運據點時，它們也動用現金儲備，分配大筆留職獎金給高階領導團隊，認定只有他們能找到穿越未知險境的出路。

一九〇三年六月，菲德列克・溫斯羅・泰勒（Frederick Winslow Taylor）向美國機械工程師學會（American Society of Mechanical Engineers）的一場會議上和與會者說明道：「一名稱職的工人……不會費心研究自己可以拖泥帶水到什麼地步，然後仍舊讓雇主相信他的工作步調沒問題，幾乎找不到這樣的工人。」[1]他正在為他們講授「人（在職場上）天生傾向放鬆」、也就是「偷懶」的危害，而他稱這現象叫「打混摸魚」，因為這令他想起應召入伍軍人的敷衍了事，他們只在逃避苦差事時才會拿出野心。他也解釋，透過縝密運用他的「科學管理方法」，工廠主不僅可以消除打混摸魚的現象，還可以為製造過程節省大量時間與成本。這些成本可以轉化為更多的利潤。

泰勒絕不是個懶漢，他的神經繃得很緊，緊繃到夜裡不得不用約束衣綁住自己幫助入眠，[2]當他沒在焊接鈑金，設計工具機，撰寫報告、推薦信和手稿，或是手拿碼表，對時間與效率之間的關係進行一絲不苟的研究時，他大概就在打網球或高爾夫球。他帶著和工作時一樣的狂熱態度從事休閒活動。他在一八八一年贏得了美國網球全國冠軍，又在十九年後代表美國參賽一九〇〇年夏季奧運會的高爾夫球項目。身為富裕的貴格會教徒之子，他的家族世系可追溯到最初乘著「五月花」號來到北美的清教徒，但泰勒離開學校後，沒有走上家族期待的職業道路。在拒絕哈佛大學提供的入學資格後，他出現在費城的企業液壓工廠（Enterprise Hydraulic Works）的大門，展開為期四年的機工學徒生涯。

泰勒出生於一八五六年，是第一代呼吸大型工廠排放的含硫廢氣長大的美國人。她在一九一五年去世時，被亨利．福特（Henry Ford）等工業巨頭譽為「增進效率運動之父」，並被許多管理顧問封為「工作科學界的牛頓（或阿基米德）」。[3]

工廠工人對他的餘澤則百感交集。儘管他為工人遊說爭取應有的工資、合理的工作時數和休假時間，他的管理方法剝奪了工人在從事工作時可自由行使的一絲絲主動性。他的方法還給管理者更大的權力去干預工人做事。按照泰勒的科學方法組織的工廠，推崇的素質不是想像力、野心和創造力，在那樣的工作場所中，工人要具備的是耐心、服從，以及在鍛造廠的機械錘敲擊金屬聲音中迷失自我的能力。

就像在他之前的富蘭克林，泰勒也身體力行「時間就是金錢」這句格言。但富蘭克林相信，無論做任何事情，人只要認真去做，其靈魂每分每秒都能獲得滋養，泰勒卻覺得工作沒效率就是浪費時間。富蘭克林滿足於有紀律地運用時間，但隨身攜帶十進制碼表的泰勒卻決心將每一秒鐘都化為利潤。

在液壓工廠公司（Enterprise Hydraulic）擔任學徒期間，泰勒覺得他的同事們不是特別優秀。很多人混水摸魚，多數人也只求省事，而且在泰勒看來，即使是他們當中最勤奮的人，工作效率也低得教人搖頭。學徒生涯結束後，他還是決心留在工廠，很快進入米德維爾鋼鐵工廠（Midvale Steel Works）的機械廠房工作，這是一家為軍事與工程用途生產高規格合金零件的製造商。他喜歡那裡，管理階層也喜歡他。很快地，他從車床操作員晉升為工廠領班，最終成為總工程師。也是在這間工廠，他開始用碼表做實驗，仔細觀察並替不同的任務計時，看看是否可以將各個關鍵流程縮短幾秒鐘，並重新設計工作崗位，確保工人難以浪費精力。

泰勒本身被獲准在米德維爾工廠自由地進行效率實驗，但在採用其科學管理技術的工作場所，其他同樣具創意和理想的人卻被剝奪了這樣的自由。事實上，他們將被僵化的、只求達標的、高度重複的工作制度束縛，創新遭到禁止，而管理者最重要的角色是確保工人按照指示履行職責。

泰勒的科學方法是藉由將任何生產過程拆解為最小的組成元素，為每個元素計時，評估其重要性和複雜性，然後由上到下重新安排生產過程，以期做到效率最大化。他提出的一些解決方案相當簡單，只是改變工具與設備在工作檯的擺放位置，以消滅微小但不必要的動作。其他則是較為全面的通盤考量，需要徹底重組生產流程或重新設計工廠。他在《科學管理》（*Scientific Management*）一書中解釋道：「唯有透過強制標準化，強制採用最好的工具和工作條件，以及強制合作，才能確保工人更快速地工作。」

泰勒開創的這套管理方法後來被稱為「泰勒主義」，在許多工作場所被採用，其中最有名的莫過於福特汽車。一九〇三年，亨利．福特聘請泰勒協助他，為如今具有標誌性的福特

T型車（Model T Ford）開發一套新的生產流程。福特和泰勒聯手合作的結果是，私人汽車從招搖賣弄的奢侈品，搖身變成一般人負擔得起且非常實用的商品，也成為成功與勤奮工作的象徵。與其讓專業的技工團隊從頭到尾組裝車輛，他們讓車輛的底盤沿著一條生產線移來移去，而生產線旁駐紮許多工人團隊，每個團隊只執行一項相對簡單的任務。這代表福特不需要雇用熟練的專業技工，只需要能學會一些簡單技術並認真遵照指示的人。這也代表他可以生產更多的汽車，而且比之前更快、更便宜。他將一輛福特T型車的生產時間從十二小時，縮短到九十三分鐘，並將它們的價格從八百二十五美元降到五百七十五美元。

採用泰勒主義的公司的股東和高階管理人認為，泰勒主義是了不起的成就，畢竟它幾乎是立即為他們帶來的更高的生產力和豐厚股息。然而，從工廠工人的角度來看，泰勒主義有利有弊。從正面來說，儘管泰勒痛恨偷懶的人，他相信「一流工人」的生產力應該得到獎勵。泰勒認為，大多數人之所以上班，根本目的就是為了獲得金錢回饋，以及他們可以用這些回饋買到的產品。他因而堅持應該激勵工人，撥出一些由他們的工作效率產生的利潤，將這些利潤轉化為更豐厚的薪資待遇，以及更多可以用於消費的休閒時間。

泰勒的科學管理方法也幫助奠定了「人力資源管理」作為企業職能的基礎，他堅定不移地認為，企業需要適才適用。問題是，多數泰勒設計的非管理職的合適人選，是想像力有限、耐心無限，而且願意日復一日、安分守己地做同一個重複性任務的人。

泰勒受到了很多人批評，山繆．龔帕斯（Samuel Gompers）是其中最直言不諱的一個。龔帕斯個人魅力十足，是美國勞工聯合會（American Federation of Labor）的主席兼創始人，該組織代表美國許多職業工會進行遊說，包括鞋匠、帽匠、理髮師、吹玻璃師傅和捲雪茄工。龔帕斯在年輕時移民到謀生不易的紐約，學習如何捲雪茄，並在發揮這個他認為高度專業且使人快樂的一技之長時，獲得極大的滿足感。在他看來，泰勒主義的問題不在於它為工廠主帶來的利潤，而在於它剝奪了工人在工作時獲得意義與滿足感的權利，因為泰勒主義將他們變成只是安裝在工廠裡的「高速自動機器」裡的零件，彷彿他們是「大型機器中的一個齒輪、螺帽或銷釘」。[4]

泰勒主義或許引來許多像龔帕斯這類人的批評，但就像盧德分子一樣，泰勒的批評者正和有利可圖的歷史潮流作對。所以我們看到，泰勒的《科學管理》在出版九十年後的二〇〇一年，被管理科學協會（Institute of Management）成員評選為二十世紀最具影響力的管理書籍。但就算當初泰勒接受哈佛的入學邀請，並按照家族期待修習法律，而不是到液壓工廠公司當學徒，也會有其他人接起這個「效率運動」大祭司的衣缽。自從工業革命最初萌芽以來，人類社會中就瀰漫著對效率的關注，譬如亞當斯密已在《國富論》中概述了效率運動的基本原則。到了十九世紀的時候，世界各地的工廠主都了解生產力、效率和利潤之間存在對應關係，即使他們還沒找到實現最佳效率的方法。隨著生產力提高，體力勞動者的工作時間迅速減少。泰勒的天才之處，不過是他率先像實驗室裡的科學家一樣有條不紊地研究效率問題。他也率先意識到，多數現代人工作是為了賺錢，而不是為了製造產品，因此真正製造東西的是工廠本身。

達爾文的朋友兼鄰居、第一代埃夫伯里男爵約翰・盧伯克（Sir John Lubbock, 1st Baron Avebury）是維多利亞時代的現代紳士的典範。而就像和他幾乎生活在同時代的泰勒一樣[①]，盧伯克也是個非常忙碌的人。

盧伯克於一九一三年去世，享年七十九歲。對今天的人類學家和考古學家而言，他是「舊石器時代」（Palaeolithic）和「新石器時代」（Neolithic）這兩個術語的發明者，他用前者描述石器時代的採集者，後者描述最古老的農業文化。但還有很多人也應該記得他，至少在英國及其前殖民地生活的人該記得，因為他的其中一項成就，每年仍在這些地方被慶祝八次以上。作為肯特郡梅德斯通（Maidstone in Kent）的議員，盧伯克推動英國議會於

① 譯注：泰勒生於一八五六年，於一九一五年過世。盧伯克則生於一八三四年，於一九一三年過世。

一八七一年通過《銀行假日法》（Bank Holiday Act），因為有了《銀行假日法》，多數英國人和大英國協國家的公民，每年仍享受名為「銀行假日」（bank holiday）的國定假日。

在一八七〇年代，被民眾親暱地稱呼為「聖人盧伯克」的盧伯克，很早就熱切提倡應在工作與生活之間保持良好的平衡。他解釋道：「工作對生存來說是必不可少的，可是休息不等於懶散，因為有時在夏日躺在樹蔭下的草地，聆聽潺潺水聲，或是看雲朵飄過天空，絕不是浪費時間的事。」[5]

很難想像盧伯克這樣忙碌的人，還找得到時間欣賞雲朵。除了擔任國會議員，他曾為肯特郡贏得板球大賽的參賽權，曾效力於一八七五年英格蘭足總盃（FA Cup）決賽的亞軍隊伍，還經營家族銀行。此外，他擔任多項職務，譬如英國銀行家協會的首任會長、倫敦郡議會主席、英女王樞密院顧問官、英國皇家統計學會主席、英國皇家學會副主席，以及英國人類學研究所所長。除了上述角色之外，他竟還抽得出時間從事研究，撰寫了幾本廣受好評的書籍。有些是心血來潮的作品，像是他的兩卷本《生活的樂趣》（*The Pleasures of Life*），他在書中闡述休息、工作、運動和大自然的重要性。有些是治學嚴謹且論據審慎的作品，像是他研究英國植物與昆蟲一絲不苟的論文。其他作品更是有遠大抱負，特別是他最著名的作品《史前時代，以古代遺跡和現代野蠻人的風俗習慣為例》（*Pre-historic times, as illustrated by ancient remains, and the manners and customs of modern savages*），出版於一八六五年，為他贏得一連串的榮譽學位和其他獎項。

閱讀盧伯克的作品集，我們難免會得出這樣的結論：銀行業和政治在他眼中是可憎的職責，不過卻認為科學研究是有意義的嗜好。我們也很難不覺得他對於工作和休閒之間的關係的看法，受到以下事實影響：如果他想要的話，他其實可以過著悠哉愜意的生活，接受穿制服的男僕、女僕、廚師、園丁和管家的伺候，這群傭人大隊幫他把位於倫敦郊外、占地約一平方公里的「高榆樹」（High Elms）家族莊園裡的大型觀賞花園，以及宏偉的義式風格別墅，打理得井井有條。事實上，唯有非常獨特的特權階級，才有可能像盧伯克一連用好幾個月的時間，教他那隻名為范（Van）的心愛貴賓犬識字。

盧伯克的處境並不是獨一無二的。就像達爾文、布歇·德佩、富蘭克林、亞當斯密、亞里斯多德，乃至狂熱的泰勒，盧伯克最重要的成就得以實現，是因為他夠有錢，可以隨心所欲地做自己想做的事。倘若他必須和維護「高榆樹」莊園的工作人員，或是在農場與工廠揮汗的成千上萬男人、女人和兒童一樣，從事長時間的勞動，他就不可能會擁有透過議會推動《銀行假日法》的影響力，也不會有多餘時間精力研究考古學、從事運動，或是仔細記錄花園昆蟲的習性。

當盧伯克在一八七一年竭力推動議會委員會通過《銀行假日法》的審查時，英國工廠和紡織廠的工作條件尚未受到管制，工會被明令禁止，而且根據《主人和僕役法》（Master and Servants Act），如果工人不尊重管理者，或是鼓動其他工人發動罷工，就會遭刑事起訴，而且有可能得在女王陛下的監獄裡度過好一段時間。唯一涉及工人權利的重大法規是一八八三年《工廠法》（Factory Act）裡的條文，該法案限制婦女和十八歲以下兒童，每週至多工作六十小時，可是對男性可能需要工作的時數仍未加以限制。在《銀行假日法》於一八七一年通過後，還要再過一百二十八年，搭配「歐盟工時指示」（European Union's Working Time directive）在一九九〇年代後期的實施，關於男性工時的限制才終於被寫進英國法規。即便如此，早在一八七〇年的時候，許多工廠雇用的多數男女員工，每週工時已從約七十八小時減少到約六十小時，大概是以每週值班六次、每次十小時的方式計算得出。

有一次，盧伯克用罕見的自憐口吻寫道：「比起貧窮，巨大的財富意味著人要更勞心勞力，當然也使人更為焦慮。」[6]在他的作品中，人們能找到很多與此類似的陳述。這些語句顯示，像他這樣出身的人，並不真正理解工人階級的工時實際上有多長，也不懂他們的很多工作內容是多麼討厭。在下議院的某個委員會包廂裡打盹一天，中午與銀行家協會共進四道菜色組成的午餐，和花十四個小時邊吸含硫與磷的廢氣，並且在冷得要命的火柴工廠輪班黏火柴盒，畢竟還是有著判若天壤的差別。換句話說，多數人感謝聖人盧伯克，不是因為他為他們爭取到一些可以追求個人興趣或愛好的額外時間，而是因為他確保他們每年多了幾天的休假日。在這些日子，他們可以讓被工作消磨的身體休息，盡可能什麼都別做。

一八七一年《銀行假日法》的通過，標誌著人們在態度上對於工人休假權利的重大轉變。同年晚些時候，英國工會合法化也加速了這個轉變的進程。一八八八年，英國最大火柴生產商之一「布萊恩與梅」（Bryant and May）雇用的「火柴女工」成功發動了英國史上第一次合法罷工，她們上街抗議有害身心的工作環境，並要求終止每次輪班長達十四小時的制度。

儘管工會的權力和影響力逐漸增強，人們的工時依然居高不下，多數人每週工作六天，共五十六小時，直到一戰在一九一八年落幕。後來，由於社會態度在人類目睹索姆河戰役、伊珀爾戰役和帕斯尚爾戰役（the Somme, Ypres and Passchendaele）的屠殺後有所轉變，再加上廣泛採用泰勒科學管理技術帶來的科技進展與生產力激增，人們的工時迅速下降到每週約四十八小時。不到十年之後，在亨利・福特的領銜之下，每週輪班五次、每次八小時，共計每週工作四十小時，再加上週休二日，成為多數大型製造業工人的常態。當時，福特的美國工廠已雇用了近二十萬名員工，而在歐洲各大首都、加拿大、南非、澳洲、亞洲和拉丁美洲工廠的員工，全部加起來也有近二十萬人。

到了大蕭條（Great Depression）時期，許多公司紛紛減產，為工時帶來進一步的下修壓力。這個過程刺激了「縮短工時運動」的萌芽，而且差點說服羅斯福政府透過《布萊克－康納利三十小時法案》（Black-Connery 30-Hours Bill），將每週工作三十個小時的規定納入法律。一九三三年，該法案曾在參議院以五十三票比三十票通過，但在最後一刻，羅斯福總統臨陣退縮，使得該法案遭到擱置。隨著大蕭條最黑暗的時期過去，工時再度悄悄逐步上升。等到希特勒的裝甲師在一九三九年秋天駛進波蘭時，多數美國就業人口的每週工時又回升至三十八小時。

除了二戰期間工時增加，美國人在一九三〇至一九八〇年間，每週平均工時相當穩定地維持在三十七至三十九小時之間，幾乎比其餘工業化國家都少了兩到三個小時。但在二十世紀的最後幾十年，這個數字又神不知鬼不覺地緩緩往上爬，值此同時，其他工業國家的總工時大多都呈緩慢下降。自一九八〇年以來，美國的平

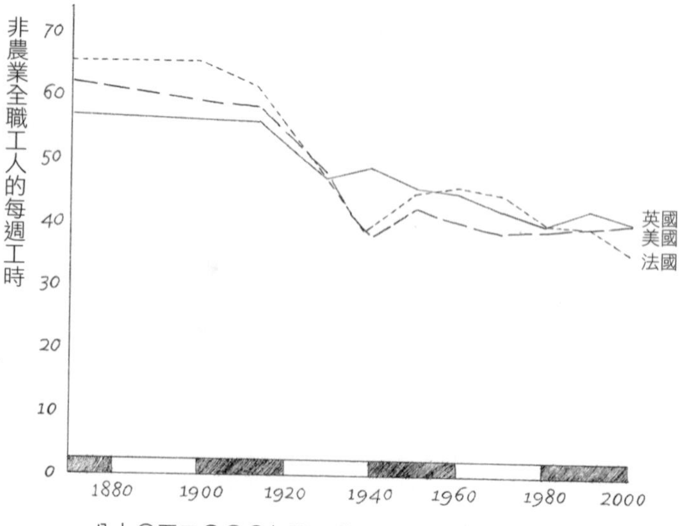

一八七〇至二〇〇〇年間，英國、美國、法國的每週工時變化

均每週工時和西歐經濟體大致相當，但由於年假的條款不如西歐國家慷慨，多數美國人的全年總工時比在丹麥、法國和德國等國家從事相同工作的人，多了數百個小時。

凱因斯相信，「進步國家的生活水準」到了二〇三〇年的時候，將會是一九三〇年的「四到八倍」；這論點所根據的假設是，經濟成長將以每年百分之二左右的速率穩定提升。二〇〇七年，耶魯大學經濟學家法布里奇歐・茲里波提（Fabrizio Zilliboti）重新審視了凱因斯的預測。他計算，若以經濟成長率為基礎，生活水準的四倍數成長已發生在一九八〇年，然後假設成長趨勢將延續下去，等到二〇三〇年的時候，我們將見證生活水準成長十七倍，相當於凱因斯當初所說的上限的兩倍多。[7]儘管財富與收入分配不均，多數生活在工業化經濟體的人，今天大概都過著符合凱因斯想像的「絕對需求」被充分滿足時應有的基本生活水準。舉例來說，在美國，二〇一七年的家庭淨財富中位數為九萬七千美元（相當於七萬八七六百英鎊），[8]比一九四六年的數字高了三倍，但比次貸危機使全球經濟失控之前的二〇〇六年低了很多，當時的家庭財富中位數，大概在一九四六年的六倍這個範圍。[9]此外，九萬七千美元僅是美國家庭平均淨資產的七分之一左右（家庭淨資產的數字因收入分配高度不平等而向上傾，反映著真實的情況）。

但人們的工時並沒有減少，不像凱因斯當初預言的那樣。事實上，儘管工業化國家的勞動生產力自二戰結束以來提升了約四到五倍，可是世界各地的每週平均工時仍持續趨向平均近四十小時一週，然後一動不動地卡在這個數字。

經濟學家長期爭論為什麼工時仍頑固地居高不下，但多數都同意，部分答案就藏在世界最暢銷的穀片品牌故事裡。

據估計，每年約有一千兩百八十億碗的家樂氏（Kellogg's）早餐穀片，被數億張飢腸轆轆的嘴吃進肚裡。看到家樂氏這品牌，人們就會想起一群揮舞著湯匙的快樂卡通人物，他們在包裝上和廣告中露出大大的笑容。這些角色一點也不像他們的創辦始祖約翰．哈維．凱洛格（John Harvey Kellogg）。約翰．凱洛格是基督復臨安息日會（Seventh-Day Adventist）教派的信徒，性格叛逆，熱愛健康生活，痛恨任何和性有關的事。他提倡男性都該割包皮，因為他相信這可能有助於阻止男孩自慰，而他發明不同的早餐穀片配方，是為了抑制巴特溪療養院（Battle Creek Sanatorium）病人的激情（該療養院是他在一八八六年建立的素食「健康」靜養中心）。

約翰．凱洛格不打算做出美味的穀片，因為他認為辛辣、濃郁或香甜的食物會引起不必要的性衝動，而口味清淡的食物則會撫平衝動。他在一八九五年登記為專利的玉米片，實際上是專為澆熄人們的性欲而研發的。

事實證明，約翰．凱洛格的療養院病人很喜歡他的穀物脆片。他們都很期待擺脫其他時段無聊的無鹽蔬菜餐點。但約翰．凱洛格對於把他的穀片變成商品不感興趣。將家樂氏變成全球知名品牌的是他的其中一名弟弟威爾．凱洛格（Will Kellogg）。威爾．凱洛格不贊同哥哥的的禁慾觀點，給老人家的食譜添加了一些糖，然後自一九〇六年起大量生產家樂氏穀片。他在行銷宣傳方面也給了點「甜頭」。為了消除他的產品可能抑制性慾的看法，他在為玉米片所做的第一個大規模廣告宣傳中，讓一群年輕人暗示性地朝漂亮的雜貨店主眨眼。

在接下來四十年，威爾．凱洛格徹底顛覆美國的食品製造業。不斷創新的他勇於嘗試與應用所有管理、生產和行銷領域的最新趨勢，其中包括泰勒主義。他的公司及其主力產品在一九二〇年代的美國已是家喻戶曉，而且不久後便會朝國際市場擴張。

一九二九年大蕭條爆發時，家樂氏已是一間大公司了。在蓬勃發展的早餐穀片市場上，寶氏（Post）是當時唯一能和家樂氏競爭的對手。寶氏做了許多企業至今在經濟動盪時期仍會做的事：他們削減一切不必要的開支，並盤點迴紋針、訂書釘和墨水，設法將現金最大化。然而，威爾．凱洛格採取了大不相同的做法。他加倍投放廣告，並大幅提高產量。這是個成功的策略。事實證明，在經濟拮据時期，人們喜歡吃浸泡在牛奶裡的廉價且甜脆的穀物，於是他的獲利狂飆。相較之下，對手寶氏的股東們則學著調整心態，別對股息抱持任何期待。

威爾．凱洛格還做了另外一件不尋常的事。他將工廠的全職員工的工時從已經很合理的每週四十小時，縮減為悠哉愜意的每週三十小時，以五次輪班、每次六小時為基礎來計算。如此一來，他能夠在多達四分之一美國人失業的經濟低潮期，創造更多完整輪班的全職職缺。從其他角度來看，這似乎也是明智之舉。有鑑於福特汽車等公司成功引進週休二日及一週五天的工作制度，而且生產力並沒有下降的跡象（真要說的話，盈利率還增加了），到了一九三〇年代的時候，美國工人已開始遊說政府立法縮短工時，這讓威爾．凱洛格相信採行一週工作三十小時的制度，等於站在順應歷史趨勢的勝利陣營。事實證明，這對家樂氏的盈虧結算也是正確的一步。拖累生產的工作相關事故變得少見許多，而且家樂氏營運的經常性開支大幅下降，幅度大到威爾．凱洛格在一九三五年的一篇報導中吹噓道：「我們（現在）有能力給工作六小時的工人，和過去工作八小時的人一樣高的工資。」

直到一九五〇年代，每週工作三十小時仍是家樂氏工廠的常態。然而，管理階層有點意外地發現，四分之三的家樂氏工廠員工贊成恢復八小時輪班制和每週四十小時的工作制度。有些工人解釋，他們希望恢復一天工作八小時，因為六小時輪班制讓他們和動不動就生氣的配偶在家相處的時間太長。但多數人講得很明白：他們想靠做更多工時賺更多的錢，並且在美國富裕的戰後市場中，購買更多的、更好的消費品。[10]

在一九四〇年代末、五〇年代初，厭戰的美國人不再製造坦克，而是改為製造雪佛蘭Bel-Airs雙門敞篷跑車，並且將他們堆積成山的彈藥堆變成氮基肥料，也把他們的雷達技術轉化來生產微波爐。這滋養了一個全新的美國夢，在這夢想的背景裡我們看到微波即食餐、家用冰箱裡有冰淇淋，以及每年由速食驅動的州際假期。工會會員數創歷史新高，而「結束一切戰爭的戰爭」所帶來的和平紅利，正培育著一個持續擴大且更加富裕的中產階級。

這榮景使生於加拿大的哈佛大學經濟學教授約翰・肯尼斯・高伯瑞（John Kenneth Galbraith）相信，像美國這樣的已開發經濟體已有足夠生產力滿足所有公民的基本物質需求，因此凱因斯定義的經濟問題大致已得到解決。他在他最著名的作品《富裕社會》（*The Affluent Society*）表達這個觀點，該書於一九五八年出版，大受好評。

高伯瑞在美國經濟史上是仰之彌高的存在，而這不僅是因為他身高二百零三公分，很少遇到可以直視他雙眼的人。二〇〇七年十二月去世時，除了已在哈佛擔任教授數十載，他還是二十世紀擁有最多讀者的經濟學家，售出超過七百萬本著作。他也曾擔任《財富》（*Fortune*）雜誌的編輯多年，並在小羅斯福、甘迺迪和柯林頓政府扮演各種備受關注的角色。但高伯瑞不認為自己是個傳統經濟學家。他也沒對自己選擇的研究領域抱有特別崇高的敬意。

高伯瑞曾說，經濟學基本上就是「對經濟學家極其有用的一種就業形式」，指控他的同僚們使用不必要的複雜性，掩蓋經濟學這門技藝的平庸，尤其是談到貨幣政策這類的問題時。[11]身為一介農民之子，高伯瑞踏進經濟學領域是因為，年輕時的他渴望在家鄉安大略省經營最大、最好的短角牛牧場。為了實現這個理想，他拿了兩個農業經濟學的學位。在此過程中，他也對初級生產（primary production，如農業）與其他經濟部門之間的基本關係，發展出許多直率的觀點。

在《富裕社會》裡，高伯瑞勾勒一幅戰後美國的樣貌，此時物質稀缺性已不再是讓人們從事經濟活動的主要動力。他評論，美國自二戰後已變得生產力極高，高到「有更多人是死於……食物過量，而不是匱乏」。儘管如此，他認為美國沒有善用其財富。他寫道：「對思慮縝密的人而言，最令人困惑不已的無非是，在這個動亂紛擾的世界裡，我們怎麼會這麼不懂得善用財富。」

高伯瑞持此觀點的一個主要原因在於，戰後美國人似乎對購買他們不需要的東西有著如無底洞般的胃口。高伯瑞認為，到了一九五〇年代時，多數美國人的物質欲望，就像他們買來滿足自己的商品，都是人為製造的產物。他論稱，由於多數人的基本經濟需求如今很容易滿足，生產商和廣告商合謀發明新的需求，以維持生產和消費沒完沒了地轉動，而不是投資公共服務。換言之，真正的物質稀缺已成為過去的問題了。

高伯瑞也許認為廣告是一種現代現象，但人為製造欲望的歷史，至少和第一批城市一樣悠久。在古代大城市，廣告化為我們現代人熟悉的許多形式，譬如裝飾龐貝城妓院牆壁的誘人情色畫，或者是中國宋代工匠發送的精美印刷傳單，上頭印有醒目的可愛標誌和簡短口號。直到近代以前，多數人是為自己打廣告，但這一切隨著大量發行的報紙而改變。

在美國，如今人們大多認為廣告之所以成為可獨立創造收入的行業，背後推手正是富蘭克林。富蘭克林在一七二九年購入《賓州公報》後，難以單靠報紙銷售獲利，於是思忖著是否可透過將報紙版面出售，賣給想開拓新業務的當地貿易商和製造商，藉以支付營運成本。他的計畫起初並沒有奏效，因為沒人相信掏出一大筆錢給地方報紙會有什麼幫助。現金短缺的富蘭克林於是嘗試一種不同的方法，替自己多不勝數的其中一項發明「富蘭克林壁爐」大打廣告，看看是否有所幫助。此舉為他贏得了雙重勝利。富蘭克林壁爐的銷量激增，而且其他工匠與店主很快注意到廣告的效果，並向《賓州公報》購買廣告版面。最終，富蘭克林獲得新的收入來源，以及在美國廣告名人堂（Advertising Hall of Fame）的崇高地位。[12] 其他報紙和雜誌立刻效仿富蘭克林的做法，但還要再過一個世紀，第一批真正的廣告代理商才會出現——也就是純粹專注於設計廣告，以及代表客戶在報紙上投放廣告的公司。

廣告在全球商務的尊貴地位最終是靠工業化促成的。在富蘭克林嘗試廣告行銷過後的大半個世紀裡，廣告大多很乏味、提供大量資訊，而且只針對當地人。但這情況因為大規模生產的出現而有了變化，雄心勃勃的企業家意識到，如果他們要進軍家鄉以外的市場，就得打廣告宣傳自己。他們也意識到自己需要和銷售類似產品的地方供應商做出區別，於是廣告商開始越來越注重用不同字體呈現醒目標語，以吸引讀者的眼球，也越來越重視添加圖片。到了一九三〇年代時，廣告業務對家樂氏和福特汽車等品牌而言，就和任何業務部門一樣重要。亨利・福特有句名言是這樣說的：「為了省錢停止打廣告，就好像停下手錶來節省時間。」

在論證美國的富裕被製造商和廣告商的結盟揮霍一空時，高伯瑞並沒有把目光投向家樂氏、乃至福特汽車之類的公司。他覺得，至少它們製造的是有用的產品。他的敵意是針對他認為正操縱人們的抱負、剝削他們對地位的焦慮，並提升他們「相對需求」的人。

當高伯瑞出版《富裕社會》時，廣告的業務正在突飛猛進，因為廣告商發現了電視前所未有的力量——透過電視，他們可將訊息直接傳送到人們的家中和工作場所。廣告代理商N・W・愛爾（N.W. Ayer）發想出如今被公認為美國史上最具影響力的廣告標語「鑽石恆久遠」（diamond is forever），不過是十多年前的事。但在全球最富裕的奢侈品市場中，這句廣告詞幾乎是隻手促成了永恆愛情和鑽石之間的關聯，建立了男人送未婚妻單鑽戒指慶祝彼此訂婚的慣例，進而創造出對一項在一九四〇年以前幾乎沒人在乎的產品的持續需求。一九五〇年代晚期時，鑽石戒指已變得無所不在，高伯瑞因而評論道：「曾經，哪怕是最肥胖且令人反感的人，只要展示手上的鑽石，就能給人足夠深刻的印象，因為它們象徵著高度特權階級的身分。而今，電視明星或有才華的妓女也配戴同樣的鑽石。」

對高伯瑞而言，廣告除了使生產與消費的循環不停轉動，還有另一個違反直覺的用途。他認為，廣告讓人們不再那麼擔心不平等，因為只要他們每隔一陣子有能力購買新的消費品，就會覺得自己的社會地位向上流動，因此正逐漸縮小自己與他人之間的差距。

「保守派和自由派都清楚意識到，」他冷冰冰地指出，「增加總產出是再分配、乃至消除不平等的替代方案。」[13]

這一切應該在一九八〇年代，在一些分析師如今稱為「大脫鉤」（Great Decoupling）的情況發生之後，全部變調。

但一切如故。

二十世紀的大部分時間裡，勞動生產率和工資之間的關係，在美國及其他工業化國家相對穩定。這個意思是，隨著經濟成長和勞動產出增加，人們帶回家的薪水袋金額也以類似速率成長。雖然這表示富人拿到比較大塊的淨收益大餅，但至少人人都覺得，只要雇用他們的公司變得更富有，他們也就更富有。

然而，這種關係在一九八〇年崩壞了。在大脫鉤時代，生產力、產出和國內生產毛額皆繼續成長，但除了收入最高的人之外，所有人的工資成長都停滯不前。物換星移，許多人開始察覺他們的月薪不像以前那樣可以用很久，儘管他們實際上做著同一份工作，而且仍然是在和過去一樣賺錢的產業裡。

大脫鉤終結了每週工時持續下降的趨勢。多數人根本無法靠減少工作時間，維持他們現有的生活方式。許多人用個人和家庭的名義借了更多債務，而當時借錢的利息也恰巧非常低。在收入

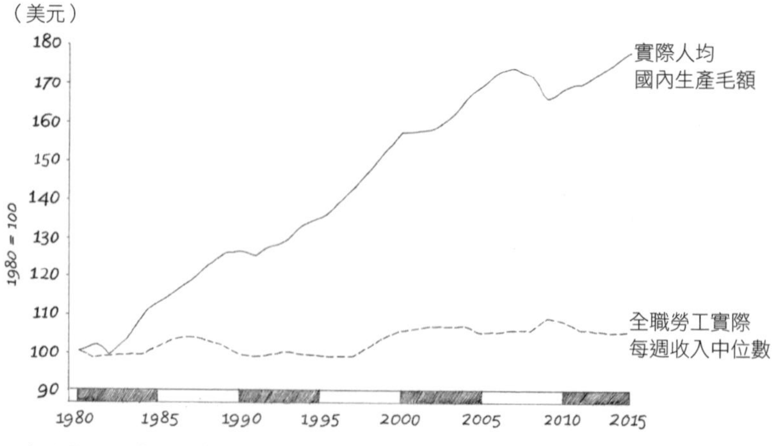

一九八〇至二〇一五年之間，美國實際人均國內生產毛額增長近兩倍，可是實質所得中位數幾乎停滯。[14]

較高的勞動力部門中，大脫鉤導致他們延長工作時間，因為他們屬於「頂尖成功人士」，一但延長工作時間，其潛在回報就會大幅飛漲。

目前尚不清楚是什麼導致了大脫鉤。有些經濟學家甚至質疑它曾經發生過。他們認為，顯示生產力和實際工資中位數之間存在明顯分歧的圖表是不準確的，因為這些圖表沒考慮到提供美國員工附帶福利造成的成本上升，最重要的就是像吹氣球一樣的健保帳單，也因為衡量通貨膨脹的標準方法無法捕捉真實情況。

然而，對許多其他人而言，大脫鉤是第一個明確的證據，顯示科技擴張正在吞食勞動力，並將財富集中在少數人手中。他們指出，一九六四年，電信巨頭AT＆T公司以今日的美元計算出的價值為兩千六百七十億美元，總共雇用七十五萬八千六百一十一名員工，大約相當於一名員工值三十五萬美元。對照之下，今天的通信巨頭Google價值三千七百億美元，但僅有約五萬五千名員工，代表每名員工的價值約為六百萬美元。

一系列重要的政治發展也促成了大脫鉤的進程。像是柴契爾和雷根支持放鬆市場管制與提倡「涓滴經濟學」，還有後來的蘇聯解體、前蘇維埃共和國紛紛擁抱寡頭資本主義，以及受中國擁抱國家資本主義刺激而興起的東南亞「四小虎經濟體」（tiger economies）[②]。

---

②譯注：亞洲四小虎指的是九〇年代的印尼、泰國、馬來西亞和菲律賓。

凱因斯在規劃通往經濟應許地的路線時，他想像是由「努力賺錢朝目標前進的人」帶領我們所有人到達那裡，譬如具有雄心壯志的執行長和金融家。不過他也相信，一旦抵達應許地，「我們這些追隨者就不再有義務為他們鼓掌叫好了」。

然而在這一點上，他錯了。

一九六五年，美國前三百五十大企業的首席執行長收入約為一般員工薪水的二十倍。[15] 到了一九八〇年，同一等級企業的執行長收入是一般員工年薪的三十倍，然後到二〇一五年，這數字已飆到接近三百倍。做完通膨調整後，多數美國勞工的實際工資在一九七八至二〇一六年間，微幅增加了百分之十一點七，而執行長的薪酬則大抵上漲了百

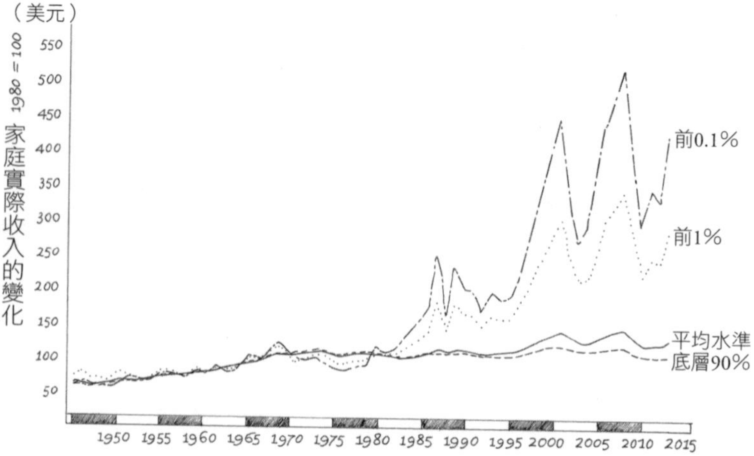

一九四五至二〇一五年，美國家戶所得的變化。[16]

分之九百三十七。

高階主管薪水飆升的現象不僅發生在美國。在二〇〇七年「經濟大衰退」（Great Recession）發生之前的二十年裡，世界各地的大公司都相信，為了吸引和留住「頂尖人才」，他們必須提供數字驚人的薪酬方案。

全球管理顧問公司麥肯錫公司（McKinsey & Company）是引發這種歇斯底里的想法的始作俑者。一九九八年，他們在針對客戶和潛在客戶發表的《麥肯錫季刊》（*Quarterly*）中，將其中一份簡報取名為「人才之戰」（The War for Talent），由此將「人才」（talent）一詞，引入企業演講不斷增加的詞彙表裡。[17] 這些誇誇其談、口號滿天飛的業配文，旨在說服企業砸大錢買他們通常不需要的軟服務（soft services）③，它們經常躺在主管的收件箱裡不曾被翻閱，至多被主管拿到廁所隔間裡隨意瀏覽。

麥肯錫公司了解多數讀者的注意力很短暫，於是在簡報中添加吸睛的副標題。以下這篇業配文，哪怕出現在戰地記者的報導中都不會顯得突兀。

「人才爭奪戰將越演越烈，」其中一句寫道。「所有人都岌岌可危。」另一句則發出警告。

③ 譯注：軟服務指的是能夠使工作場所變得更好的服務和設施。

在世界各大企業裡，人力資源主管通常被負責財務、供應鏈和行銷等「核心」企業職能的同儕，視為地位較低的工作夥伴，既不受寵，也不受重視。這份簡報對他們猶如天賜甘露。他們很樂意把這份不會讓人翻白眼、打哈欠的簡報，擺到同事、董事會和執行長面前，因為文章說公司好與壞的差別，不在於它們採用的工作流程或它們的效率，而是取決於帶領業務的聰明人——就像他們這樣的高階主管。

這份簡報的核心是一張圖表，麥肯錫公司語帶不祥地將之標記為「例證一」。它指出，有些與聯合國合作的人口統計學家猜測，在兩年之內，美國三十五至四十四歲的人口數量將達到頂峰、趨於穩定，但比預期峰值低約百分之十五。事後想想，這預測根本是廢話。但麥肯錫公司卻據此得出結論，認為頂尖企業的董事會為留住少數有能力的高級管理人才，應該義無反顧地和彼此爭搶。就算說好聽一點，這也是言過其實到不像話了。因為它完全沒考慮到教育的種種趨勢，也沒考量每年都有更多畢業生和企管碩士進入就業市場的事實。此外，它也沒提到移民，或在越來越全球化的高級主管市場，無論在地人口趨勢如何，公司可以到世上任何地方徵才。

對未來的史學家而言，「人才之戰」可能看似有史以來最精心策劃的企業陰謀之一。而未來的經濟學家也許只會把這當作不合理但也不可避免的市場泡沫，和曾經發生或尚未發生的每次市場泡沫沒有區別。但其他經濟學家也許能更有同情心地看待人才之戰，因為他們也知道絕大多數人對奉承都沒有招架之力。畢竟，那些受益於薪酬激增的人，非常喜歡聽別人說花再多錢聘請他們都很值得。事實上，就像古往今來的城市菁英會因為他們高貴的血統、英雄事蹟，或是他們和眾神的親近，而認為自己地位高於他人是合理的，這些自視為「宇宙的主宰」的人確信自己現在之所以位居要津，是因為他們很優秀。

寫出這期爆紅季刊的麥肯錫公司團隊還嗅到了另一個商機。他們迅速將這期《麥肯錫季刊》變成一本商業管理書籍，書名不出所料也叫《人才之戰》（*The War for Talent*）。這本書雖然內容空洞至極，卻無比暢銷。其他大型管理顧問公司很快展開行動，世界各地的人力資源經理於是看著他們的部門，從提供枯燥行政服務的單位，搖身變成決定成敗的核心職能部門，有資格在任何世界頂級的大公司中占據一席之地。

不久後，一些觀察家便宣稱這套追逐人才的敘事是無稽之談。史丹佛商學院組織行為學教授傑弗瑞．菲弗（Jeffrey Pfeffer）發表了一篇文章，標題是〈參與人才之戰有害組織健康〉（Fighting the war for talent is hazardous to your organization's health）。[18] 在文章裡，他提出了看似顯而易見的觀點，強調企業的成功靠的是合作無間，高估個人的價值可能會創造一種會侵蝕組織根基的腐蝕性文化。不久後，麥爾坎．葛拉威爾（Malcolm Gladwell）在二〇〇二年某一期的《紐約客》（*New Yorker*）雜誌，對他口中的「人才神話」發表了開腸剖肚的批評。他認為整件事的開端，無非是坐領高薪的麥肯錫主管相信了自己才華洋溢的神話。他還暗指麥肯錫和他們的人才心態創造了有毒的文化，導致他們最喜歡的客戶安隆（Enron）垮臺。安隆於二〇〇一年申請破產，調查人員為其欺詐案忙得不可開交，後來還送了一些主管進監獄。[19]

儘管菲弗和葛拉威爾的批評很有說服力，但隨著股市和大宗商品價格飆升，他們的抗議就被買賣成交的響聲淹沒了。然而，這種經濟繁榮其實和頂尖人才幾乎沒關係。事實上，那是因為東亞帶來了十億名擁抱消費主義的新消費者；再加上，美國和歐洲各國逐漸放鬆對銀行業的管制，讓銀行迅速擴張，並且說服自己和政府相信，他們用來肢解與埋葬爛到見骨的不良資產的絕妙演算法，終於終結了「景氣興衰循環」——二十世紀期間，正是這種頻繁的經濟崩潰與衰退的週期，多次打斷了經濟成長的向上軌跡。即使銀行不完全理解自己是怎麼辦到的，他們還是用低利放貸淹沒市場，好讓民眾即使帳戶餘額嚴重赤字，還是能繼續消費。

二〇〇八和〇九年期間，股市崩盤、工業大宗商品價格暴跌，陷入恐慌的各國央行狂印數兆美元的鈔票，試圖對搖搖欲墜的經濟體做資本重整。有那麼一瞬間，大企業高階主管的

膨脹高薪和巨額分紅，似乎是一個即將被高調戳破的神話泡泡。此外，在金融危機揭露這些頂尖人才點石不成金，只是生產了一堆堆的愚人金之後，社會大眾似乎對他們的才華失去了信心。

然而，這個泡泡並沒有破滅。人才敘事此時已深植制度結構，就連最脆弱的企業也深信不移。當許多企業為削減成本開始緊縮人事費用和關閉營運據點時，它們也同時動用微薄的現金儲備，分配大筆留職獎金給高階領導團隊，認定只有他們能找到穿越未知險境的出路。

就算許多高層終究還是替自己謀得了更多的獎金，但絕大多數民眾蒙受了損失，使得這次金融危機的確導致經濟學家的社會公信力劇降。如果所謂的專家沒看到危機將至，我們就有充分理由去質疑他們的專業。問題是，經濟學偽裝成一門科學很久了，人們因而理所當然地開始對任何專業抱持懷疑態度，即使是以更嚴格的證據為基礎的科學，譬如物理學和醫學。因此，金融危機導致的意外傷害還包括，氣候科學家和流行病學家失去社會過去對他們的普遍信任，前者警告人們關於人為導致的氣候變遷的危險，後者則試圖解釋接種疫苗的好處。

金融危機爆發後，由「占領」華爾街和其他世界金融首都的夢想家與不滿者臨時組成的「聯盟」，大概只提出了類似「燒死富人」的訊息。然而，儘管他們努力強調當前收入不平等的事實，卻幾乎沒有改變公眾的觀感。隨後的眾多研究計畫都顯示，在收入最不平等的國家，民眾總是低估不平等的程度，而多數國民財富掌握在廣大中產階級手裡的國家，民眾的判斷往往較為準確，有時甚至會高估不平等的程度。[20]現實與認知的差距在美國尤其嚴重，其物質不平等已達到半世紀以來最糟糕的程度。[21]美國的調查顯示，即使在經濟崩壞之後，多數外行人仍低估大老闆和非技術勞工之間的薪資比率，低估了十多倍之多。[22]

在英美等國，公眾長期對財富平等抱持幻想，可以說部分證明了一種根深柢固的觀念，也就是財富和努力工作之間存在明確的、甚至是只問能力的對應關係。因此，在超級富人相信一切財務獎勵都是他們應得的同時，也有許多較貧窮的人不想要破壞自己的美夢，想要相信只要他們夠努力，有朝一日也能變成超級富人。但實際上，富人用錢滾錢能賺到的錢，已經遠遠勝過窮人辛苦輪班能賺到的薪水。

要貧窮的人承認也許制度對他們不利，無異於要他們拋棄自身的能動性，還有他們珍視的信念，也就是他們的國家之所以與眾不同，是因為只要夠努力，人人都可以成為他們希望成為的任何樣子。

在美國這樣的地方，人們對不平等及其原因的看法，如今和人們自認是進步或保守派人士密切相關。因此，卡托研究所（Cato Institute）在二〇一九年調查民眾對財富與福利的態度後指出：「堅定的自由派認為，財富最主要的來源是家族人脈（百分之四十八）、繼承（百分之四十）和幸運（百分之三十一），而堅定的保守派則認為財富的主要來自努力（百分之六十二）、野心（百分之四十七）、自律（百分之四十五）和承擔風險（百分之三十六）。」[23]

事實上，我們很難不得出這樣的結論。在過去十年間，人們的焦慮之所以日漸嚴重，而且政治兩極化不斷被社群媒體放大，至少在某種程度上是因為人們在如何面對自動化加諸的劇烈經濟與社會變革上，各自團結在不同的思想流派的旗幟下。因此，一方面，有些人鼓吹本土主義、經濟民族主義，以及回歸他們心目中以宗教教義和努力工作等觀念為依據的超然美德。另一方面，進步人士擁抱更具變革意義的政治議程，即使其實際內涵還不明確。

但人們對工業化都市經濟體日後發展的擔憂，絕不僅僅加劇了政治兩極化給人的痛苦。對許多人來說，在這樣的環境裡，職業生活和個人生活之間的界限幾乎消失了。

第十四章

一名上班族之死

不同於工業革命初期，今天多數員工都有週休二日，外加數週的帶薪年假。不過，許多人不把這些寶貴的時間用來休息，而是利用這段時間做自己選擇的工作……儘管捕魚和狩獵對過去的採集者而言是工作，今天卻成了昂貴但非常受歡迎的休閒活動。

對懷抱滿腔熱血報導戰區生死的一小群報社特約記者與獨立記者而言，遭流彈擊中、被戴著巴拉克拉瓦頭套①大吼大叫的人綁架，或是被炸得血肉模糊的風險，都是工作的一部分。至於那些致力於揭露（或掩埋）權勢者骯髒祕密的記者、直搗犯罪組織黑暗核心的記者，或是傳播意圖挑釁、擾亂和冒犯之觀點的記者，也都接受他們的工作可能使自己受到傷害。但對多數人而言，新聞業應該是個安全的職業。舉例來說，記者不會預期在報導交通壅塞、金融市場起伏的過程中殉職，也不覺得評論最新技術裝置和時尚趨勢，或者記錄形塑市府微觀政治的沉悶鬥爭，會對自己造成生命威脅。

不幸的是，發生在日本公共媒體NHK的記者佐戶未和身上的事和期待不符。佐戶負責地方政府線的新聞，二〇一三年七月二十四日在報導東京都選舉的工作中死亡。她的遺體被人發現時，手裡還握著手機。

醫生很快確定佐戶的死因為心臟衰竭。但經過日本厚生勞動省的調查後，官方將她的死因改為「過勞死」。在去世的前一個月，佐戶在正式紀錄中的加班時數為一百五十九小時。這令人筋疲力盡的工時，相當於連續四個星期的每個工作日都上了兩輪完整的八小時班。可想而知，非正式的加班時數大概還要更多。在佐戶去世後的幾週內，痛失愛女的父親查閱她的手機與電腦紀錄，計算她在去世前的一個月至少加班了二百零九小時。

在佐戶未和猝死的那年，還有許多類似的死亡通報。日本厚生勞動省正式承認，有兩種類型的死亡為工作過度的直接後果。「過勞死」是指由於疲勞、睡眠不足、營養不良和缺乏運動引起的心臟疾病導致的，佐戶的情況就屬於這類。另一方面，「過勞自殺」是指員工因工作過度導致的精神壓力，選擇走上自殺一途。是年年底，厚生勞動省證實，二〇一三年有一百九十人死於過勞死或過勞自殺，前者與後者的比例為二比一，這與前十年的年均數字大致相符。然而，日本厚生勞動省向來只在特殊情況下宣布某人的死因為過勞死或過勞自殺，也就是只在能夠毫無疑問地證明死者的加班時數已遠遠超過了合理限度，同時也沒有其他值得一提的致死因素（如嚴重高血壓），才會這麼做。因此有些人認為，政府不願意承認問題的實際規模，譬如日本眾多反過勞死組織之一「過勞死辯護團全國連絡會議」的祕書長川人博就持此立場。[1]他認為，過勞死的實際數字比政府願意承認的高出十倍。不意外的是，日本因過度工作導致嚴重精神失調或健康失調的人數，也被認為比官方實際承認的高出好幾十倍，而且因工作當下過於疲累造成職場意外事故的數字亦然。

一九六九年，日本某大報貨運部有一名二十九歲職員，在令人聞之心痛地超時加班後，於辦公桌前倒地身亡，成為官方承認的第一例過勞死。隨著越來越多的死亡案例被直接歸咎

---

① 譯注：巴拉克拉瓦頭套是一種戴在頭上、僅露出臉的一部分的衣物。該詞源自一八五四年於歐洲爆發的克里米亞戰爭（Crimean War）中的巴拉克拉瓦戰役，英國軍隊配戴這種頭套以應對寒冷的海風。

於過度工作，「過勞死」這個詞很快進到大眾詞彙，進而逐漸成為日本國內的重要話題。

在日本，與工作相關的疾病的詞彙越來越多。在這越來越豐富的詞彙庫裡，最引人注目的一個是「經理病」，它被用來描述中階主管在面對職場升遷、辜負團隊期待、讓自己和家人蒙羞，乃至更糟糕的讓老闆失望、拖累公司等情況時，所感受到的巨大壓力。但經理病的問題只會影響白領階級，反觀過勞死則是無差別攻擊的殺手，無論是藍領勞工，還是經理、教師、醫療工作者、企業執行長，都同樣可能遭殃。

在東亞，過勞絕非僅見於日本一國的現象。在其他東亞國家，也有許多壓力過大的員工一邊在工作崗位匆忙吃午飯，一邊思忖過勞的潛在致命後果。每年平均比英國人或澳洲人多工作四百小時的南韓人，也採用日文單詞「過勞死」的韓文說法[2]來描述同一個現象。中國的情況也是如此。自一九七九年戒慎恐懼地擁抱「國家資本主義」以來，中國的經濟以驚人速度增長，大約每八年成長一倍。儘管科技發揮了重要作用，紀律嚴明且價格低廉的勞動力吸引全球企業的製造業務進駐中國，一直是中國經濟成長背後的動力，也將中國變成世上最大製造業生產國和出口國。但經濟成長帶來出人意料的後果，包括因工作過度而死亡的人數

激增。二〇一六年，通常只在分享好消息時灌水的國家官媒中央電視臺宣布，每年有超過五十萬的中國公民死於過勞。[3]

根據官方統計，南韓、中國和日本的工時在過去二十年大幅下降，其中南韓的進步最大。這轉變部分要歸功於反過勞死團體倡導追求工作與生活之間更為和諧平衡。舉例來說，在二〇一八年的日本，勞工實際打卡的平均工時約為一千六百八十小時，相較二〇〇〇年，減少了一百四十一小時。這比德國勞工每年多了近三百五十小時，但比墨西哥勞工少了五百小時，並且低於以致力發展自由貿易為名而成立的菁英俱樂部「經濟合作暨發展組織」（Organisation for Economic Co-operation and Development）成員國的平均工時。[4]可是，日本、中國和南韓也存在根深柢固的低報工時文化，而且針對員工所做的民調數據顯示，許多人的生活仍被工作支配。下述這則事實說明了一切：儘管日本官方發起資金充裕的宣傳活動，鼓勵民眾偶爾也要休息度假，可是自千禧年以來，多數日本勞工真正使用的全薪假，仍不到他們應休天數的一半。[5]

二〇一六年，中國國家統計局人口與就業司[6]在報告中指出，都市勞工每天通常加班近一個小時，其中有百分之三十左右的人每週工時比四十小時的基準多了約八小時。這群人當中最辛苦的是「商務服務人員」和「生產、運輸、設備操作員」，他們當中有百分之四十以上的人每週工時超過四十八小時，但實際數字很可能遠高於報告中所提的數字。

儘管住在大抵仍是鄉村地區的人的工作節奏還在控制之中，對於在廣州、深圳、上海和北京等繁忙都市樞紐上班的私部門勞工而言，長時間工作如今已是常態。而在以百度、阿里巴巴、騰訊和華為等公司為首、炙手可熱的中國高科技產業裡，員工更是把長時間工作視為理所當然。他們今天按照「九九六」的口號安排工作時間。兩個九是指每天必須從上午九點工作到晚上九點，一共十二小時，六則是指任何有升遷企圖心的員工，每週都該上工六天。

從務農者遺骸上的應力性骨折和骨肥厚來看，打從部分人類祖先用犁和鋤取代了弓箭和挖掘棍以來，過勞死的問題就一直存在。歷史上除了有許多為「試圖拯救農場」而死的人，還有無數靈魂被別人拿著鞭子鞭笞勞動至死。譬如，古羅馬人把奴隸派往礦場和採石場的奴隸；殖民國從非洲偷來的男人和女人生下的後代，在美洲的棉花與甘蔗種植園過著艱苦、短命和被殘酷虐待的生活；二十世紀，數以千萬計的人因犯罪或錯站在某種統治形式、意識形態陣營的對立面，而死在古拉格、勞工殖民地、監獄和集中營；又或者，二十世紀初，在比利時國王利奧波德二世統治下的剛果或哥倫比亞普塔莫約河（Putamoyo River）沿岸，橡膠工人僅僅被視為用完即棄的廉價勞動力。

但過勞死和過勞自殺的故事與前述這種「勞動至死」的不同之處在於，使佐戶未和等人喪命或輕生的原因不在於他們面臨艱苦或困頓的風險，而是他們自身在雇主的期待下表現出很強的個人抱負。

現代社會對財富的追求和責任、忠誠和榮譽等儒家倫理融合在一起，這可能是首爾、上海和東京等城市過勞死亡數字之所以很高的原因。但過勞死不是二十世紀末、二十一世紀初的東亞特有的現象。事實上，在這方面，儒家文化帶經濟體（Confucian belt economies）的獨特之處，並不在於那裡的過勞死比其他地方更常見，而是那裡的人更願意把過勞死當作問題來面對。

在西歐和北美，過勞死通常被歸咎於個人失敗，而不是雇主或政府的行為和過失。因此，過勞死不會引發全國民眾的討論，不會出現在新聞頭條，也不會導致悲慟親屬要求雇主低聲下氣道歉或要求政府採取行動。即便如此，相關問題偶爾也會得到一些關注。譬如，在過去十年間，法國電信集團（France Telecom）的執行長被迫下臺，還有好幾名高階主管因為對公司帶來有害的工作文化而受審，罪名是「道德騷擾」。該案件的檢察官堅稱，這種有害的工作文化在二〇〇八與〇九年期間，共導致三十五起的員工自殺事件。

今天在英、美等國家，關於職場心理健康問題的討論比過去踴躍。如果統計數據有任何參考價值的話，這是有充分理由的。在英國，安全衛生執行署（Health and Safety

Executive）在二〇一八年的報告說，與職場相關的壓力、沮喪和焦慮，造成了近一千五百萬個工作日的損失，而在兩千六百五十萬勞動力中，近六十萬人自陳曾在該年度受到與工作相關的心理健康問題所苦。[7] 但我們從這個數據很難判斷，診斷出更多職場心理健康問題的原因，是不是因為過去在許多國家被認為完全正常的壓力和焦慮，現在往往被當作疾病治療。傾向將壓力與焦慮病態化的一個重要問題是，今天人們普遍接受「工作成癮」（workaholism）是一種真實的、可診斷的疾病一事，可能會帶來潛在的致命後果。

韋恩・歐茲牧師（Pastor Wayne Oates）於一九一七年出生在南卡羅來納州的格林維爾（Greenville）。大蕭條期間，他的母親在當地一家棉紡織廠上長時間的班以維持生計，他則在祖母和姊姊的照顧下，盡可能地善加利用自己貧困的童年。他堅定的基督教信仰教會他知足感恩，後來更使他立志將世俗的精神病學與心理學和他的宗教信念彼此調和。歐茲牧師是位多產的作家，在肯塔基州路易斯維爾（Louisville）的美南浸信會神學院（Southern Baptist Theological Seminary）奠定傑出的講師生涯之餘，筆耕不輟地撰寫了五十三本書。與此同時，他還從自己輔導的一些酗酒者的行為中，看到了自己「持續不停工作的……衝

動」，於是創造了「工作狂」和「工作成癮」兩個單字來描述它。現已絕版的《工作狂的自白》（*The Confessions of a Workaholic*）最早於一九七一年出版，書中充滿關愛口吻的建議大抵已被人遺忘，但他創造的新詞「工作狂」卻立即被納入我們日常使用的詞彙中。

在他創造了「工作成癮」一詞後不久，這個術語成為心理學中一個熱議的小眾領域，儘管學界對於它的定義或衡量標準（遑論治療）缺乏共識。有些人堅稱，工作成癮是像賭博或購物一樣的某種「癮頭」；有些人認為它是病理性的，像貪食症那樣；有些人則認為它是一種行為模式；還有些人說它是一種症候群，源自「高追求」和「低工作滿足感」的不幸結合。

由於缺乏對工作成癮實際定義的普遍共識，可用來顯示其盛行程度的統計數據少之又少。只有挪威曾在這方面做過系統性的統計，該國的卑爾根大學（University of Bergen）研究人員發展出一套評估方法，稱之為「卑爾根工作成癮量表」（Bergen Work Addiction Scale）。[8]「卑爾根量表」令人想起候診間中擺放的生活風格雜誌會收錄的大眾心理學小測驗；它根據你對七個簡單陳述的標準化回答給分數，譬如「如果被禁止工作，你會感到焦慮不安嗎？」或「你覺得工作比嗜好和休閒活動更重要嗎？」。如果你對這些問題的多數回答為「總是」或「經常」，開發測驗的設計者便推斷，你可能是一個工作狂。卑爾根研究小組取用來自一千一百二十四份調查的數據，並將這些數據與一系列性格測驗做交叉參考。最後他們得出結論，發現百分之八點三的挪威人是工作狂，工作成癮在十八至四十五歲的成年人之間最為普遍，而最可能變成工作狂的是「個性親和」、「受知識驅動」和／或「神經質」的那些人。他們還指出，工作成癮的盛行率高到足以被當作一個公衛問題予以關注。

———

就像盧伯克認為縝密的科學研究和撰寫長篇專著是一種休閒，對我們很多人來說，工作和休閒的唯一差別在於我們是受雇從事某活動，還是出於自己的選擇去做某件事——而且在很多情況下，我們甚至是拿正規工作賺的錢，自費做這件自己想做的事。

考慮到往返工作場所，以及從事必要家戶活動如購物、家事和育兒所需花費的時間，每週四十小時的標準工時，讓人們沒剩太多時間可從事休閒。不出所料，多數有全職工作的人，把大量純休閒時間拿來做放鬆身心、被動的活動，譬如看電視。但不同於工業革命初期，今天多數員工都有週休二日，外加數週的帶薪年假。不過，許多人選擇不把這些寶貴的時間用來休息，而是利用這段時間做自己選擇的工作。

除了沉浸在電腦遊戲的世界（遊戲裡通常會有一些模仿實際工作的活動），許多常被民眾選擇用來度過空閒時間的嗜好，其實就是一些在過去或至今仍是人們謀生手段的活動。譬如，儘管捕魚和狩獵對過去的採集者而言是工作，今天卻成了昂貴但非常受歡迎的休閒活動；儘管農民視種植蔬菜或園藝為討人厭的勞動，今天卻有許多人覺得是一種帶來深度滿足感和樂趣的活動；縫紉、針織、做陶和繪畫曾經是人們重要的緊急收入來源，現代人卻在這些工作令人放鬆、經常重複同一個動作的節奏中，找到了心靈平靜。事實上，許多嗜好和休閒活動，包括烹飪、陶瓷、繪畫、鑄鐵、木工和翻修住宅，都涉及體力和智力的培養、精進和運用，這些都是人類在演化過程中賴以維生的技能，但在現代職場上卻越來越少運用到。

心理學家難以定義和衡量工作成癮的另一個原因是，只要人們聚集在城市裡，許多人就會覺得他們的工作不單單是一種謀生手段。涂爾幹在沉思對付失序的可能解決之道時，他意識到在職場建立的關係，可能有助形成過去曾將人們凝聚在合作無間的小型農村社區裡的「集體意識」。事實上，他提議用來處理城市內社會疏離問題的其中一個解決辦法，就是組成和古羅馬數百個工匠聯盟類似的行業工會。

這不是輕率的建議。羅馬人的工匠聯盟不只是為了成員的利益而進行遊說的行業組織，它們在幫助下層階級（*humiliores*）以工作為基礎建立公民認同方面，發揮了至關重要的作用，並將他們融入羅馬社會更大的階層制度裡。在許多方面，工匠聯盟就像城市中的自治村莊。每個地方各有各的習俗、儀式、服飾風格和節日，以及各自的庇護者、政務官，還有仿效負責頒布法令的羅馬元老院的成員代表大會。有些工匠聯盟甚至擁有自己的私人民兵團。

但最重要的是，它們是社會組織，根據工作、價值觀、規範和共同的社會地位，將人們聯繫在一起，形成緊密的微型社會，內部通婚頻繁，成員及其家人們主要和彼此往來。

許多人如今已習慣城市生活，而城市中的大眾運輸系統使我們能比羅馬人更快速地從城市一隅移動到另一隅。許多人如今也習慣電子裝置就在觸手可及之處，使人們能組成動態的、活躍的共同體，而不受到地域限制。即便如此，多數現代城市居民仍傾向把自己嵌入非常小且往往很鬆散的社群網絡，讓這個社群網絡成為他們各自的圈子。

當古人類學家鄧巴主張，八卦和梳毛對人類演化祖先語言能力的發展有重大作用，他的論點有一部分是依據檢視不同靈長類大腦容量及其組成，以及各物種通常保有的活躍社交群體的規模及複雜性之間的關係。他發現大腦特徵與社交網絡存在明顯的相關性。鄧巴用其他靈長類的數據做推斷，算出人類的大腦容量能讓多數人只能與約莫一百五十人建立長期聯繫，而且很難再應付更多，因為追蹤他們的人際互動和人際關係的工作太複雜了。當他拿這個數字和世界各地人類學家在村莊所蒐集的數據做對比，譬如芎瓦西族與哈德札族等採集者的社交網絡規模，甚至是人們在社群媒體（如臉書）上積極互動的「朋友」數量，結果證明他基本上是對的：多數人至今依然只和約莫一百五十人保持積極聯繫。[9]

在人類歷史的大部分時間裡，社交都是僅透過與身邊的人直接接觸，也就是根植於相同地域的多世代社會。人們透過緊密的親族關係、共同的宗教信仰、儀式、實踐和價值觀發聲，並因為成員在相同的環境裡工作與生活，又有類似經歷而得到滋養。但在人口稠密的城市，多數人的社交範圍則不會局限於身邊的人，而是由我們在從事截然不同的興趣和嗜好時所產生的錯綜人際關係拼湊起來的。不過，對許多人而言，我們平時的社交網絡是由一起共事或在工作中遇到的人所組成，這點大概不令人感到意外。

除了多數人和同事相處的時間遠比和家人相處的時間多，而且日常生活也會圍繞著工作去規劃之外，在社交場合上，我們的工作也經常成為焦點，進而影響我們的志向、價值觀和政治傾向。在城市裡的社交聚會上，當我們試探陌生人時，往往會先問對方從事什麼工作，然後再根據他們的回答，對他們的政治觀點、生活方式、甚至社會背景做相當可靠的推斷。這是情理之中的事。一項關於職場戀情的定期調查發現，有近三分之一的美國人和透過工作認識的人至少發展過一段長期的性關係，另有百分之十六的人則在職場遇到了他們的配偶。[10]

這幾乎不教人意外。一個人的職業道路通常由個人的成長背景、學校教育和隨後的培訓選擇決定。因此，我們常會慢慢地將自己的世界觀和期望變得和師長同事一樣，而且傾向和氣味相投的人一起工作，並在可能的情況下，利用既有的社交網絡來達成目標。所以說，高盛集團的人力資源經理不需要處理很多譴責放貸的人提交的履歷，軍隊招募者不會收到很多頑固的和平主義者的入伍申請，警察的招聘人員也不必應付公開的無政府主義者的工作申請。同樣重要的是，人們一旦開始工作，往往會繼續將自己的世界觀變得和同事們一樣，因為我們和他們之間的紐帶，在追求共同目標與慶祝共同成就的過程中得到了強化。

然而，即使工作為人們提供社群意識和歸屬感，涂爾幹料想可能會繞著職場締結的社群，並沒有照著他預測的程度實現。事實上，當涂爾幹想像未來的城市是由以工作為基礎的社群拼貼而成時，他還不理解就業和工作在工業時代具有不斷變化的特性。他似乎以為因工業化而變得多餘的職業技能，會很單純地被另一套耐用的新技能取代。舉例來說，他沒想到職場會按泰勒開發的科學管理方法運作，在這套管理方法之下，並不需要雇員掌握太多實際技能。同樣地，他也沒料到科技發展會使工業時代的現代職場持續變動。畢竟，在科技持續發展的狀況下，人類在上一個十年取得的尖端科技，到了下一個十年就會因落伍而派不上用場。

一九七七年，受雇於伊利諾伊州的公務員班・阿朗森（Ben Aronson）因內出血昏倒，隨後被診斷出嚴重的心臟問題，需要進行手術治療。他認為自己的病是出於和工作相關的壓力，並向《佛羅里達時代聯合報》（*Florida Times-Union*）的記者解釋，他非常擔心，因為他的年休和病假加起來一共只有四週，可是他的醫生堅持不讓他在如此虛弱的情況下重返工作崗位。[11]

然而，阿朗森不是受工作過度之苦的眾多個案之一。這個故事稍微引起記者的注意，是因為他的心臟問題是因「工作不足」而起。

在阿朗森倒地的幾個月前，他的雇主曾試圖在短短幾年內第二次解雇他。阿朗森兩次都控告雇主非法解雇，並且兩次都獲得法院判定勝訴，並命令雇主讓他復職。他們的確照做了，但第二次被法院要求時氣得咬牙切齒。他們告訴阿朗森，雖然他仍將獲得一千七百三十美元的豐厚月薪（以今天的幣值計算，相當於七千五百美元，超過六千英鎊），他不會被賦予任何職責。然後，他們把他辦公室的電話拆掉，指示收發室不要投遞或收取他的郵件，並叫其他員工把他當空氣。

遺憾的是，阿朗森因為無法做有意義的工作而導致健康出問題的故事並沒有太豐富的新聞價值，記者後續沒有追蹤，因此我們不知道他最後究竟是否因患病缺勤而遭解雇。但是，很多人會在他奇特的個人遭遇中，看到自己的影子。

擁有一份高薪的終生鐵飯碗，而且不用負任何責任，對某些人來說可能就像夢想成真。但對另一些人而言，一旦新鮮感消退，他們就會想念起從工作中獲得的條理性、志同道合的交友圈，以及成就感，無論這份工作多麼平凡或報酬多麼低。如果工作需要技術，他們想必也會想念自己在揮灑技術時會得到的樂趣。因此，即使在這群人中有成千上萬的樂透得主和繼承遠房親戚意外財富的人，他們仍繼續從事原本的工作，這些工作通常不是特別有趣，但他們仍像以前一樣勤奮地工作。

除此之外，一些在服務業工作的人之所以對阿朗森的故事感同身受，是因為如果自己的辦公室電郵和公司內網帳號突然被封鎖，電腦和電話被拆掉，同事還受指示忽視他們的存在的話，他們心裡會感覺到自己無足輕重，就算缺席也對組織的命運幾乎沒有影響。

根據英國國家統計局（Office of National Statistics）的數據顯示，百分之八十三的英國勞動人口，如今受雇於定義越來越模糊的「服務業」或稱「第三級產業」。服務業有時被稱為第三經濟，包括任何不涉及生產或收穫原料的工作，譬如農業、礦業和漁業，或是用這些原料製造如刀叉和核彈等實際物品。

英國擁有如此高比例的服務業勞動人口，在世上較富裕的國家中並不特殊。它還遠遠落後盧森堡和新加坡等國，在這兩個國家，幾乎每個有工作的人都受雇於某種服務業。但英國遙遙領先坦尚尼亞等多數發展中國家，絕大部分的坦尚尼亞人仍以務農為生。英國也比像中國這樣的國家領先一些，儘管中國服務業從業人口近年持續激增，中國仍有一半以上的人口從事農業、漁業、礦業和製造業。

服務業在許多經濟體中占據主導地位，是相對晚近才發生的現象。直到十六世紀歐洲各地農業生產激增之前，估計仍有四分之三的英國人是農民、採石工、伐木工和漁民。到了一八五一年，當工業革命一飛沖天，從事傳統工作的勞工比例下降到僅略高於百分之三十的水準，另有百分之四十五的勞動人口從事製造業，其餘百分之二十五則從事服務業。[12] 這比例基本上保持不變直到一戰結束。然後它再次緩慢攀升，因為家庭和工業開始直接從電網汲取能源，而且內燃機等新科技上線，進而催化各式各樣新事物的發明與製造，供積極進取的家庭和個人消費。這趨勢一直持續到二戰結束後的一九六六年，然後英國製造業進入一段穩定的陡降期。一九六六年，估計有百分之四十的勞動力受雇於製造業，這數字於一九八六年下降到百分之二十六，到了二〇〇六年則下降到百分之十七。技術和自動化在將曾經為勞力密集型產業的製造業，轉變為資本密集型的過程中發揮了重要作用。全球化也是重要推力，因為勞力最密集的產業，漸漸開始輸給那些在勞動力比英國便宜的地區營運的製造商。

許多經濟學家認為，大規模工業化必然導致服務業快速擴張。這在今天也常被認為是「後工業社會」的招牌特色。至少經濟學家科林．克拉克（Colin Clark）的觀點是如此，他對今天眾所皆知的「三級產業分類法」（three sector model）做出了很大的貢獻。一九四〇年，克拉克在一篇文章中便準確預測了服務業在英國這類經濟體接下來八十年間的擴張。他評論，隨著資本增長、科技發展和生產力提高導致經濟體的總財富增加，其對服務的需求也必然增加，從而抵消漁業、農業和礦業（統稱為「一級產業」）消失的工作機會。[13]

克拉克是一位具有社會意識的經濟

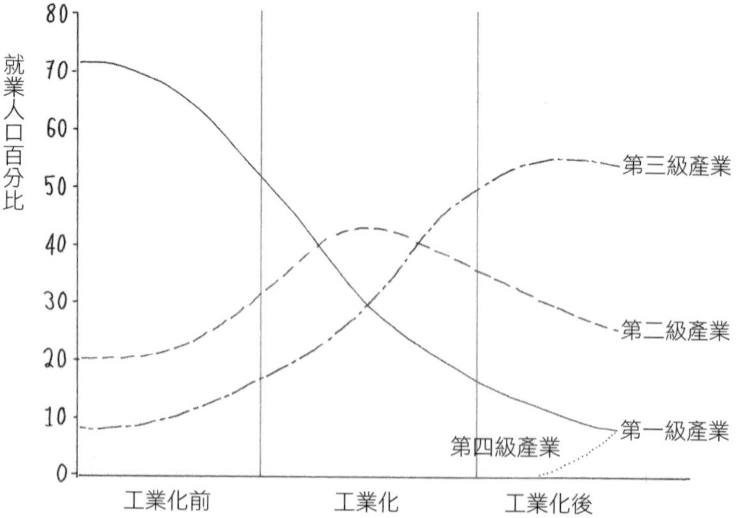

克拉克的三級產業分類法的模型顯示，相對於一級與二級產業就業人口的減少，服務業的就業人口則有所增加。

學家。他認為，在努力創造一個穩定且多產的經濟之外，經濟學家有道德責任幫助實現「財富在個人和群體之間的公平分配」。即便如此，他的後工業化模型自那時起一直受到嚴厲批評，尤其是經濟左派的評論員；他們認為克拉克的模型是一個支持「資本主義發展」的模型，但偽裝成人類發展模型。[14]

克拉克在其著名的三級產業分類模型中，描繪了三個產業在不同階段的關係演變，準確反映了西歐、日本和美國經濟的真實寫照。包括中國在內的其他經濟體，似乎也沿著克拉克預測的道路前進，亦即服務業的穩定上升和農業的衰退成等比，以及製造業的重要性逐漸下降。但我們很難將服務業的版圖大幅擴張，解釋成對人們實際需求的回應，甚或是廣告商和網紅為了說服我們相信其重要性所付出的努力。

克拉克模型的另一個問題是，雖然全國從事服務業的人口占多數顯然是個新現象，服務業其實和最古老的城市一樣歷史悠久，即使其服務範圍並沒有超出城牆太遠。製造業就算在羅馬這種如此了不起的古代城市，也是相對低階的行業，而炫耀性消費是最富有的貴族與商人的專屬享受。在烏魯克這樣的古城想必也是如此；在這裡，祭司、行政人員、會計師、士兵和酒保（原因顯而易見）占了人口結構的絕大多數。但是，我們很難將服務業在烏魯克、孟斐斯、洛陽或羅馬等古城占據，歸因於製造業生產力激增導致人們對服務的需求飆升。

若以更長遠的眼光看待人類與工作的關係，我們會看到隨著經濟體變得越來越「後工業化」，也許還有其他角度能說明服務業的快速擴張。

其一是意識到，許多（但絕不是全部）服務都是由人類的基本需求催生的，因為這些需求也是人類演化遺緒的一部分。當人們離開緊密相連的小型社會共同體時，這些需求在城市中不容易被滿足，需要有其他人提供服務來滿足這些需求。譬如，醫生之所以存在，是因為我們想要活著，因為我們不喜歡痛苦；藝術家和藝人之所以存在，是為了帶給我們快樂；髮型師之所以存在，是因為我們當中有些人想看起來體面，或是需要一名有同情心的人傾聽自己的聲音；ＤＪ之所以存在，是因為我們喜歡跳舞；官僚之所以存在，是因為哪怕是最熱血的無政府主義者，也希望公車按時間表運行。對此類服務的需求，不是因為製造業的進步而增加。這些需求一直都存在。事實上，一旦農業與製造業的生產力足以使許多人不必將大量時間和精力用於生產或製造後，這些其他基本需求就會被放大。

另一種對服務業擴張的解釋，是從農業革命以來根植於我們心中的工作文化來看。這個文化讓我們無法容忍白吃白喝的寄生蟲，並把有報酬的工作奉為人與人之間社會契約的基礎，即使許多工作充其量只是讓人們保持忙碌而已，沒有實際作用。這又恰恰道出了生命、能量、秩序和熵之間的基本關係。就好像織雀和園丁鳥用剩餘能量修築複雜且往往沒有必要的鳥巢結構，當人類持續獲得剩餘能量時，也總是會把能量投入到某個有意義的事情上。從這個角度來看，許多古老的服務行業的出現，純粹是因為每當有大量的、持續多出來的剩餘能量，人們（和其他生物）總是會以有創意的方式把能量拿去做工。以人類為例，這過程涉及發展無數各不相同的出色技能，而學習及施展這些技能通常會給我們帶來極大的滿足。這就是城市向來是藝術、陰謀、好奇心和新發現的熔爐的原因。

如今，服務業複雜多樣，包括神經外科醫生、大學講師、銀行家、漢堡煎臺手和量子振動密宗占星家（quantum-vibration-tantric astrologers）等都可以納入服務業的範疇。因此，對於試圖了解就業市場起伏的分析師而言，僅關注服務業已不再是有效的做法了。這也是為什麼學者們現在認為克拉克的產業分類法已經過時一事，是可以理解的。有些人提議專為電腦、程式編碼、研究及其他尖端高科技產業（如基因體學），再增添一個新的「四級產業」。但這也有問題，畢竟數位科技已經大幅改變了其他產業。因此，多數分析師喜歡根據行業功能，再把服務業劃分得更細，例如餐旅、金融服務、醫療保健等。

另外有一些人則提議對服務業及整個經濟做更激進的重新構想。有些想法可追溯到西方經濟體的戰後時代，當時的政府更傾向於設計好的社會政策，然後研究如何為這些政策買單，而不是制訂出好的經濟政策，然後想著它們能為社會提供什麼樣的福利。重點是，市場分配價值的方式，很少能公平地反映多數人的做法。

舉例來說，我們依賴教師去教育我們的下一代，生病時則依賴照護工照顧我們，但這些人今天的收入遠低於那些教富人如何避稅人，或是那些千方百計地發送數不清廣告郵件給我們的人。因此，有些分析家主張廢除服務業，以便讓人更有感地瞭解不同工作所創造的各種非貨幣價值——譬如健康或幸福。沒有人懷疑醫生、護理師、教師、廢棄物回收業者、水管工、清潔工、公車司機和消防員提供的非貨幣價值。雖然每個人對於什麼算是娛樂的看法各不相同，大部分的人都同意藝人、廚師、音樂家、導遊、旅館經營者、按摩師，以及其他帶給別人快樂或鼓舞的工作也非常重要。

人類學家格雷伯在二〇一三年寫的一篇短文中，提出了一種最別開生面的方法，以重新分類服務業內的各種角色。[15]這篇短文後來在網路上瘋傳，最後讓格雷伯以其為基礎，另寫成了一本專書。文中，他區分了真正有用的工作，譬如教育工作、醫學、農業和科學研究，以及除了讓人有事做之外並沒有其他明顯用途的無數工作，包括企業律師、公關主管、健康與學術管理者，以及金融服務供應商。格雷伯將這後一類工作稱為「狗屁工作」（bullshit jobs），並定義為「完全沒有意義、多此一舉或有害的就業機會，就連員工也無法為它的存在辯解」。[16]

「就好像世上有人專門負責編造毫無意義的工作，只為了讓我們所有人都別閒著。」他如此論稱。[17]

對於正在從事所謂的狗屁工作的人來說，如果有人覺得自己在職場做的是狗屁工作，那麼當然也會有人仍然從中獲得滿足、動力和成就感。即便如此，職場民調不斷發現更多人對他們從事的工作不滿意，這個事實顯示對工作滿意經常只是一種「應付機制」。這種機制是我們這個物種的獨特之處，綜觀人類的演化過程，就會發現我們深受追求目標與意義的需求影響。

在後工業社會中，迅速發展的服務業中湧現了大量無意義的工作。這是後工業社會的特色，而格雷伯絕非第一個注意到的人。組織型官僚機構膨脹的趨勢有時被稱為帕金森定律（Parkinson's Law）。該定律以西里爾・諾斯科特・帕金森（Cyril Northcote Parkinson）的名字命名，他在一九五五年發表於《經濟學人》（*The Economist*）的一篇挖苦文章中提出了這個定律。帕金森以他在無比鬆散的殖民地公職機構的親身經歷為依據，提出了這個與他同名的定律，指出「不論有多少時間可完成工作，工作注定會膨脹到將一個人所有可用的時間填滿」。[18]因此，政府官僚總是會產生夠多的內部工作，讓自己看起來顯得忙碌且重要，以

確保他們能繼續存在或壯大，而不用在產量輸出方面有相應的增長。雖然很明顯的是，帕金森在撰寫本文時不帶有這樣的意圖，但他文中的語言令人不禁聯想到科學家如薛丁格在描述工作、能量和生活三者之間的關係時所使用的語言。根據帕金森定律，官僚機構要想生存和壯大，必須不斷地以錢的形式蒐集能量，然後做工，即使那些工作只是為了消耗能量，就像精力充沛的織雀。

帕金森定律現在也許僅偶爾被執行長們在公司裁員時，和財政赤字的政府在要求加倍緊縮時援引，但這定律終究是許多擔任管理職的人憑直覺就能察覺到的，即使他們不知道怎麼稱呼它。畢竟，在許多組織中，被視為「頂尖人才」的人所需的其中一項主要技能，就是能夠雄辯滔滔地爭取到高額預算，以及派遣更多員工執行格局宏大但毫無意義可言的專案計畫，而預算沒花完則會被視為在職場上顏面盡失之事。

官僚機構過度膨脹的證據無所不在，但唯有透過觀察它如何影響大學這樣的組織和機構時，它的嚴重性才會變得清晰。幾世紀來，大學的基本宗旨都沒有可觀的改變。

美國最古老的大學哈佛大學成立於一七三六年，其學費經通膨調整後，現在平均是一九九〇年的兩到三倍。[19] 英國最古老的大學則可以追溯到十二世紀，其高等教育不僅在一九九八年之前對本國居民是免費的，而且多數學生還會在地方當局做完經濟狀況調查後，獲得公家發放的助學金，這些補助金足以讓他們生活得相對舒適，不必在學期間打工賺錢。

但自一九九八年開收學費以來，學費已經上漲了百分之九百。在美國和英國，除了最富有的準新生之外，所有人都清楚自己畢業時，可能會背上需要數十年才能還清的債務。

儘管一些外部經濟因素加速了英國學費的大幅上漲，但學費上漲的主要理由，是需要為日益膨脹的行政團隊提撥預算。以加州州立大學為例，管理職和專職行政人員的總數從一九七五年的三千八百人增加到二〇〇八年的一萬兩千一百八十三人，而教職總數僅從一萬一千六百一十四人增加到一萬兩千零一十九人。這相當於教師人數增加了百分之三點五，而行政人員卻增加了百分之兩百二十一。值得注意的是，幾乎所有擴編的行政人員都是坐辦公室的官僚職位。但事實上，文書、服務和維修的工作數量在同一時期減少了近三分之一。[20]

在大學和許多其他組織裡的一些新行政職缺，不僅重要，而且有用。運作良好的官僚機構也有助於培養政策專家、技術專家和各種專家，他們在各自職位的奧祕中得到極大滿足，要不是有他們，一切會陷入停頓。但我們也很難忍住不質疑許多職位之所以重要，單純是因為在任者很懂得讓自己和他人相信他們很重要，或是因為他們只是為了觀察、衡量和評估正在做重要事情的其他人而存在。

很多學者無疑都抱持這樣的觀點。相較於讓他們能騰出更多時間做研究和教學，他們現在幾乎是眾口一致地表示，他們花在行政庶務的每週工時比例，遠比二十年前要高得多。他們還指出，雖然許多行政職不如學術職專業，工作競爭也不那麼激烈，但這些職位的薪水經常比學術職要高得多。以英國為例，在二〇一六年，據說每十位學者中有四位考慮辭去帶給他們使命感，而且是辛苦多年才得到的工作。[21]

毫無疑問，許多人（其中包括那些從事「無意義」工作的人）在工作中得到了滿足，或者至少享受到了工作給他們的生活帶來的友誼和條理。即便如此，問題在於世上絕大多數的勞工都沒有從工作中獲得太多滿足感。蓋洛普公司在二〇一七年的「全球職場年度報告」（Gallup's State of the Global Workplace report）中揭露，只有極少數人認為他們的工作有意義或有趣。報告嚴肅地指出：「根據蓋洛普於二〇一四、一五和一六年在一百五十五個國家蒐集的全球總數據顯示，全世界只有百分之十五的員工很投入工作，三分之二的人不投入，百分之十八的人則完全談不上敬業。」不過，蓋洛普公司也注意到人們對工作投入程度在不同地區之間有顯著的差異。美國和加拿大分別有百分之三十一和二十七的勞動力樂在工作，是「職場敬業度」的世界領先者。相較之下，只有百分之十的西歐勞工樂在工作，但至少他們比日本、中國、韓國、香港和臺灣的勞工快樂。在這些地方，每一百名勞工只有五到七人抱持一片熱忱投入工作。[22]

服務業的不斷崛起，可能是人類透過發明新工作，把那些被越來越自動化且高效率的製造業生產線淘汰的勞工吸收到服務業裡所致，因而是一種集體創意的展現。然而，在創造可能讓人覺得有意義或能給人成就感的工作方面，我們顯然不是太聰明。更重要的是，我們現在根本沒辦法確定，服務業是否能容納即將被下一波自動化浪潮判定為冗員的所有人。在後工業時代，自動化的浪花已拂上這片職場男女最後的庇護海岸。

第十五章

新疾病

耐人尋味的是，許多人評估了機器人和人工智慧吞食就業市場的潛力，但他們都對於一些相對容易預測且影響深遠的經濟衝擊保持沉默。這麼做的動機或許不難理解。畢竟，他們若討論起一些其他的可能後果，就必須冒險踏進一個蟲洞，被迫思考：誰將從自動化中受益，以及如何受益？

「我們正染上一種新疾病，有些讀者可能還沒有聽過它的名字，但在未來幾年，他們會聽聞很多關於這疾病的事——這個病就叫作『技術性失業』（technological unemployment）。」凱因斯在描述他的後工作時代烏托邦時，曾如此提出警告。他也補充：「這種疾病的出現，代表人們失業是因為我們能用更快的速度發現節約勞動力的方法，而且速度遠遠超越我們為勞動力找到新用途的速度。」對一九三〇年代的聽眾而言，凱因斯的這番話是很理智的局勢說明。自從工業革命進展的速度升級以來，人們一直很擔心他們的行業或生計可能會被新科技與新工作方式排擠掉。但很少有人和凱因斯一樣，看清社會越是追求高效率和自動化，經濟發展對人類勞動力的需求就會遭到削弱。

事後看來，凱因斯低估了「已開發經濟體」內不斷膨脹的服務業的能耐，它毫不費力地吸收從農場、礦場、漁場和日益自動化產線上被淘汰的勞工。因此，儘管過去常見的各種職缺在很多國家已普遍由自動化技術取代，從火車站售票員到超市收銀員無一倖免，但直到最近，關於自動化可能消滅職場的討論，大抵仍局限在少數科技重鎮、企業董事會議和學術期刊。之所以如此，服務業的快速擴張也是一大主因。

這一切在二〇一三年九月發生了變化，因為牛津大學的卡爾．弗瑞（Carl Frey）和麥可．奧斯朋（Michael Osborne）發表了一項研究計畫的結果，該計畫旨在評估凱因斯對技術性失業預測的準確性。[1]

牛津大學的這項研究引起不小騷動，因為弗瑞和奧斯朋的結論是，機器人不僅已在工廠門口排隊，而且它們那閃亮亮的小機器人眼睛已盯上美國將近半數的既有工作。根據對七百零二種不同職業的調查，他們估計百分之四十七的美國現行工作被自動化淘汰的風險很高，而且最快可能在二〇三〇年消失。他們注意到的另一件事是，被淘汰風險最大的，往往不是組織過於膨脹的官僚或中階管理人員，而是通常正規教育程度較低、凡事親力親為的技術工人。

大量類似的研究隨之而來。各國政府、多邊組織、智庫、諸如世界經濟論壇（World Economic Forum）這類金光閃閃的企業俱樂部紛紛共襄盛舉，此外當然還有大型管理顧問公司。雖然每個研究採用略不相同的方法論，他們的研究發現都為弗瑞和奧斯朋的慘澹評估增添許多細節。

舉例來說，由世界上絕大多數名列前茅的經濟體組成的經濟合作暨發展組織進行的一項研究總結，無論在其成員國內部，或是在其成員國之間，自動化的影響可能都會因地域而異。有些地區，像是西斯洛伐克，他們預計可能會出現百分之四十的工作流失率，而其他地區，像是挪威首都奧斯陸，則只有不到百分之五的職位會被自動化技術取代，幾乎無從察覺。麥肯錫公司全球研究所（Global Institute）的「頂尖人才」表示，在未來十五到三十五年間，有百分之三十到七十的工作會受到自動化的衝擊。另一家大型管理顧問公司普華永道

（PricewaterhouseCoopers）[①]則表示，英國百分之三十、美國百分之三十八、德國百分之三十五，以及日本僅百分之二十一的工作會受到自動化的影響。[2]

所有研究都同意，在同一個經濟體內，部分子行業比其他行業更容易受到自動化的影響，因為在這些行業中，自動化技術的成本已經變得相當合理，使公司行號能相對迅速地獲得他們投資在自動化技術上所帶來的回報。他們指出，最脆弱的子行業是「水、汙水和廢棄物管理」以及「運輸和倉儲」，這些子行業有一半以上的現有職位即將被淘汰。緊接在其後的是「批發零售」以及各種製造業，在不久的將來，可能會精簡百分之四十至五十的勞動力。[3]

他們還指出，至少在短期內，某些職業似乎大致不受自動化的影響。其中包括仰賴三寸不爛之舌的職業，譬如公關類的職位；需要高度同理心的職業，譬如精神病學的醫生；需要發揮創造力的職業，譬如時裝設計師；以及需要大量體力或手指靈巧性的職業，譬如外科醫生。

但他們提供的任何保證都是暫時性的。大量投資正傾注到創造具備類似或超越人類靈巧度的機器上，以及其他能夠模仿人類的社交智能與創造力的機器。因此，區區幾年前看起來仍遙不可及的自動化里程碑，如今越來越近。舉例來說，北京清華大學與國營企業合作研發的機器人「曉醫」，在二〇一七年順利通過了國家醫學考試，而Google的AlphaGO痛擊了世界上最厲害的人類圍棋選手。這被認為是一個特別重要的里程碑，因為圍棋和國際象棋不同，無法單靠資訊處理能力贏得比賽。一個名為IBM Debater的機器人（外觀看起來就像一個黑色、樸素的長型圓柱）私下和ＩＢＭ員工切磋多年，不斷精進唇槍舌劍的技能。二〇一九年，它在和某屆世界辯論錦標賽總決賽選手的對戰中，就支持學前教育補貼的正方立場，拿出了說服力十足、而且「出奇迷人」的表現——即使失敗，卻雖敗猶榮。[4]不僅如此，隨著科技發展，每一個擁有網路連線的人都能看到一些「深度造假」（deep-fake）的影片，而且機器在翻譯以及創意性地使用人類語言方面益發得心應手，這些都讓人們強烈感覺到沒有哪個飯碗是丟不掉。因此，聯合利華（Unilever）在二〇一八年宣布將部分招募員工的工作外包給自動化人工智慧系統，每年為公司節省七萬個工時，並不是什麼出人意料的發展。[5]

經濟合作暨發展組織等組織不確定人工智慧和機器學習的潛力的另一個原因，是因為設計這些系統的人自己也不確定。他們指出，有些機器學習和人工智慧技術看起來像是死胡同，為它們投入更多時間無異於拿錢砸自己的腳。即便如此，人們不斷開發新的人工智慧模型，其中有許多是以神經心理學為依據，而且這個趨勢朝著一個明確的方向前進，不會倒退。

---

① 譯注：普華永道公司就是臺灣的資誠聯合會計師事務所。

耐人尋味的是，許多人評估了機器人和人工智慧吞食就業市場的潛力，但他們都對於一些相對容易預測且影響深遠的經濟衝擊保持沉默。事實上，多數評估欣然斷言，自動化將迎來美妙的新世界，帶來更高的生產力、效率和更多的股東紅利。

對麥肯錫公司及其同類公司來說，這麼做的動機或許不難理解。畢竟，他們若討論起一些其他的可能後果，就必須冒險踏進一個蟲洞，被迫思考經濟體系的全面重組，思考如何才能徹底改造這個讓他們大啖和牛、坐頭等艙的經濟體系。譬如，其中一個可能的結果是，對人類勞動、付出和回饋之間存在符合比例的對應關係的任何一絲假裝，都將徹底被消滅。另一個則是和前述情況密切相關的問題：誰將從自動化中受益，以及如何受益？

即使許多人仍經常低估自己國家內部財富不平等的程度，但越來越多研究顯示，在某些地方，政治人物這樣做只會給自己帶來危險。雖然這些研究處理有時相當巨大的收入差異，而巨大的收入差異既是美國等已開發經濟體，也是中國等快速成長的經濟體的特色，但專家如今越來越專注在淨財富差異上。畢竟，自大脫鉤以來，在創造額外財富方面，擁有資產已被證明比努力工作更有利可圖。

起初，從一九八〇年代末到二〇〇〇年代初，廣泛採用價格越來越親民的數位科技，促進了國家之間財富不平等的大幅縮小。它靠的是幫助較貧窮的國家在全球製造業競逐一席之地，並在全球製造業變得越來越有分量。現在，自動化程度的提高，很可能會阻止、甚至扭轉這一趨勢。自動化透過逐步把勞動力排除在生產公式之外，消除了低工資國家可能擁有的任何優勢，因為技術成本在任何地方幾乎都是相同的，不像勞動力成本有高有低。

然而，自動化不僅可能進一步加深國家間的結構性不平等，如果經濟體的組織方式沒有根本性轉變，自動化還會使許多國家內部的財富不平等急劇惡化。首先，它將降低非技術與半技術勞工找到像樣工作的機會，同時為持續管理已高度自動化業務的少數人增加收入。[6]同樣重要的是，自動化將提高資本回報，而不是勞動回報，也就是增加企業投資金主的財富，而不是仰賴以勞動換取投資人現金的人。這代表自動化將為富人創造更多財富，同時讓沒能力購買公司股份、無法享受自動化技術紅利的人，處於更不利的劣勢。當然，若不是自大脫鉤以來，全球最富有的百分之一人口，從經濟成長中獲得比其他人多一倍的新財富，自動化帶來的不會是如此巨大的挑戰。據估計，地球上最富有的百分之十人口，今天擁有全球總資產的百分之八十五，[7]而最富有的百分之一則擁有全球總資產的百分之四十五。

許多自動機和人工智慧已經做著不可或缺的工作，其中包括基因體研究人員和流行病學家今天仰賴的巧妙演算法，各式各樣可供醫療從業人員使用的新數位診斷工具，以及越來越精密的氣候和氣象模型。同樣重要的是，沒有它們，我們無法管理一天比一天更複雜的城市，以及支撐這些城市的數位與實體基礎設施。然而，多數人工智能系統被用於工作的目的只有一個：為它們的主人創造財富，而且不給主人帶來任何雇用人類員工（幫公司賺錢）會產生的義務。事實上，就在大脫鉤發生的同時，財富也逐漸從公部門轉移到私人企業。過去三十年間，私人財富相對國民所得的比例，在多數富裕國家增加了一倍，而多數有錢國家的國民所得相對私人財富比例卻暴跌。舉例來說，在中國，公共財富的數字在這段期間已從全國財富的百分之七十下降到三十，而在美國和英國，自金融危機以降，淨公共財富已跌落到負值。8

全自動生產線並非免費工作。它們的基本能量需求往往比人類的還大，而且它們還需要定期升級和不斷維修。但不同於人類員工，它們不會罷工，而且當它們不再能夠達成目標時，它們不會要求資遣費，或是期望得到退休金方案的財務支持。更重要的是，更換或回收它們不會產生任何道德成本，也就是說，執行長再也不用因為要解除自動機安裝，或者是把自動機送去回收或報廢而失眠。

凱因斯在描繪他的烏托邦未來時，並沒有詳細討論自動化加劇不平等的可能性。因為在他的烏托邦裡，由於每個人的基本需求都能很輕易地被滿足，財富分配不平等就變得無關緊要了。只有傻子才會做超出自己所需限度的工作。他設想的烏托邦幾乎就像一個採集社會，在那裡，為財富追求財富會淪為眾人譏笑而非讚美的對象。

「如果不是為了享受生活與應付現實所需而愛錢，那麼把錢當成財產而愛錢之人將被看穿真面目。那是種有點令人厭惡的病態，類似犯罪又類似生病的眾多習性之一，只能顫慄地請精神疾病專家出面處理，」凱因斯解釋道，「因此，我想我們能夠重拾宗教與傳統美德最堅定的幾個原則——即貪婪有害風化，放高利貸是不當行為，愛錢是可惡的。」

他認為向近乎全自動化的過渡，不僅標誌著稀缺性的終結，也標誌著所有為解決經濟問題這個看似永遠不會結束的挑戰而形成的社會制度、政治制度和文化制度、規範、價值觀、態度和野心，也都將隨之終結。換句話說，他認為稀缺經濟學終將結束，必然被新的富足經濟學取代，並且呼籲經濟學家在未來將從他們目前的神聖地位，被降級成類似有需要的時候偶爾被請來動小手術的「牙醫」。

將近三十年後，高伯瑞提出了類似論點。他堅信，稀缺經濟學是由狡猾的廣告商製造的各種欲望所支撐。高伯瑞還認為，過渡到富足經濟學會是自然有機的過程，受到個人放棄追逐財富而選擇更有價值的工作所影響。他還相信，這個過渡已經發生在二戰後的美國，那些打頭陣的先鋒被他稱為「新階級」（New Class）——這些人不看收入選擇工作，而是看那份工作帶來的其他獎勵，像是快樂、滿足感和聲望。

也許高伯瑞和凱因斯是對的，因為這種轉變已經在發生。一方面，工業化國家的千禧世代今天常堅持要找他們喜歡的工作，而不是學著去愛他們找到的工作。在員工執行交付工作的方式上給予更大的彈性，也是大勢所趨。在許多國家，很多男性和女性如今都有育兒假，而且拜數位通訊之賜，有越來越多人每週能居家工作個幾天，或是享有彈性的工作時間。

然而到了今天，人們的工時仍停留在每週約四十小時的水準，於是許多無法選擇彈性工作的「必要行業工作者」（essential worker）得忍受漫長而昂貴的通勤，因為他們負擔不起市中心的房價。更重要的是，全球只有百分之十五的人表示他們樂在工作，而很多被高伯瑞認為是新階級一分子的人，像是學者和學校老師，正受到私部門的誘惑。與此同時，就像雜草隨著小麥等作物進到了新大陸和新生態系，無限抱負之病也找到了新家。它已在整個數位生態系四處拓殖與增生，從Instagram到臉書，而且在這些數位生態系中適應得非常好。

如果凱因斯今天還活著，他很可能會總結說他只是時機掌握不佳，說他烏托邦的「成長痛」代表一種更為頑強固執、但終究可治癒的狀況。又或者，他可能會斷定自己的樂觀沒有根據，而且人類持續解決經濟問題的渴望是如此強烈，以至於即使基本需求得到滿足，我們還是會繼續創造往往毫無意義的砲臺陣地，讓我們的生活有所依歸，並且讓一心一意努力賺錢的人，有機會把鄰居比下去。

凱因斯是倫敦馬爾薩斯學會（Malthusian Society）的活躍成員，這群節育倡導者深信人口過剩是明日繁榮的最大潛在威脅。因此，他有可能把火力對準另一個更為緊迫的問題上，也就是減少人口。然而，事實表明，恰恰是凱因斯為治療經濟問題所開的藥方，也就是以技術帶動經濟成長，才導致經濟難題日益加重。

一九六八年，有一群實業家、外交官和學者齊聚一堂，共組了他們後來稱為「羅馬俱樂部」（Club of Rome）的民間團體。他們因為對經濟成長的好處往往分配不均感到不安，而且對快速工業化產生的一些明顯的環境成本有所顧忌，而想要更深入了解不受拘束的經濟成長可能帶來的長期後果。為此，他們委託麻省理工學院的管理專家丹尼斯・米道斯（Dennis Meadows）提出一些答案給他們參考。握有福斯基金會（Volkswagen Foundation）提供的慷慨預算，米道斯先給了哈佛大學傑出生物物理學家、同時也是他太太的唐妮菈・米道斯（Donella Meadows）一份工作。接著，他們兩人著手招募由系統動力學、農業、經濟學和人口學專家組成的多元團隊。小隊集結完畢後，他通知羅馬俱樂部，倘若一切順利，他將在

幾年內向他們報告團隊的研究結果。

米道斯和他的團隊利用麻省理工學院新安裝的大型電腦的數字運算能力，開發了一系列演算法來做工業化、人口成長、糧食生產、非再生資源使用和環境惡化之間的動態關係模型。接著，他們用這些模型來跑一系列以情境為基礎的模擬，看我們的短期行為可能會對未來的我們有什麼衝擊。

這個重要習題的作答簿先是私下交給了羅馬俱樂部，然後於一九七二年出版，書名為《成長的極限》（*The Limits to Growth*）。但是，米道斯及其團隊提出的結論和凱因斯的烏托邦夢想大不相同，也不是羅馬俱樂部想聽到的答案，應該說任何人都不想聽到。

將他們輸入大型電腦的各種情境的結果總合起來，可以明確看到，倘若歷史上的經濟和人口成長趨勢沒有發生重大變化，或者說如果人類經濟活動一切照舊，那麼世界將在一個世紀內目睹「人口和工業能力兩方面無法控制的、驟然的衰退」。換句話說，他們的數據顯示，我們對解決經濟問題的鍥而不捨，是人類面臨的最嚴峻問題，而且倘若繼續這樣下去，最可能發生的結果就是災難。

但他們傳達的訊息並不全然悲觀。他們相信人類不僅有時間採取行動，而且完全有能力採取行動。只是要能夠接受，我們有必要拋棄對經濟成長永不停止的執迷。儘管對方法論有些許保留，而且模型幾乎沒保留空間讓人類創造徹底消除問題的靈丹妙藥，米道斯團隊的發現仍然說服了羅馬俱樂部。

他們語重心長地提出警告：「我們一致認為，迅速、徹底糾正當前失衡且益發惡化的世界形勢，是人類眼前的首要任務。」[9]此外，他們也堅稱，採取行動的機會之窗正以驚人速度關閉，而且這不是一個可以推給下一代處理的問題。

世界還沒準備接受如此悲觀的未來願景，而且人們就連稍微想一下這個未來（如果屬實的話）加諸於他們的沉重責任都不願意。此外，也沒人打算相信那些等同於人類進步的美德，也就是我們的生產力、抱負、精力和努力，可能引領我們走向滅亡。「垃圾進，垃圾出。」（Garbage in, garbage out.）②《紐約時報》在嚴厲的評論中嗤之以鼻，宣稱《成長的極限》是「一部空洞且誤人子弟的作品」。[10]

《紐約時報》為《成長的極限》在往後四分之一世紀裡遭受的惡毒批評奠定了基調。經濟學家也一個個排隊宣布該書「不是愚蠢，就是想騙人」。[11]他們堅信這份報告小看了人類的聰明才智，形同對崇高經濟學專業的根基發動笨拙攻擊，實在無須理會。人口學家輕蔑地將它和馬爾薩斯對全球大災難的急迫警告相提並論。有一陣子，似乎人人都想給已經千瘡百

② 譯注：電腦科學與資訊通訊的術語，縮寫為GIGO，指輸入沒用或不可靠的資料，產生出來也會是沒用或不可靠的資訊。

孔的《成長的極限》再補一刀。天主教會宣布這是對上帝的攻擊。歐洲和美國吵個不停的左翼運動宣布這是菁英陰謀的政治宣傳，意圖剝奪第三世界國家的工人階級和貧困公民擁有物質充裕的未來。面對這些批評，米道斯感到沮喪也是合情合理的。

在為這本書背書的機構少之又少的情況下，政府、企業和國際組織因為作者群無法將類似尚未發現的油田等東西納入考量，只好選擇忽略它。

二〇〇二年，米道斯夫婦和來自其原來團隊的兩名成員，重新審視了他們當初的預測。他們也進行一系列新的模擬，並納入這段空白期間的數據。[12] 他們證明，儘管一九七二年使用的計算機硬體已相當過時，在預測過去三十年間發生的變化方面，他們的演算法表現得非常出色。他們還證明，以新數據為基礎的最新模擬只是重申了他們最初的結論，也就是說，對成長的執迷仍可能引領人類走向徹底毀滅。他們解釋，唯一真正的差別在於，過去三十年間，有個關鍵的門檻已經被跨越了。現在，只是降低經濟成長的力道已不再足夠，還需要徹底扭轉經濟成長的趨勢。

他們的最新結論比當初《成長的極限》要悲觀多了。此時，越來越多科學研究提到一系列充滿威脅的環境問題，而且是米道斯及其團隊在最初預測中沒考慮過的問題。譬如，在模擬汙染物的潛在衝擊時，該團隊沒想過要將如今充斥海洋、使世界各地掩埋場處於無菌狀態的塑膠納入考慮。最初的研究曾簡短提到二氧化碳排放與大氣可能暖化之間的潛在連結，但並沒有預測到由於工業與農業產出在過去兩個世紀迅速增加，使排放到大氣中的溫室氣體越來越多，導致地球處在一個變化特別迅速的氣候變遷期。

由《成長的極限》研究團隊開發的模型，自二〇〇二年以來已經歷多次、通常由第三方進行的重新評估與更新。即便如此，這項曾具有里程碑意義的研究，已經被一波記錄人類對環境的影響及其預期後果的新研究浪潮超越。今天的證據遠遠多過一九七二年、甚至是二〇〇二年，而且電腦能執行規模和複雜度比過去大好幾個級數以上的模擬。證據現在有如排山倒海，因此科學界內部在辯論人類對地球影響的規模時，已轉向思考當前的地質時代是否值得被重新命名為「人類世」（Anthropocene）——人類時代。

在凱因斯設想的經濟烏托邦中，沒有人為造成的氣候變遷，也沒有海洋酸化或大規模的生物多樣性下降。但如果有的話，想必會得到比今天更好的控制。畢竟，他的烏托邦是個尊重科學方法、推崇科學家，而且外行人會認真聽取科學家警告的地方。不過更重要的是，在這個烏托邦裡，那些刺激人類產生消費衝動、需要耗費大量能源的「相對需求」，已經被貶低到人們不再會為了讓商業轉輪繼續轉動，而情不自禁地定期升級和更換他們擁有的一切。

我們可能已經很接近實現凱因斯的烏托邦，或許只差跨越一個將會改變一切的關鍵門檻，又或者我們被這一切的喧囂蒙蔽，難以看清它的軌跡。但問題是，我們不再擁有慢慢去發現的餘裕。

誠然，到目前為止，氣候迅速變遷的惡兆已引發很多討論和一些行動。如今，國際組織、政府和企業的年度報告、政策和計畫常態性地使用「永續」這一芬芳的自信修辭。然而，儘管公共壓力漸增，光是稍加考慮羅馬俱樂部在一九七二年推薦的實質措施，也還是會遇到頑固抵抗。事實上，很多人覺得比起追問永續發展帶來的關於軟經濟的棘手問題，質疑硬科學的科學誠信容易多了。

然而，許多以解決人為氣候變遷和生物多樣性下降為宗旨的倡議行動，不得不使用恰恰是始作俑者的各種經濟學原則的角度，試圖合理化他們的存在。這並不令人感到驚訝。譬如，有錢的獵人射殺獅子、大象和各式各樣野生動物，深信他們撐起了少數本來不會存在的工作，同時增加了用來保護野生動物的收入；海洋生物學家藉由談論可能和珊瑚礁破壞有關的經濟衝擊，主張應該努力復育白化的珊瑚礁；環保主義者靠著援引生態系為人類提供的「服務」，和政治家辯論健全運作的生態系的命運；氣候學家則是試圖主張，減少碳排或減輕氣候變遷衝擊是「明智的商業行為」。

不記得歷史的人，或許注定要重蹈覆轍。但我們現在面臨的一些潛在生存挑戰，並沒有顯而易見的先例可參考。畢竟，人類歷史上從未有過七十五億人次同時獲取與消耗能量，這大約是人類採集祖先獲取與消耗的總能量的兩百五十倍。幸運的是，電腦、人工智慧和機器語言提供了各種工具，使我們能比過去的任何聖人和預言占卜者更準確地模擬可能的未來。儘管這些工具不完美，但它們一直在改進，因此正在改變我們對因果關係的理解，並且預測我們現下的行為會在日後為我們帶來什麼樣的影響。採集者採行立即報酬經濟，將勞力付出都投注在滿足迫切的需求上，而農民則擁抱延遲報酬經濟，將勞力投資到隔年能養活自己的希望上。最後，現代人則是有義務思考我們的工作在更長的時間跨度內的潛在後果。一方面，我們要意識到多數人的預期壽命空前地長，另一方面則是要意識到自己會留給後代怎樣的遺產。於是，我們被夾在短期收益，和可能把短期收益變成損失的長期後果之間，被迫做複雜的新取捨。

歷史不足以作為未來的指引，是凱因斯想像二〇三〇年我們將在技術進步、資本增長和生產力提高的帶領下進入「經濟極樂天堂」時，想要提出的主要論點之一。在他看來，自動化開創的未來是未知領域，找到方向離開未知需要想像力、開放心態，以及態度和價值觀方面前所未見的轉變。

「當累積財富不再具有高度社會意義，」他總結道，「我們的道德準則將會發生巨大變化，因此我們不得不摒棄影響財富分配和經濟獎懲的各種社會習俗和經濟慣例。」

凱恩斯認為自動化帶來的變化，將催化人們生活、思想和自我組織方式的根本性革命，這觀點和許多探索未來的二十世紀早期思想家相呼應。從這個意義來看，他和馬克思、涂爾幹等人沒有太大不同，他們都認為歷史最終會以某種方法自行解決現實問題，即使他們對事情將如何發生有不同看法。儘管凱因斯當初不可能料想到人類努力解決經濟問題，會造成這麼危險且大規模的人為氣候變遷和生物多樣性下降，但作為馬爾薩斯的追隨者，如果他能活到今天，他一定能立刻理解這一點。

如果說歷史能在某些方面為我們邁向未來提出有用的指引，那就是歷史提醒我們，一切都變幻莫測，而人類是頑固的動物，是一個非常抗拒對行為與習慣做出深刻改變的物種，即使我們很明顯地需要改變。但歷史也透露，每當人類被迫改變，人類會展現出驚人的隨機應變能力。我們能快速適應新的、往往截然不同的做事和思考方式，並在短時間內對這些新的方式習以為常，就好像我們習慣過往的方式一樣。即便如此，雖然自動化技術和人工智慧給我們擁抱迥異未來的可能性，但它們不太可能是引發凱因斯預期的「社會習俗和經濟慣例」巨大變化的催化劑。比較可能引發巨變的催化劑，反倒可能是快速變化的氣候（就像當初刺激農業誕生的氣候一樣），是系統性不平等引發的憤怒（就像那些激起俄羅斯革命的不平等問題），甚至可能是一場病毒大流行，它暴露了現有的經濟制度和工作文化的陳舊，讓人們不禁思索怎樣的工作才是真正有價值的工作，並且質疑我們為什麼會欣然接受市場獎勵從事無意義工作的人，或那些根本就是寄生者的人，而不是我們認為不可或缺的工作者。

結論

人類學家在一九六〇年代開始和芎瓦西族、姆巴提人和哈德札族等當代採集社會合作時，目的是希望這些研究能幫助我們了解人類祖先在史前時代的生活。現在看來，同樣的這一批研究，也許能幫助我們摸索在環境問題的嚴苛限制下，如何在自動化技術主導的未來中安身立命。

譬如，我們現在知道，芎瓦西族和其他喀拉哈里採集者是自從大概三十萬年前現代智人出現以來，一直生活在非洲南部的一個族群的後代。我們也有充分的理由相信，他們組織經濟事務的方式，和生活在一九六〇年代的芎瓦西人類似。如果衡量一個經濟模式的永續性的終極標準，是看它能在時間長河中屹立多久，那麼狩獵和採集就是人類史上迄今所見最永續的經濟之道，而科伊桑人則是從事狩獵採集經濟技藝最高超的大師。我們現在當然不可能行狩獵採集經濟了，但這些社會能讓我們窺視一旦社會不再受經濟問題束縛後，在某些面向可能呈現的樣貌。這些原始部落提醒我們，當代人對工作的態度不僅是人類向農業轉型以及朝城市遷移的產物，還提醒我們創造美好生活的關鍵，取決於藉由解決財富不平等來節制我們的個人物質渴望，好讓我們可以如凱因斯所說的，「再次重視目標勝於手段，偏好善的勝於有用的」。

近年來，大量宣言和書籍遍地開花，建議我們在未來的日子應該何去何從，反映出人們對自動化未來和環境永續發展日益增長的不確定性。有些建言試圖從經濟的角度規劃出一條路，其中最有影響力的幾個是提出各種「後資本主義」模型，或是堅持我們應該把經濟成長拉下神壇，承認市場至多是個糟糕的價值仲裁者，而且對於我們的生活環境來說，市場簡直就是個破壞者。其中最有趣的建議是試圖降低我們對累積私有財富之重視的那些，像是推行無條件基本收入（每個人無論是否工作都能分配到錢），以及將徵稅的重點從收入轉移到資產。其他有趣的觀點則建議把我們賦予個人和公司的基本權利向外延伸，將這些權利同樣賦予生態系、河川和重要棲地。

也有人採取比較樂觀的態度。他們的出發點大抵是認為，自動化技術和人工智慧將自然而然地帶領我們獲得極高水準的物質享受，因此我們一定有辦法克服在通往經濟烏托邦路上遇到的任何障礙。這和王爾德心目中田園詩般的未來有所共鳴；在這樣的未來裡，我們可以隨心所欲地把時間花在追求高雅的休閒，也許「是創造美麗的事物，或是閱讀美麗的事物，或者只是以敬佩和喜悅的態度凝視世界」。

根據過去的教條或田園詩般的幻想來組織未來的模型，也重新引起了人們的興趣。雖然這些模型和技術導向的烏托邦主義者的願景幾乎沒有共同之處，它們在塑造全球一定比例人口的意見和態度方面，同樣具有影響力。聯合國創立者當初希望二戰的恐怖能徹底驅逐有害的民族主義，但最近它又在許多國家捲土重來，恰好反映了這些模型的影響力。其他證據還有神學保守主義在許多地方勢力漸強，以及許多人願意在做複雜選擇時，聽從古代神祇純屬虛構的教誨。

本書的一個重要目標，就是讓數千個世代的創造者和實踐者死而復生，這些人作為詭計之神「熵」的忠實僕人，從不讓自己的雙手和頭腦閒著沒事做，並藉此得到滿足。除此之外，本書並沒有太過指導性的意義。本書的確試著揭露人類之於（最廣義的）工作的關係，比凱因斯等人想像的更根深柢固。能量、生活和工作之間的關係，是人類與其餘所有生物的共同紐帶的一部分。同時，我們的目標性、我們的技藝超群，以及在平凡俗務中也能獲得滿足的能力，都屬於自地球有生命之初就不斷被雕琢的演化遺產。

然而，本書的主要宗旨始終是，試著鬆開稀缺經濟學對人類工作生活的緊箍咒，並減少因為受稀缺經濟學束縛，自然而然產生的對經濟成長無法長期維持的過分關注。因為藉由了解支撐我們經濟制度的許多核心假設，其實是農業革命帶來的人造產物，並隨著人類朝城市遷徙而被放大，就讓我們得以不受束縛地為自己勾勒各式各樣更永續的全新未來，並且挺身迎接挑戰。我們將能利用我們躁動不安的能量、強大的決心和創造力，決定自己的命運。

謝辭

許多形塑本書的主要想法源自我在喀拉哈里沙漠生活和工作的時候，那裡是採集者、傳統牧民、傳教士、自由戰士、官僚、警察、士兵和現代商業農民相互融合和發生衝突的地方。那裡有太多的人塑造了我的研究方法和想法，我想特別點名我的芎瓦西同名教父酋長亞艾・費德烈・朗曼（!A/ae Frederik Langman），老先生以自信的智慧穿越陌生邊疆。我在此向你們所有人表達感謝。

一本跨越浩然時間地平線的書，本質上一定是仰賴他人的一手研究。如果不是有一支由科學家、考古學家、人類學家、哲學家和其他人組成的大軍，投入無數小時的研究和分析，以他們的勤奮、智慧、創造力和努力付出，不斷更新並豐富我們對過去、現在和未來的理解，也不可能有這本書。我希望我在書中描述各位的見解，並將它們和有時看似兜不上關係的夥伴擺在一起時，沒有對各位原作者造成傷害。

寫作終歸是一項孤獨的任務。但它需要的那種孤立，會給你最親近的人帶來壓力。所以，我想對我的孩子蘿拉（Lola）和諾亞（Noah）說，感謝你們對無暇他顧的爸爸那麼好，並提醒我在寫一本談論應該減少工作的書時工作過頭是荒唐的，我愛你們。最後，我想對蜜雪（Michelle）說，關於妳的一切，我只有愛與感激，尤其是當妳用魔法將書中一些笨拙的想法轉化為美妙的圖像時。

在各種聲音鼓勵我寫這本書時（喊最大聲的就是我的經紀人克里斯．威比樂〔Chris Wellbelove〕），我沒料到本書的工程會如此浩大。後來，倫敦布魯姆斯伯里出版社（Bloomsbury）的編輯艾利西斯．克爾許本（Alexis Kirschbaum）和紐約企鵝出版社（Penguin Press）的威廉．黑沃（William Heyward）極其熱情地支持這項寫作計畫，而且世界各地的出版商也紛紛加入他們的行列，我的命運就定了。我無休止地努力和寫作時承受的焦慮都要推到他們頭上，但我也由衷感謝他們，當遇到像我這樣主張所有人都應該更輕鬆看待工作的人，還能這麼有信心地一路支持我。

Thousands Of Employees', *Forbes,* 14 December 2018, https://www.forbes.com/sites/bernardmarr/2018/12/14/the-amazing-ways-how-unilever-uses-Artificial-intelligence-torecruit-train-thousands-of-employees/#1c8861bc6274.

6 Sungki Hong and Hannah G. Shell, 'The Impact of Automation on Inequality', *Economic Synopses,* no. 29, 2018, https://doi.org/10.20955/es.2018.29.

7 World Inequality Lab, *World Inequality Report* 2018, 2018, https://wir2018.wid.world/files/download/wir2018-fullreport-english.pdf.

8 Ibid., p. 15.

9 D. Meadows, R. Randers, D. Meadows and W. Behrens III, *The Limits to Growth,* Universe Books, New York, 1972, p. 193, http://donellameadows.org/wp-content/userfiles/Limits-to-Growth-digital-scan-version.pdf.

10 *New York Times,* 2 April 1972, Section BR, p. 1.

11 J. L. Simon and H. Kahn, *The Resourceful Earth: A Response to Global 2000,* Basil Blackwell, New York, 1984, p. 38.

12 D. Meadows, R. Randers and D. Meadows, *The Limits to Growth: The 30-Year Update,* Earthscan, London, 2005.

Press, Cambridge, Mass, 1996.

10 http://www.vault.com/blog/workplace-issues/2015-officeromance-survey-results/

11 Aronson's story is recounted in W. Oates, *Workaholics, Make Laziness Work for You,* Doubleday, New York, 1978.

12 Leigh Shaw-Taylor et al., 'The Occupational Structure of England, c. 1710 – 1871', Occupations Project Paper 22, Cambridge Group for the History of Population and Social Structure, 2010.

13 Colin Clark, *The Conditions of Economic Progress,* Macmillan, London, 1940, p. 7.

14 Ibid., p. 17.

15 https://www.strike.coop/bullshit-jobs/.

16 David Graeber, *Bullshit Jobs: A Theory,* Penguin, Kindle Edition, 2018, p. 3.

17 https://www.strike.coop/bullshit-jobs/.

18 *The Economist,* 19 November 1955.

19 *Trends in College Pricing,* Trends in Higher Education Series, College Board, 2018, p. 27, https://research.collegeboard.org/pdf/trends-college-pricing-2018-full-report.pdf.

20 California State University Statistical Abstract 2008 – 2009, http://www.calstate.edu/AS/stat_abstract/stat0809/index.shtml. Accessed 22 April 2019.

21 *Times Higher Education,* University Workplace Survey 2016, https://www.timeshighereducation.com/features/universityworkplace-survey-2016-results-and-analysis.

22 Gallup, *State of the Global Workplace,* Gallup Press, New York, 2017, p. 20.

第十五章　新疾病

1 Carl Frey and Michael Osborne, *The Future of employment: How susceptible are Jobs to Computerisation,* Oxford Martin Programme on Technology and Employment, 2013.

2 McKinsey Global Institute, *A Future that Works: Automation Employment and Productivity,* McKinsey and Co., 2017 ; PricewaterhouseCoopers, UK Economic Outlook, PWC, London, 2017, pp. 30 – 47.

3 PricewaterhouseCoopers, *UK Economic Outlook,* p. 35.

4 'IBM's AI loses to human debater but it's got worlds to conquer', CNet News, 11 February 2019, https://www.cnet.com/news/ibms-ai-loses-to-human-debater-but-remains-persuasivetechnology/.

5 'The Amazing Ways How Unilever Uses Artificial Intelligence To Recruit & Train

19 Malcolm Gladwell, 'The Myth of Talent', *New Yorker,* 22 July 2002, https://www.newyorker.com/magazine/2002/07/22/the-talent-myth.

20 O. P. Hauser and M. I. Norton, '(Mis)perceptions of inequality', *Current Opinion in Psychology* 18, 2017, 21 – 5, https://doi.org/10.1016/j.copsyc.2017.07.024.

21 United States Census Bureau, 'New Data Show Income Increased in 14 States and 10 of the Largest Metros', 26 September 2019, https://www.census.gov/library/stories/2019/09/us-median-household-income-up-in-2018-from-2017. html?utm_campaign=20190926msacos1ccstors&utm_medium=email&utm_source=govdelivery.

22 S. Kiatpongsan and M. I. Norton, 'How Much (More) Should CEOs Make? A Universal Desire for More Equal Pay', *Perspectives on Psychological Science,* 9 (6), 2014, 587 – 93, https://doi.org/10.1177/1745691614549773.

23 Emily Etkins, 2019, 'What Americans Think Cause Wealth and Poverty', Cato Institute, 2019, https://www.cato.org/publications/survey-reports/what-americans-think-aboutpoverty-wealth-work.

第十四章　一名上班族之死

1 'Death by overwork on rise among Japan' s vulnerable workers', *Japan Times* (Reuters), 3 April 2016.

2 Behrooz Asgari, Peter Pickar and Victoria Garay, 'Karoshi and Karou-jisatsu in Japan: causes, statistics and prevention mechanisms', *Asia Pacific Business & Economics Perspectives,* Winter 2016, 4 (2).

3 http://www.chinadaily.com.cn/china/2016-12/11/content_27635578.htm.

4 All data from OECD.Stat, https://stats.oecd.org/Index.aspx?DataSet Code=AVE_HRS.

5 'White Paper on Measures to Prevent Karoshi, etc.', Annual Report for 2016, Ministry of Health, Labour and Welfare, https://fpcj.jp/wp/wp-content/uploads/.../8f513ff4e9662ac515de9e646f63d8b5.pdf.

6 China Labour Statistical Yearbook 2016, http://www.mohrss.gov.cn/2016/indexeh.htm.

7 http://www.hse.gov.uk/statistics/causdis/stress.pdf.

8 C. S. Andreassen et al., 'The prevalence of workaholism: A survey study in a nationally representative sample of Norwegian employees', *PLOS One,* 9 (8), 2014, doi:https://doi.org/10.1371/journal.pone.0102446.

9 Robin Dunbar, *Gossip Grooming and the Evolution of Language,* Harvard University

Harper & Brothers, New York, 1947.
2 Daniel Bell, *The End of Ideology: On the Exhaustion of Political Ideas in the Fifties,* Harvard University Press, Cambridge, Mass., 2001 (1961), p. 232.
3 Peter Drucker, *Management: tasks, responsibilities, practices,* Heinemann, London, 1973.
4 Samuel Gompers, 'The miracles of efficiency', *American Federationist* 18 (4), 1911, p. 277.
5 John Lubbock, *The Pleasures of Life,* Part II, Chapter 10, 1887, Project Gutenberg eBook, http://www.gutenberg.org/ebooks/7952.
6 Ibid., Part I, Chapter 2.
7 Fabrizio Zilibotti, 'Economic Possibilities for Our Grandchildren 75 Years after: A Global Perspective', IEW – Working Papers 344, Institute for Empirical Research in Economics, University of Zurich, 2007.
8 Federal Reserve Bulletin, September 2017, Vol. 103, no. 3, p. 12.
9 https://eml.berkeley.edu/~saez/SaezZucman14slides.pdf.
10 Benjamin Kline Hunnicutt, *Kellogg's Six-Hour Day,* Temple University Press, Philadelphia, 1996.
11 John Kenneth Galbraith, *Money: Whence it Came, Where it Went,* Houghton Mifflin, Boston, 1975.
12 Advertising Hall of Fame, 'Benjamin Franklin: Founder, Publisher & Copyrighter, Magazine General', 2017, http://advertisinghall.org/members/member_bio.php?memid=632&uflag=f&uyear=.
13 John Kenneth Galbraith, *The Affluent Society,* Apple Books.
14 All Data sourced from US Bureau of Economic Analysis, US Bureau of Labor Statistics and FRED Economic Data, St Louis Fed.
15 L. Mishel and J. Schieder, 'CEO pay remains high relative to that of typical workers and high-wage earners', Economic Policy Institute, Washington, 2017, https://www.epi.org/files/pdf/130354.pdf.
16 All data from the World Inequality Database, https://wid.world and compiled on https://aneconomicsense.org/2012/07/20/the-shift-from-equitable-to-inequitable-growth-after-1980-helping-the-rich-has-not-helped-the-not-so-rich/.
17 McKinsey & Co., *McKinsey Quarterly:* The War for Talent, no. 4, 1998.
18 Jeffrey Pfeffer, 'Fighting the war for talent is hazardous to your organization's health', *Organizational Dynamics* 29 (4), 2001, 248 – 59.

London, 1997, p. 79.

第十二章　無限抱負之病

1 B. X. Curr.s and I. Sastre, 'Egalitarianism and Resistance: A theoretical proposal for Iron Age Northwestern Iberian archaeology', *Anthropological Theory,* 2019, https://doi.org/10.1177/1463499618814685.
2 J. Gustavsson et al., *Global Food Losses and Food Waste,* Food and Agriculture Organisation (FAO), Rome, 2011, http://www.fao.org/3/mb060e/mb060e02.pdf
3 Alexander Apostolides et al., 'English Agricultural Output and Labour Productivity, 1250 – 1850: Some Preliminary Estimates' (PDF), 26 November 2008), retrieved 1 May 2019.
4 Richard J. Johnson et al., 'Potential role of sugar (fructose) in the epidemic of hypertension, obesity and the metabolic syndrome, diabetes, kidney disease, and cardiovascular disease', *American Journal of Clinical Nutrition,* Vol. 86, issue 4, October 2007, 899 – 906, https://doi.org/10.1093/ajcn/86.4.899.
5 I. Th.ry et al., 'First Use of Coal', *Nature* 373 (6514), 1995, 480 – 1, https://doi.org/10.1038/373480a0; J. Dodson et al., 'Use of coal in the Bronze Age in China', The Holocene 24 (5), 2014, 525 – 30, https://doi.org/10.1177/0959683614523155.
6 Dodson et al., 'Use of coal in the Bronze Age in China'.
7 P. H. Lindert and J. G. Williamson, 'English Workers' Living Standards During the Industrial Revolution: A New Look', Economic History Review, 36 (1), 1983, 1 – 25.
8 G. Clark, 'The condition of the working class in England, 1209 – 2004', *Journal of Political Economy,* 113 (6), 2005, 1307 – 40.
9 C. M. Belfanti and F. Giusberti, 'Clothing and social inequality in early modern Europe: Introductory remarks', *Continuity and Change,* 15 (3), 2000, 359 – 65, doi:10.1017/S0268416051003674.
10 Emile Durkheim, *Ethics and Sociology of Morals,* Prometheus Press, Buffalo, New York, 1993 (1887), p. 87.
11 Emile Durkheim, *Le Suicide: Etude de sociologie,* Paris, 1897, pp. 280 – 1.

第十三章　頂尖人才

1 Frederick Winslow Taylor, *Scientific Management, Comprising Shop Management: The Principles of Scientific Management [and] Testimony Before the Special House Committee,*

=Perseus%3Atext%3A1999.01.0132
12 Orlando Patterson, *Slavery and Social Death: A Comparative Study,* Harvard University Press, Cambridge, Mass., 1982.
13 Keith Bradley, *Slavery and Society in Ancient Rome,* Cambridge University Press, 1993, p. 63.
14 Mike Duncan, *The Storm Before the Storm: The Beginning of the End for the Roman Republic,* PublicAffairs, New York, 2017.
15 Chris Wickham, *The Inheritance of Rome: Illuminating the Dark Ages, 400–1000,* Penguin, New York, 2009, p. 29.
16 Stephen L. Dyson, *Community and Society in Roman Italy,* Johns Hopkins University Press, Baltimore, 1992, p. 177, quoting J. E. Packer, 'Middle and Lower Class Housing in Pompeii and Herculaneum: A Preliminary Survey', in *Neue Forschung in Pompeji,* pp. 133 – 42.

第四部　城市生物

第十一章　萬家燈火

1 David Satterthwaite, Gordon McGranahan and Cecilia Tacoli, *World Migration Report: Urbanization, Rural-Urban Migration and Urban Poverty,* International Organization for Migration (IOM), 2014, p. 7.
2 UNFPA, *State of World Population,* United Nations Population Fund, 2007.
3 All data from Hannah Ritchie and Max Roser, 'Urbanization', published online at OurWorldInData.org, 2020. Retrieved from: https://ourworldindata.org/urbanization.
4 Vere Gordon Childe, *Man Makes Himself,* New American Library, New York, 1951, p. 181.
5 J.-P. Farruggia, 'Une crise majeure de la civilisation du Néolithique Danubien des ann. es 5100 avant notre.re', *Archeologické Rozhledy* 54 (1), 2002, 44 – 98 ; J. Wahl and H. G. König, 'Anthropologisch-traumatologische Untersuchung der menschlichen Skelettreste aus dem bandkeramischen Massengrab bei Talheim, Kreis Heilbronn', *Fundberichte aus Baden-Württemberg* 12, 1987, 65 – 186 ; R. Schulting, L. Fibiger and M. Teschler-Nicola, 'The Early Neolithic site Asparn/Schletz (Lower Austria): Anthropological evidence of interpersonal violence', in *Sticks, Stones, and Broken Bones,* R. Schulting and L. Fibiger (eds), Oxford University Press, 2012, pp. 101 – 20.
6 Quoted in L. Stavrianos, *Lifelines from Our Past: A New World History,* Routledge,

the Cayuga and the Tuscarora, was of interest to Franklin and was one of the models used by the Founding Fathers when drafting the United States Constitution.

8 Benjamin Franklin, letter to Peter Collinson, 9 May 1753, https://founders.archives.gov/documents/Franklin/01-04-02-0173.

9 David Graeber, *Debt: The First 500 Years,* Melville House, New York, 2013, p. 28.

10 Caroline Humphrey, 'Barter and Economic Disintegration', *Man* 20 (1), 1985, p. 48.

11 Benjamin Franklin, *A Modest Inquiry into the Nature and Necessity of a Paper Currency,* in *The Works of Benjamin Franklin,* ed J. Sparks, Vol. II, Boston, 1836, p. 267.

12 Austin J. Jaffe and Kenneth M. Lusht, 'The History of the Value Theory: The Early Years', *Essays in honor of William N. Kinnard, Jr.,* Kluwer Academic, Boston, 2003, p. 11.

第十章　機器問世

1 All quotes from Mary Shelley, *Frankenstein,* CreateSpace Independent Publishing Platform, 2017 (1831 edn).

2 L. Janssens et al., 'A new look at an old dog: Bonn-Oberkassel reconsidered', *Journal of Archaeological Science* 92, 2018, 126 – 38.

3 There is some speculation that a 33,000-year-old set of bones found in Siberia's Altay Mountains may also be from a domestic dog, but too many doubts remain regarding its pedigree for archaeologists to be certain.

4 Laurent A. F. Frantz et al., 'Genomic and Archaeological Evidence Suggest a Dual Origin of Domestic Dogs', *Science* 352 (6290), 2016, 1228.

5 L. R. Botigu. et al., 'Ancient European dog genomes reveal continuity since the Early Neolithic', Nature Communications 8, 2017, 16082.

6 Yinon M. Bar-On, Rob Phillips and Ron Milo, 'The Biomass Distribution on Earth', *Proceedings of the National Academy of Sciences* 115 (25), 2018, 6506.

7 Vaclav Smil, *Energy and Civilization: A History,* MIT Press, Boston, Kindle Edition, 2017, p. 66.

8 Ren. Descartes, *Treatise on Man,* (Great Minds series), Prometheus, Amherst, 2003.

9 Aristotle, *Politics,* Book I, part viii. http://www.perseus.tufts.edu/hopper/text?doc=Perseus%3Atext%3A1999.01.0058%3Abook%3D1

10 Ibid.

11 Hesiod, *Works and Days,* ll. 303, 40 – 6. http://www.perseus.tufts.edu/hopper/text?doc

2018, 191 – 6.

11 E. Fern.ndez et al., 'Ancient DNA Analysis of 8000 B.C. Near Eastern Farmers Supports an Early Neolithic Pioneer Maritime Colonization of Mainland Europe Through Cyprus and the Aegean Islands', *PLoS Genetics 10,* no. 6, 2014, e1004401; H. Malmstr.m et al., 'Ancient Mitochondrial DNA from the Northern Fringe of the Neolithic Farming Expansion in Europe Sheds Light on the Dispersion Process', *Royal Society of London: Philosophical Transactions B: Biological Sciences* 370, no. 1660, 2015; Zuzana Hofmanov. et. al., 'Early Farmers from across Europe Directly Descended from Neolithic Aegeans', *Proceedings of the National Academy of Sciences* 113, no. 25, 21 June 2016, 6886, https://doi.org/10.1073/pnas.1523951113.

12 Q. Fu, P. Rudan, S. P..bo and J. Krause, 'Complete Mitochondrial Genomes Reveal Neolithic Expansion into Europe', *PLoS ONE* 7 (3), 2012, e32473 ; doi: 10.1371/journal.pone.0032473.

13 J. M. Cobo, J. Fort and N. Isern, 'The spread of domesticated rice in eastern and southeastern Asia was mainly demic', *Journal of Archaeological Science* 101, 2019, 123 – 30.

第九章　時間就是金錢

1 Benjamin Franklin, Letter to Benjamin Vaughn, 26 July 1784.

2 'Poor Richard Improved, 1757', *Founders Online,* National Archives, accessed 11 April 2019, https://founders.archives.gov/documents/Franklin/01-07-02-0030. [Original source: *The Papers of Benjamin Franklin, vol. 7, October 1, 1756 through March 31, 1758,* ed. Leonard W. Labaree, Yale University Press, New Haven, 1963, pp. 74 – 93.]

3 Benjamin Franklin, *The Autobiography of Benjamin Franklin,* Section 36, 1793, https://en.wikisource.org/wiki/The_Autobiography_of_Benjamin_ Franklin/Section_Thirty_Six.

4 Adam Smith, *An Inquiry into the Nature and Causes of the Wealth of Nations,* Metalibri, Lausanne, 2007 (1776), p. 15, https://www.ibiblio.org/ml/libri/s/SmithA_WealthNations_p.pdf.

5 Ibid.

6 G. Kellow, 'Benjamin Franklin and Adam Smith: Two Strangers and the Spirit of Capitalism', *History of Political Economy* 50 (2), 2018, 321 – 44.

7 This federation, which comprised the Mohawk, the Seneca, the Oneida, the Onondaga,

20 J. Gresky, J. Haelm and L. Clare, 'Modified Human Crania from Göbekli Tepe Provide Evidence for a New Form of Neolithic Skull Cult', *Science Advances* 3 (6), 2017, https://doi.org/10.1126/sciadv.1700564.

第八章 盛宴與饑荒

1 M. A. Zeder, 'Domestication and Early Agriculture in the Mediterranean Basin: Origins, Diffusion, and Impact', *Proceedings of the National Academy of Sciences USA* 105 (33), 2008, 11597, https://doi.org/10.1073/pnas.0801317105.

2 M. Gurven and H. Kaplan, 'Longevity among Hunter-Gatherers: A Cross-Cultural Examination', *Population and Development Review* 33 (2), 2007, 321 – 65.

3 Andrea Piccioli, Valentina Gazzaniga and Paola Catalano, *Bones: Orthopaedic Pathologies in Roman Imperial Age,* Springer, Switzerland, 2015.

4 Michael Gurven and Hillard Kaplan, 'Longevity among Hunter-Gatherers: A Cross-Cultural Examination', *Population and Development Review,* Vol. 33, no. 2, June 2007, pp. 321 – 65, published by Population Council, https://www.jstor.org/stable/25434609; V.in. Kannisto and Mauri Nieminen,'Finnish Life Tables since 1751', *Demographic Research,* Vol. 1, Article 1, www.demographic-research.org/Volumes/Vol1/1/DOI: 10.4054/DemRes.1999.1.

5 C. S. Larsen et al., 'Bioarchaeology of Neolithic Çatalhöyük reveals fundamental transitions in health, mobility, and lifestyle in early farmers', *Proceedings of the National Academy of Sciences USA,* 2019, 04345, https://doi.org/10.1073/pnas.1904345116.

6 J. C. Berbesque, F. M. Marlowe, P. Shaw and P. Thompson,'Hunter-Gatherers Have Less Famine Than Agriculturalists', Biology Letters 10: 20130853 http://doi.org/10.1098/rsbl.2013.0853.

7 D. Grace et al. *Mapping of poverty and likely zoonoses hotspots,* ILRI, Kenya, 2012.

8 S. Shennan et al., 'Regional population collapse followed initial agriculture booms in mid-Holocene Europe', *Nature Communications* 4, 2013, 2486.

9 See Ian Morris, *Foragers, Farmers, and Fossil Fuels: How Human Values Evolve,* Princeton University Press, Princeton, NJ, 2015, and *The Measure of Civilization: How Social Development Decides the Fate of Nations,* Princeton University Press, Princeton, NJ, 2013; Vaclav Smil, *Energy and Civilization: A History,* MIT Press, Boston, 2017.

10 Ruben O. Morawick and Delmy J. D.az Gonz.lez, 'Food Sustainability in the Context of Human Behavior', *Yale Journal of Biology and Medicine,* Vol. 91, no. 2, 28 June

of Agriculture', *Current Anthropology*, Vol. 50, no. 5, October 2009; R. F. Sage, 'Was low atmospheric CO2 during the Pleistocene a limiting factor for the origin of agriculture?', *Global Change Biology* 1, 1995, 93 – 106, https://doi.org/10.1111/j.1365-2486.1995.tb00009.x

11 Peter Richerson, Robert Boyd, and Robert Bettinger, 'Was agriculture impossible during the Pleistocene but mandatory during the Holocene? A climate change hypothesis', *American Antiquity*, Vol. 66, no. 3, 2001, 387 – 411.

12 Jack Harlan, 'A Wild Wheat Harvest in Turkey', *Archeology*, Vol. 20, no. 3, 1967, 197 – 201.

13 Liu et al., 'Fermented beverage and food storage'.

14 A. Arranz-Otaegui, L. Gonz.lez-Carretero, J. Roe and T. Richter, '"Founder crops" v. wild plants: Assessing the plantbased diet of the last hunter-gatherers in southwest Asia', *Quaternary Science Reviews* 186, 2018, 263 – 83.

15 Wendy S. Wolbach et al., 'Extraordinary Biomass-Burning Episode and Impact Winter Triggered by the Younger Dryas Cosmic Impact ～12,800 Years Ago. 1. Ice Cores and Glaciers', *Journal of Geology* 126 (2), 2018, 165 – 84, Bibcode:2018JG....126..165W. doi:10.1086/695703.

16 J. Hepp et al., 'How Dry Was the Younger Dryas? Evidence from a Coupled Δ2H – Δ18O Biomarker Paleohygrometer Applied to the Gemündener Maar Sediments, Western Eifel, Germany', Climate of the Past 15, no. 2, 9 April 2019, 713 – 33, https://doi.org/10.5194/cp-15-713-2019; S. Haldorsen et al., 'The climate of the Younger Dryas as a boundary for Einkorn domestication', *Vegetation History Archaeobotany* 20, 2011, 305 – 18.

17 Ian Kuijt and Bill Finlayson, 'Evidence for food storage and predomestication granaries 11,000 years ago in the Jordan Valley', *Proceedings of the National Academy of Sciences* 106 (27), July 2009, 10966 – 70, DOI: 10.1073/pnas.0812764106; Ian Kuijt, 'What Do We Really Know about Food Storage, Surplus, and Feasting in Preagricultural Communities?', *Current Anthropology* 50 (5), 2009, 641 – 4, doi:10.1086/605082.

18 Klaus Schmidt, 'Göbekli Tepe – the Stone Age Sanctuaries: New results of ongoing excavations with a special focus on sculptures and high reliefs', *Documenta Praehistorica (Ljubliana)* 37, 2010, 239 – 56.

19 Haldorsen et al., 'The Climate of the Younger Dryas as a Boundary for Einkorn Domestication', *Vegetation History and Archaeobotany* 20 (4), 2011, 305.

ture Ecology & Evolution 3, 2019, 207－12, doi:10.1038/s41559-018-0753-6.

10 M. W. Pedersen et al., 'Postglacial viability and colonization in North America's ice-free corridor', *Nature* 537, 2016, 45.

11 Erik Trinkaus, Alexandra Buzhilova, Maria Mednikova and Maria Dobrovolskaya, *The People of Sunghir: Burials, bodies and behavior in the earlier Upper Paleolithic,* Oxford University Press, New York, 2014, p. 25.

第三部　田間裡的勞苦

第七章　跳下懸崖的考古學家

1 Editorial, *Antiquity*, Vol. LIV, no. 210, March 1980, 1－6, https://www.cambridge.org/core/services/aop-cambridge-core/content/view/C57CF659BEA86384A93550428A7C8DB9/S0003598X00042769a.pdf/editorial.pdf.

2 Greger Larson, et al., 'Current Perspectives and the Future of Domestication Studies', *Proceedings of the National Academy of Sciences* 111, no. 17, 29 April 2014, 6139, https://doi.org/10.1073/pnas. 1323964111.

3 M. Germonpre, 'Fossil dogs and wolves from Palaeolithic sites in Belgium, the Ukraine and Russia: Osteometry, ancient DNA and stable isotopes', *Journal of Archaeological Science,* 36 (2), 2009, 473－90, doi:10.1016/j.jas.2008.09.033.

4 D. J. Cohen, 'The Beginnings of Agriculture in China: A Multiregional View', *Current Anthropology,* 52 (S4), 2011, S273－93, doi:10.1086/659965.

5 Larson, et al., 'Current Perspectives.

6 Amaia Arranz-Otaegui et al., 'Archaeobotanical evidence reveals the origins of bread 14,400 years ago in northeastern Jordan', *Proceedings of the National Academy of Sciences* 115 (31), July 2018, 7925－30, DOI: 10.1073/pnas.1801071115.

7 Li Liu et al., 'Fermented beverage and food storage in 13,000-year-old stone mortars at Raqefet Cave, Israel: Investigating Natufian ritual feasting', *Journal of Archaeological Science,* Reports, Vol. 21, 2018, pp. 783－93, https://doi.org/10.1016/j.jasrep.2018.08.008.

8 A. Snir et al., 'The Origin of Cultivation and Proto-Weeds, Long Before Neolithic Farming', *PLoS ONE* 10 (7), 2015, e0131422. https://doi.org/10.1371/journal.pone.0131422.

9 Ibid.

10 Robert Bettinger, Peter Richerson and Robert Boyd, 'Constraints on the Development

Semliki Valley, Zaire', *Science* 268 (5210), 28 April 1995, 553 – 6, doi:10.1126/science.7725100. PMID 7725100.

6 Eleanor M. L. Scerri, 'The North African Middle Stone Age and its place in recent human evolution', *Evolutionary Anthropology* 26, 2017, 119 – 35.

7 Richard Lee, *The !Kung San: Men, Women, and Work in a Foraging Society,* Cambridge University Press, 1979, p. 1.

8 Richard B. Lee and Irven DeVore (eds), *Kalahari Hunter-Gatherers,* Harvard University Press, Cambridge, Mass., 1976, p. 10.

9 Richard Lee and Irven DeVore (eds), *Man the Hunter,* Aldine, Chicago, 1968, p. 3.

10 *What Hunters do for a Living or How to Make Out on Scarce Resources* in Richard B. Lee and Irven DeVore (eds), *Man the Hunter,* Aldine, Chicago, 1968.

11 Michael Lambek, 'Marshalling Sahlins', *History and Anthropology* 28, 2017, 254, https://doi.org/10.1080/02757206.2017.1280120.

12 Marshall Sahlins, *Stone Age Economics,* Routledge, New York, 1972, p. 2.

第六章　非洲森林裡的幽靈

1 Colin Turnbull, *The Forest People: A Study of the Pygmies of the Congo,* London, Simon & Schuster, 1961, pp. 25 – 6.

2 J. Woodburn, 'An Introduction to Hadza Ecology', in Richard Lee and Irven DeVore (eds), *Man the Hunter,* Aldine, Chicago, 1968, p. 55.

3 James Woodburn, 'Egalitarian Societies', *Man, the Journal of the Royal Anthropological Institute* 17, no. 3, 1982, 432.

4 Ibid., 431 – 51.

5 Nicolas Peterson, 'Demand sharing: reciprocity and pressure for generosity among foragers', *American Anthropologist* 95 (4), 1993, 860 – 74, doi: 10.1525/aa.1993.95.4.02a00050.

6 N. G. Blurton-Jones, 'Tolerated theft, suggestions about the ecology and evolution of sharing, hoarding and scrounging', *Information (International Social Science Council)* 26 (1), 1987, 31 – 54, https://doi.org/10.1177/053901887026001002.

7 Charles Darwin, *On the Origin of Species by Means of Natural Selection, or The Preservation of Favoured Races in the Struggle for Life,* London, Murray, 1859 p. 192.

8 Richard B Lee, *The Dobe Ju/'hoansi,* 4th edition, Wadsworth, Belmont CA, p. 57.

9 M. Cortés-Sánchez, et al., 'An early Aurignacian arrival in southwestern Europe', *Na-*

to do: The hidden value of empty time and boredom', INSEAD, Faculty and Research Working Paper, 2014.

7 Robin Dunbar, *Grooming, Gossip and the Evolution of Language,* Faber & Faber, London, 2006, Kindle edition.

8 Alejandro Bonmat. et al., 'Middle Pleistocene lower back and pelvis from an aged human individual from the Sima de los Huesos site, Spain', *Proceedings of the National Academy of Sciences* 107 (43), October 2010, 18386 – 91, DOI:10.1073/pnas.1012131107.

9 Patrick S. Randolph-Quinney, 'A new star rising: Biology and mortuary behaviour of Homo naledi', *South African Journal of Science* 111 (9 – 10), 2015, 01 – 04, https://dx.doi.org/10.17159/SAJS.2015/A0122.

第二部　環境的庇佑

第五章　原始富足的社會

1 Carina M. Schlebusch and Mattias Jakobsson, 'Tales of Human Migration, Admixture, and Selection in Africa', *Annual Review of Genomics and Human Genetics,* Vol. 19, 405 – 28, https://doi. org/10.1146/annurev-genom-083117-021759; Marlize Lombard, Mattias Jakobsson and Carina Schlebusch, 'Ancient human DNA: How sequencing the genome of a boy from Ballito Bay changed human history', *South African Journal of Science* 114 (1 – 2), 2018, 1 – 3, https://dx.doi.org/10.17159/sajs.2018/a0253.

2 A. S. Brooks et al., 'Long-distance stone transport and pigment use in the earliest Middle Stone Age', *Science* 360, 2018, 90 – 4, https://doi.org/10.1126/science.aao2646.

3 Peter J. Ramsay and J. Andrew G. Cooper, 'Late Quaternary Sea-Level Change in South Africa', *Quaternary Research* 57, no. 1, January 2002, 82 – 90, https://doi.org/10.1006/qres.2001.2290.

4 Lucinda Backwell, Francesco D'Errico and Lyn Wadley, 'Middle Stone Age bone tools from the Howiesons Poort layers, Sibudu Cave, South Africa', *Journal of Archaeological Science,* 35, 2008, pp. 1566 – 80; M. Lombard, 'Quartz-tipped arrows older than 60 ka: further use-trace evidence from Sibudu, KwaZulu-Natal, *South Africa' Journal of Archaeological Science,* 38, 2011.

5 J. E. Yellen et al., 'A middle stone age worked bone industry from Katanda, Upper

Handaxe: More like a Bird's Song than a Beatles' Tune?', *Evolutionary Anthropology* 25 (1), 2016, 6 – 19, https://doi.org/10.1002/evan.21467.

9 S. Higuchi, T. Chaminade, H. Imamizu and M. Kawato, 'Shared neural correlates for language and tool use in Broca's area', *NeuroReport* 20, 2009, 1376, https://doi.org/10.1097/WNR.0b013e3283315570.

10 G. A. Miller, 'Informavores', in Fritz Machlup and Una Mansfield (eds), *The Study of Information: Interdisciplinary Messages*, Wiley-Interscience, New York 1983, pp. 111 – 13.

第四章 火的其他贈禮

1 K. Hardy et al., 'Dental calculus reveals potential respiratory irritants and ingestion of essential plant-based nutrients at Lower Palaeolithic Qesem Cave Israel', *Quaternary International*, 2015, http://dx.doi.org/10.1016/j.quaint.2015.04.033.

2 Naama Goren-Inbar et al., 'Evidence of Hominin Control of Fire at Gesher Benot Ya`aqov, Israel', *Science* 30, April 2004, 725 – 7.

3 S. Herculano-Houzel and J. H. Kaas, 'Great ape brains conform to the primate scaling rules: Implications for hominin evolution', *Brain, Behavior and Evolution*. 77, 2011, 33 – 44; Suzana Herculano-Houzel, 'The not extraordinary human brain', *Proceedings of the National Academy of Sciences* 109 (Supplement 1), June 2012, 10661 – 8 DOI: 10.1073/pnas.120189510.

4 Juli G. Pausas and Jon E. Keeley, 'A Burning Story: The Role of Fire in the History of Life', *BioScience* 59, no. 7, July/August 2009, 593 – 601, doi:10.1525/bio.2009.59.7.10.

5 See Rachel N. Carmody et al., 'Genetic Evidence of Human Adaptation to a Cooked Diet', *Genome Biology and Evolution* 8, no. 4, 13 April 2016, 1091 – 1103, doi:10.1093/gbe/evw059.

6 S. Mann and R. Cadman, 'Does being bored make us more creative?', *Creativity Research Journal* 26 (2), 2014, 165 – 73; J. D. Eastwood, C. Cavaliere, S. A. Fahlman and A. E. Eastwood, 'A desire for desires: Boredom and its relation to alexithymia', *Personality and Individual Differences* 42, 2007, 1035 – 45; K. Gasper and B. L. Middlewood, 'Approaching novel thoughts: Understanding why elation and boredom promote associative thought more than distress and relaxation', *Journal of Experimental Social Psychology* 52, 2014, 50 – 7; M. F. Kets de Vries, 'Doing nothing and nothing

Could Be at Play?', *Trends in Ecology & Evolution*, 2018, DOI: 10.1016/j.tree.2018.08.004.

12 K. Matsuura, et al. 'Identification of a pheromone regulating caste differentiation in termites', *Proceedings of the National Academy of Sciences USA* 107, 2010, 12963.

13 Proverbs 6:6 – 11.

14 Herbert Spencer, *Principles of Ethics*, 1879, Book 1, Part 2, Chapter 8, section 152, https://mises-media.s3.amazonaws.com/The%20Principles%20of%20Ethics%2C%20Volume%20I_2.pdf.

15 Herbert Spencer, *The Man versus the State: With Six Essays on Government, Society, and Freedom*, Liberty Classics edition, Indianapolis, 1981, p. 109.

16 Charles Darwin, *On the Origin of Species by Means of Natural Selection, or The Preservation of Favoured Races in the Struggle for Life*, D. Appleton, New York, 1860, p. 85.

17 Ibid., p. 61.

18 Roberto Cazzolla Gatti, 'A conceptual model of new hypothesis on the evolution of biodiversity', *Biologia*, 2016, DOI: 10.1515/biolog-2016-0032.

第三章　工具和技術

1 R. W. Shumaker, K. R. Walkup and B. B. Beck, *Animal Tool Behavior: The Use and Manufacture of Tools by Animals*, Johns Hopkins University Press, Baltimore, 2011.

2 J. Sackett, 'Boucher de Perthes and the Discovery of Human Antiquity', *Bulletin of the History of Archaeology* 24, 2014, DOI: http://doi.org/10.5334/bha.242.

3 Charles Darwin, Letter to Charles Lyell, 17 March 1863, https://www.darwinproject.ac.uk/letter/DCP-LETT-4047.xml.

4 D. Richter and M. Krbetschek, 'The Age of the Lower Paleolithic Occupation at Schöningen', *Journal of Human Evolution* 89, 2015, 46 – 56.

5 H. Thieme, 'Altpaläolithische Holzgeräte aus Schöningen, Lkr. Helmstedt', *Germania* 77, 1999, 451 – 87.

6 K. Zutovski, R. Barkai, 'The Use of Elephant Bones for Making Acheulian Handaxes': A Fresh Look at Old Bones', *Quaternary International*, 406 (2016), pp. 227-238.

7 J. Wilkins, B. J. Schoville, K. S. Brown and M. Chazan, 'Evidence for Early Hafted Hunting Technology', *Science* 338, 2012, 942 – 6, https://doi.org/10.1126/science.1227608.

8 Raymond Corbey, Adam Jagich, Krist Vaesen and Mark Collard, 'The Acheulean

114, 2017, 7565, https://doi.org/10.1073/pnas.1700617114; N. Perunov, R. Marsland and J. England, 'Statistical Physics of Adaptation', *Physical Review* X, 6, 021036, 2016.

9 O. Judson, 'The energy expansions of evolution', *Nature Ecology & Evolution* 1, 2017, 0138, https://doi.org/10.1038/s41559-017-0138.

第二章　遊手好閒的人和忙碌的鳥

1 Francine Patterson and Wendy Gordon, 'The Case for the Personhood of Gorillas', in Paola Cavalieri and Peter Singer (eds), *The Great Ape Project*, New York, St. Martin's Griffin, 1993, pp. 58 – 77, http://www.animal-rights-library.com/texts-m/patterson01.htm.

2 https://www.darwinproject.ac.uk/letter/DCP-LETT-2743.xml.

3 G. N. Askew, 'The elaborate plumage in peacocks is not such a drag', *Journal of Experimental Biology* 217 (18), 2014, 3237, https://doi.org/10.1242/jeb.107474.

4 Mariko Takahashi, Hiroyuki Arita, Mariko Hiraiwa-Hasegawa and Toshikazu Hasegawa, 'Peahens do not prefer peacocks with more elaborate trains', *Animal Behaviour* 75, 2008, 1209 – 19.

5 H. R. G. Howman and G. W. Begg, 'Nest building and nest destruction by the masked weaver, Ploceus velatus', *South African Journal of Zoology*, 18:1, 1983, 37 – 44, DOI:10.1080/02541858.1983.11447812.

6 Nicholas E. Collias and Elsie C. Collias, 'A Quantitative Analysis of Breeding Behavior in the African Village Weaverbird', *The Auk* 84 (3), 1967, 396 – 411, https://doi.org/10.2307/4083089.

7 Nicholas E. Collias, 'What's so special about weaverbirds?', *New Scientist* 74, 1977, 338 – 9.

8 P. T. Walsh, M. Hansell, W. D. Borello and S. D. Healy, 'Individuality in nest building: Do Southern Masked weaver (Ploceus velatus) males vary in their nest-building behaviour?', *Behavioural Processes* 88, 2011, 1 – 6.

9 P. F. Colosimo, et al., 'The Genetic Architecture of Parallel Armor Plate Reduction in Threespine Sticklebacks', *PLoS Biology* 2 (5), 2004, e109, https://doi.org/10.1371/journal.pbio.0020109.

10 Collias and Collias, 'A Quantitative Analysis of Breeding Behavior in the African Village Weaverbird'.

11 Lewis G. Halsey, 'Keeping Slim When Food Is Abundant: What Energy Mechanisms

注釋

序言　經濟問題是人類最大的難題嗎？

1 Adam Smith, *An Inquiry into the Nature and Causes of the Wealth of Nations*, Metalibri, Lausanne, 2007 (1776), p. 12, https://www.ibiblio.org/ml/libri/s/SmithA_WealthNations_p.pdf.

2 Oscar Wilde, 'The Soul of Man Under Socialism', *The Collected Works of Oscar Wilde*, Wordsworth Library Collection, London, 2007, p. 1051.

第一部　工作的起源

第一章　活著就是要做工

1 Gaspard-Gustave Coriolis, *Du calcul de l'effet des machines*, Carilian-Goeury, Paris, 1829.

2 Pierre Perrot, *A to Z of Thermodynamics*, Oxford University Press, 1998.

3 'The Mathematics of the Rubik's Cube', *Introduction to Group Theory and Permutation Puzzles*, 17 March 2009, http://web.mit.edu/sp.268/www/rubik.pdf.

4 Peter Schuster, 'Boltzmann and Evolution: Some Basic Questions of Biology seen with Atomistic Glasses', in G. Gallavotti, W. L. Reiter and J. Yngvason (eds), *Boltzmann's Legacy (ESI Lectures in Mathematics and Physics)*, European Mathematical Society, Zurich, 2007, pp. 217 – 41.

5 Erwin Schrödinger, *What is life?*, Cambridge University Press, 1944.

6 Ibid., pp. 60 – 1.

7 T. Kachman, J. A. Owen and J. L. England, 'Self-Organized Resonance during Search of a Diverse Chemical Space', *Physics Review Letters*, 119, 2017.

8 J. M. Horowitz and J. L. England, 'Spontaneous fine-tuning to environment in many-species chemical reaction networks', *Proceedings of the National Academy of Sciences USA*

為工作而活

生存、勞動、追求幸福感，一部人類的工作大歷史

為工作而活：生存、勞動、追求幸福感，一部人類的工作大歷史／詹姆斯．舒茲曼（James Suzman）著／葉品岑譯／初版／新北市／八旗文化／遠足文化事業股份有限公司／2021.11
譯自：Work: A History of How We Spend Our Time
ISBN 978-986-0763-60-7（平裝）
一、文化人類學
541.3
110016721

作者　詹姆斯．舒茲曼（James Suzman）
譯者　葉品岑
主編　洪源鴻
責任編輯　柯雅云
企劃　蔡慧華
封面設計　木木 lin
內文排版　宸遠彩藝

社長　郭重興
發行人兼出版總監　曾大福
出版發行　八旗文化／遠足文化事業股份有限公司
地址　新北市新店區民權路 108-2 號 9 樓
電話　〇二～二二一八～一四一七
傳真　〇二～八六六七～一〇六五
客服專線　〇八〇〇～二二一～〇二九
信箱　gusa0601@gmail.com
臉書　facebook.com/gusapublishing
部落格　gusapublishing.blogspot.com
法律顧問　華洋法律事務所／蘇文生律師
印刷　前進彩藝有限公司
定價　五六〇元整
出版日期　二〇二一年十一月（初版一刷）
　　　　　二〇二一年十一月（初版二刷）

ISBN　9789860763607（平裝）
　　　9789860763591（ePub）
　　　9789860763584（PDF）

Work

A History of
How We Spend Our Time

Work
Work
Work
Work

A Histor
ow W

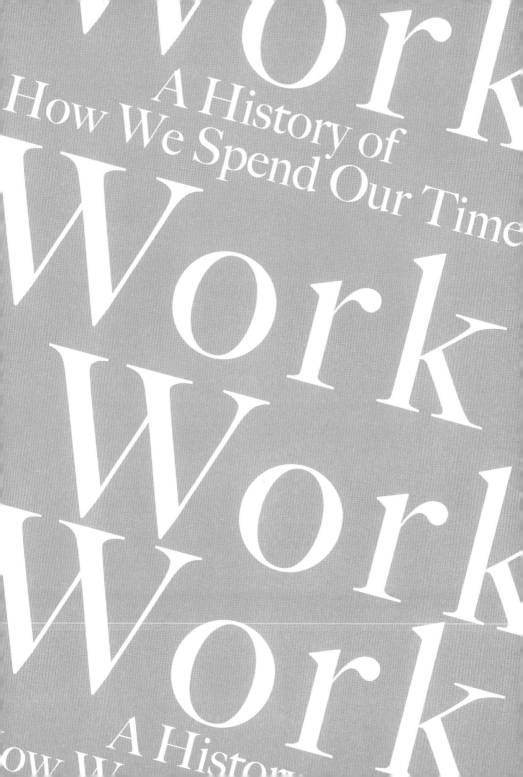

Work

A History of
How We Spend Our Time

Work

Work

Work

Work

A History

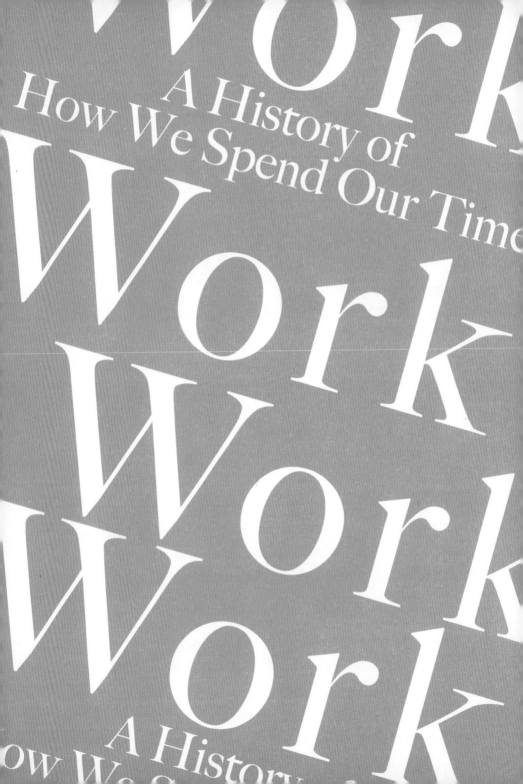